Petra Müller-Jani und Joachim Skibbe

Backen nach Ayurveda

Brot, Brötchen & Pikantes

Petra Müller-Jani und Joachim Skibbe

Backen nach Ayurveda – Brot, Brötchen & Pikantes

vollwertig & individuell

pala verlag

Danke!

Wir möchten uns bei all denjenigen bedanken, die uns durch Rezepte, Tipps und Ermutigungen bei der Arbeit an diesem Buch unterstützt haben.

Backen nach Ayurveda **erhebt nicht den Anspruch eines Heilbuches, das konkrete Diätvorschläge zum Ausgleich bestimmter Beschwerden und Krankheiten anbietet. Die Informationen dieses Buches können die Diagnose und Hilfe eines Arztes oder Heilpraktikers nicht ersetzen.**

Inhaltsverzeichnis

Backen nach Ayurveda

Unsere Ernährung ist längst nicht mehr allein unsere Privatsache. In einer Welt mit zunehmender Umweltzerstörung, Gentechnologie und Fabriknahrung ist die ethische Küche, die den Menschen als Teil der kosmischen Ordnung sieht und versucht, wieder in Harmonie mit Natur, Mensch und Tier zu leben, ein erster wichtiger Schritt.

Backen nach Ayurveda will den Menschen mit den Prinzipien des altindischen Ayurveda, der ältesten ganzheitlichen Heil- und Lebenskunde der Erde, vertraut machen. Backen nach den Prinzipien des Ayurveda heißt vollwertig, vegetarisch und eifrei backen. Ebenso selbstverständlich für die Küche nach Ayurveda-Prinzipien sind verdauungsfördernde Gewürze, phosphatfreie Triebmittel und Vollrohrzucker oder Jaggery und Gur als gesunde Süßungsmittel. Selbst die Warnung, dass Honig nicht erhitzt werden sollte, stammt aus dem fünftausend Jahre alten Ayurveda.

Die gesündeste Nahrung ist nach dem Ayurveda diejenige, die am meisten *Prana,* Lebensenergie, besitzt. Deshalb spielen nicht nur die Vollwertigkeit und Gewaltfreiheit der Nahrung, sondern auch die Gemütsverfassung der Köchin oder des Kochs eine energetisch wichtige Rolle. Was immer die Köchin oder der Koch an Gedanken und Gefühlen während des Kochens oder Backens empfindet, überträgt sich auch auf die von ihr oder ihm zubereiteten Speisen. Kein Wunder, dass der Ayurveda so großen Wert darauf legt, dass man für sich und seine Familie am besten selbst kocht und backt: Es gibt keinen energetischen Ersatz für Selbstgebackenes und Selbstgekochtes. Doch Probieren geht über Studieren. Wer einmal ayurvedische Fladenbrote versucht hat, versteht schnell, warum sie die gesündesten und bekömmlichsten Brote sind – und die schmackhaftesten.

Harmonie beginnt in der Küche. Denn Backen nach Ayurveda-Prinzipien ist eine Kunst und gleichzeitig eine Wissenschaft. Es ist eine Kunst, wenn die Köchin oder der Koch inspiriert und mit großer Hingabe ein neues Gericht ersinnt und mit ihrer oder seiner Kreativität einen neuen Geschmack, eine neue Kombination findet. Und Backen wird zur Wissenschaft, wenn die Köchin oder der Koch um die Wirkung und Eigenart der einzelnen Zutaten und ihrer Verwendung weiß. Ayurveda-Ernährung heißt Ernährung im Einklang mit den Naturgesetzen. Die Kenntnis von Vollwertigkeit, Nährwert und Nahrungsmittelgleichgewicht, Gewaltfreiheit und Liebe beruht auf Wissen. Wer nach diesem Wissen auch in der Küche handelt, tut nicht nur etwas für die Gaumenfreuden, sondern auch für die physische und psychische Gesundheit von sich und seiner ganzen Familie.

Möge dieses Buch den Leserinnen und Lesern nicht nur ein reines Backbuch sein, sondern auch ein Lesebuch und vielleicht sogar ein Lebensbuch, aus dem sie Denkanstöße ziehen und in ihr Leben einbauen können. Dann betrachten wir unsere Gedanken, Bemühungen und Zeit, die wir in den vergangenen fünf Jahren investiert haben, als erfolgreich.

Die Prinzipien des Ayurveda

Ayurveda, wörtlich »die Wissenschaft des Lebens«, ist die älteste der Menschheit bekannte Medizin und Heilkunst. Der Ayurveda ist eingebunden in den ganzheitlichen Wissensbereich der ältesten zivilisierten Hochkultur der Menschheit, der vedischen Kultur. Nach dem *Srimad-Bhagavatam,* einem vedischen Schriftdokument, wurde der Ayurveda von Dhanvantari, einer Inkarnation Vishnus oder Krishnas, begründet. Ursprünglich mündlich überliefert, wurde diese Heilkunde vor fünftausend Jahren im *Atharva-Veda* und im *Rig-Veda,* zwei der vielen Überlieferungen der uralten indischen Hochkultur, schriftlich festgehalten. Ayurveda ist eine ganzheitliche Heilkunde, er sieht und behandelt den Menschen als Einheit von Körper, Geist und Seele, eingebunden in eine höhere Ordnung. Seine Therapieformen beinhalten unter anderem Diätetik, Kräuterheilkunde, Edelsteintherapie, Mantrameditation, Yoga, Hygienik und werden in acht Fachbereichen angewandt: Innere Medizin, Chirurgie, Hals-Nasen-Ohren-Augen-Heilkunde, Kinder- und Frauenheilkunde, Psychiatrie, Toxikologie, Sexualheilkunde, Regenerativmedizin und Geriatrie. Die noch heute erhaltenen bedeutendsten Ayurveda-Kommentare sind die *Carak Samhita* und *Sushruta Samhita.*

Essen als Medizin

Ebenfalls bis heute erhalten geblieben sind die Empfehlungen für richtige, individuelle Ernährung und gute Verdauung – nach dem Ayurveda die Eckpfeiler der Gesundheit. Eine gesunde Ernährung setzt sich aus vielen verschiedenen Faktoren zusammen, wie der richtigen Kombination, Menge und Zubereitung der Nahrungsmittel und des richtigen Rhythmus der Nahrungsaufnahme. Der Ayurveda ist ein ganzheitliches Heilsystem. Aus diesem Grund achtet man auch auf die rechte Zeit, den geeigneten Ort für die Mahlzeit und die richtige Stimmung der Person, die das Essen zubereitet. Außerdem sollte die Nahrung der Jahreszeit, dem Klima, dem Alter, der Konstitution, dem Gesundheits- bzw. Krankheitszustand angepasst sein und geistiger oder körperlicher Arbeit Rechnung tragen. Nahrung, die vegetarisch, vollwertig, frisch, saftig, fetthaltig, schmackhaft und bekömmlich ist, wird als sattvisch (rein) bezeichnet und verleiht Kraft, Gesundheit und erfreut das Herz (siehe Vegetarismus und Ayurveda, Seite 18). Idealerweise sollte jede Mahlzeit alle sechs Geschmacksrichtungen (Süß, Sauer, Salzig, Scharf, Bitter, Zusammenziehend) enthalten.

Die drei Doshas (Bioenergien)

Das ganzheitliche Heilsystem des Ayurveda basiert auf einem universalen Naturgesetz: der Aufrechterhaltung des harmonischen Gleichgewichts der fünf Elemente Äther, Luft, Feuer, Wasser und Erde, aus denen der gesamte Kosmos und alles darin Existierende zusammengesetzt ist.
Der menschliche Körper ist das mikrokosmische Abbild des Makrokosmos

»Universum«. Sind alle fünf Elemente im Gleichgewicht, so ist der menschliche Körper gesund. Geraten aber eines oder mehrere dieser fünf Elemente aufgrund ungeeigneter Ernährungsweise, schlechter Verdauung oder falschen Lebenswandels aus der Balance, so entstehen verschiedene Störungen und Krankheiten, die sich auf der psychischen oder körperlichen Ebene manifestieren. Nach dem Ayurveda werden die fünf Elemente des Körpers durch drei feinstoffliche Bioenergien, die Doshas, intakt gehalten. Die drei Doshas heißen **Vata, Pitta** und **Kapha.**

Vata herrscht über das Gleichgewicht der Äther- und Luftelemente, **Pitta** entspricht dem Feuer- und Wasserelement, und **Kapha** ist für die Wasser- und Erdelemente verantwortlich. Befinden sich diese drei Doshas in einem Gleichgewicht zueinander (zum Beispiel durch typgerechte Ernährung), so führt dies zu psychischer und physischer Gesundheit. In jedem individuellen Organismus nehmen die drei Doshas unterschiedliche Anteile ein, was zu der charakteristischen Vielfalt der unterschiedlichen körperlichen Erscheinungen führt.

Vata-(Luft-) Typen beklagen sich häufig über Beschwerden wie Trockenheit, Schmerzen, Steifheit, Blähungen, Verstopfungen, Mangelerscheinungen, Nervosität, geistige Unausgeglichenheit und Ängste. Sie sollten auf eine nahrhafte, beruhigende und »erdende« Diät achten. Ihre Speisen sollten warm, schwer, flüssig, stärkend und von salzigem, saurem und süßem Geschmack sein.

Die drei Doshas

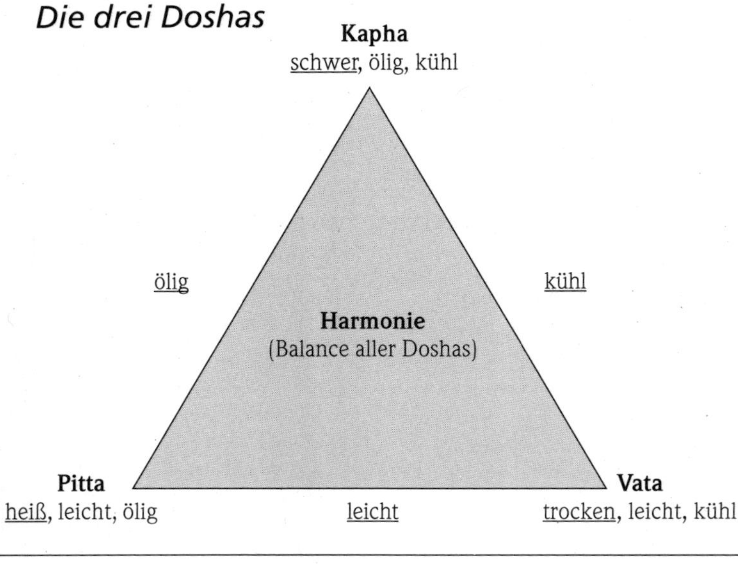

Wer einen großen **Pitta-(Feuer-)**Anteil in seinem Körper besitzt und nun zu viel scharfe, saure oder salzige Nahrungsmittel zu sich nimmt, verstärkt die Hitze seines Organismus nur noch mehr. Über kurz oder lang wird er sein Feuerelement stören, was sich in Form von Übersäuerung des Stoffwechsels äußert. Fleisch, Fisch, Eier, Geflügel, Alkohol und Zigaretten beispielsweise sind für alle Typen gesundheitsschädlich, speziell aber für Pitta-Typen, da sie außerordentlich erhitzende Eigenschaften haben. Auf der psychischen Ebene aktivieren sie negative Pitta-Eigenschaften wie Egoismus und Aggression. Auf der körperlichen Ebene kann es unter anderem zu Entzündungen, Fieber, Sodbrennen, Hautkrankheiten, Leberproblemen, vorzeitigem Ergrauen der Haare kommen. Nimmt ein Pitta-Typ süße, bittere und zusammenziehende Nahrungsmittel zu sich, die eine kühlende Wirkung auf den Körper ausüben, wird das Feuerelement auf seine normale Funktion reduziert.

Kapha-(Erd-) Typen schließlich neigen zu Husten, Erkältungen, Bronchitis, Ödemen und fühlen sich oft müde, schlapp und unzureichend durchblutet. Sie sollten eine Kapha reduzierende Diät einhalten mit Speisen, die warm, leicht, trocken und von scharfem, bitterem und zusammenziehendem Geschmack sind. Ideale Essenszeiten für Kapha-Typen liegen zwischen 10 Uhr morgens und 18 Uhr abends. Außerdem empfiehlt der Ayurveda ihnen einen Fastentag pro Woche. Das fördert die Verdauungskapazität und verbrennt überschüssiges Fett.

Neben den klassischen drei Konstitutionstypen Vata, Pitta und Kapha gibt es vier Mischtypen: Vata-Pitta, Vata-Kapha, Pitta-Kapha und Vata-Pitta-Kapha. Bei diesen Mischtypen überwiegt einmal das eine Dosha, ein anderes Mal steht das andere Dosha im Vordergrund.
Die meisten Menschen haben eine solche duale Konstitution.

Die Übersicht auf den folgenden Seiten vermittelt Ihnen ein allgemeines Bild von den drei Konstitutionen.

Die drei Doshas (Konstitutionstypen)

Haupt-element	**Vata Luft/Äther**	**Pitta Feuer/(Wasser)**	**Kapha Wasser/Erde**
Funktion im Körper	Bewegung Atmung Ausscheidung Freude/Schmerz	Körperwärme Verdauung Stoffwechsel Farbe Auffassungsgabe	Stabilität Schutz Schmierfähigkeit/ Öligkeit Widerstandskraft
Eigen-schaften	trocken leicht kühl beweglich rau hart	ölig, fettig leicht heiß beweglich flüssig weich	ölig, fettig schwer kühl statisch klebrig weich
Körperbau	schlank bis unterentwickelt zu groß oder klein Hände und Füße meist kalt Knochen u. Venen treten hervor	schlank bis athletisch schwitzt viel	gut entwickelt bis Übergewicht rundes Gesicht Venen nicht sichtbar kräftig, ausdauernd allgemein gutes Immunsystem
Haut	trocken, rau, kühl rissig, dunkel	ölig, weich, warm hell, rot, gelblich	ölig, fest, kühl blass, weiß
Haare	lockig, schwarz alle Zwischentöne (z. B. aschblond) trocken	fein, weich rotblond, kupfer- rot, früh grau u. Geheimratsecken	fettig, kräftig gewellt hell oder dunkel
Augen	klein, stumpf, trocken grau/graublau	durchdringend kupferbraun, grün gelber Rand der Iris	anziehend, groß blau, dunkelbraun »Rehaugen«
Nase	gebogen, dünn	ausgeprägt, gerade	fleischig, groß
Zähne	vorstehend, krumm klein, oft bräunlich Zahnfleischschwund	durchschnittliche Größe rosa Zahnfleisch	stark, weiß, groß weißliches Zahnfleisch
Appetit / Durst	eher wenig bis veränderlich unregelmäßig vergisst zu trinken	gut bis übermäßig isst und trinkt oft	gleichmäßig wenig Durst

Haupt-element	Vata Luft/Äther	Pitta Feuer/(Wasser)	Kapha Wasser/Erde
Essen bevorzugt	süß, sauer, salzig	süß, bitter zusammenziehend	scharf, bitter zusammenziehend
Aus-scheidung	trocken, hart Verstopfungsneigung	weich, ölig locker, viel	zäh, ölig, schwer
Energie	überaktiv	aktiv, gezielt energetisch	reguliert, langsam beständig
Aufnahme-fähigkeit	schnell schlechtes Kurzzeitgedächtnis schlechtes Langzeitgedächtnis	selektiv gutes Kurzzeitgedächtnis selektives Langzeitgedächtnis	langsam extrem gutes Kurzzeitgedächtnis gutes Langzeitgedächtnis
Sprache	schnell, abschweifend	guter Redner, provokant sarkastisch	langsam überlegt
Gemüt / Wesen	kreativ, musisch, aktiv gesprächig, flexibel offen	intelligent, analytisch ehrgeizig, ordentlich erfinderisch	tolerant, ruhig geduldig sanftmütig
Überzeugung	liberal bis veränderlich	fixiert bis fanatisch	stetig bis konservativ
Schlaf	weniger als 6 Stunden unterbrochen	6 – 8 Stunden, tief träumt viel	mehr als 8 Stunden schwer
Finanzen	verdient schnell gibt Geld schnell aus	durchschnittlich Ausgaben für Luxus	spart, vermögend Ausgaben für Essen
Krankheits-neigung	psych. Beschwerden Ängste, Trockenheit Schmerz, Steifheit Schlaflosigkeit Kopfschmerzen Verstopfung, Blähungen Nervosität, Erschöpfung	entzündliche Erkrankungen (wie Gastritis, Hepatitis Magenbrennen Brennen im Körper) übler Körpergeruch Hautkrankheiten Bluthochdruck Reizbarkeit Eifersucht, Jähzorn	Übergewicht Ansammlung von Giftstoffen Diabetes, Husten Bronchitis Erkältung Müdigkeit Ödeme, Depression Lethargie, Gier
positiver ausge-wogener Zustand (Sattva)	enthusiastisch innovativ kommunikativ Sinn für Einheit aller Menschen gute Heiler, Musiker, Künstler	intelligent, klar erfassend selbstständig mutig gute Manager und Leiter	ruhig, stabil, konsequent, loyal vergebend, zufrieden unterstützend liebevoll, Berufe in Verwaltung, Medizin, Erziehung

Die sechs Geschmacksrichtungen (Rasas)

Wie alles im Kosmos bestehen auch unsere Nahrungsmittel aus den fünf Elementen. Sie setzen sich aus sechs Geschmacksrichtungen (oder Rasas) zusammen:

Rasa	**Elemente**
1. süß (madhura)	Erde + Wasser
2. sauer (amla)	Erde + Feuer
3. salzig (lavana)	Wasser + Feuer
4. scharf (katu)	Luft + Feuer
5. bitter (tikta)	Luft + Äther
6. zusammenziehend, herb (kasaya)	Luft + Erde

Wer sich über seinen Ayurveda-Konstitutionstyp im Klaren ist (im Zweifelsfall lieber einen Ayurveda-Therapeuten fragen), kann sich nun anhand der unten stehenden Tabellen informieren, welche Nahrungsmittel seine Gesundheit fördern oder welche Nahrungsmittel er im Falle einer Krankheit oder eines Dosha-Ungleichgewichtes meiden sollte.

Die folgenden Tabellen zeigen die vorherrschende Hauptwirkung der einzelnen Nahrungsmittel:

Vata-Typ

Empfohlen: süß, sauer, salzig, scharf (aber kein Chili)
Vermeiden: bitter, zusammenziehend (da Vata vermehrend)
Menschen mit Vata-Konstitution sollten bittere und zusammenziehende Substanzen im Übermaß meiden. Diese vermehren sonst das Luft-Element und können zu Vata-Störungen wie zum Beispiel Blähungen führen.

Pitta-Typ

Empfohlen: süß, bitter, zusammenziehend
Vermeiden: sauer, scharf, salzig (da Pitta vermehrend)

Kapha-Typ

Empfohlen: scharf, bitter, zusammenziehend
Vermeiden: süß, sauer, salzig (da Kapha vermehrend)

Kapha vermehrend

Milchprodukte	**Früchte**	**Gemüse**	**Getreide**	**Nüsse/ Ölsamen**	**Gewürze/ Süßungsmittel**
Milch*	Bananen (reif)	Zucchini	Weizen	Pinienkerne	Meersalz
Quark	Pflaumen	Kürbis	Dinkel	Leinsamen	Koriander
Sahne	Trauben (süß)	Gurken	Hafer	Sonnenbl.kerne	Carob
Käse	Honigmelonen	Okra	handgequetschte Vollkornflocken	Kürbiskerne	Vollrohrzucker
Ghee	Orangen (süß)	Avocados	Nudeln	Walnüsse	Jaggery/Gur
Panir (frisch)	Pfirsiche	Spargel	Reis (frischer als 6 Monate)	Haselnüsse	Honig (vor weniger als 6 Monaten abgefüllt)
Tofu	Ananas (süß)	Rüben		Mandeln (eingeweicht, enthäutet)	Birnendicksaft
Sojadrink	Feigen (frisch)	Artischocken		(alle Nüsse in größeren Mengen Vata vermehrend)	Apfeldicksaft
	Datteln (frisch)	Kartoffeln			Ahornsirup
	Kokos (frisch)				

* kalte Milch: Kapha vermehrend; leicht gekocht: Pitta vermehrend; umgerührt: Vata vermehrend

Pitta vermehrend

Milchprodukte	Früchte	Gemüse	Getreide	Nüsse/ Ölsamen	Gewürze/ Süßungsmittel
Butter Joghurtquark Joghurt saure Sahne	alle roten, sauren und gelben Früchte, Beeren Aprikosen Kirschen Pfirsiche Orangen (sauer) Pflaumen (sauer) Papayas (reif) Johannisbeeren (zu viele Johannisbeeren vermehren Vata) Erdbeeren Himbeeren	Karotten Tomaten Radieschen Rettich Rote Bete Auberginen Paprika Meerrettich Spinat	Hirse Buchweizen Mais Roggen Reis (älter als 6 Monate) Amarant Quinoa	Pistazien Sesam (etwas Pitta vermehrend) Mohn Erdnuss (geröstet)	Chili Ingwer Salinensalz Steinsalz Black Salt schwarzer Pfeffer Muskat Senfkörner Asafoetida, Anis Gewürznelken Kümmel Kurkuma Zimt, Rosmarin Thymian Basilikum Kapuzinerkresse Honig (vor mehr als 6 Monaten abgefüllt)

Vata vermehrend

Milchprodukte	Früchte	Gemüse	Getreide	Nüsse/ Ölsamen	Gewürze/ Süßungsmittel
	Äpfel Bananen (unreif) Trockenfrüchte Wassermelonen Birnen Granatäpfel Ananas (fest) Rhabarber	Blattsalat Kohl, Kraut Brokkoli Blumenkohl Erbsen Kichererbsen Bohnen Linsen Kartoffeln Spinat	alle industriell verarbeiteten Getreide (z. B. Haferflocken) Gerste geschälter weißer Reis Auszugsmehle	Kokosraspel Cashewnüsse Mandeln (ungehäutet) Erdnüsse (ungeröstet) Walnüsse (frisch) alle Nüsse in größeren Mengen (mehr als eine Handvoll pro Portion)	Bockshornklee Kurkuma herbe Kräuter: Borretsch Petersilie Dill, Salbei Oregano Thymian (gering) Rosmarin Majoran Löwenzahn Giersch Brennnessel Sprossen Keimlinge

Förderlich für alle drei Doshas

Milchprodukte	Früchte	Gemüse	Getreide	Gewürze	Süßungsmittel	Öl
Ghee Buttermilch (Pitta vermindernd)	Zitronen Mangos (reif) Trauben (süß) Kirschen (süß) Aprikosen (süß)	Spargel	Dinkel Basmatireis	Kardamom Kurkuma Kreuzkümmel frischer Ingwer Koriander, Zimt Fenchel, Vanille Safran, frische Korianderblätter	Ahornsirup (im Übermaß Kapha vermehrend)	Sesamöl

Ernährung im Wechsel der Jahreszeiten

Der Wechsel der Jahreszeiten beeinflusst nicht nur die Natur, sondern auch unseren Organismus und unsere Verdauung. Entsprechend der vier Jahreszeiten empfehlen Ayurveda-Therapeuten unterschiedliche Nahrungsmittel:

Frühling – Kapha vorherrschend

(Empfehlenswert:
Kapha reduzierende Speisen)
Der Frühling ist die Jahreszeit der Reinigung. Jetzt will sich der Körper von den angesammelten Gift- und Schlackenstoffen des Winters befreien. Durch das Wetter (Feuchtigkeit und Frühjahrsregen) wird Kapha verstärkt, zugleich wird das Verdauungsfeuer (Agni) im Magen schwächer. Der Körper bereitet sich im Frühling darauf vor, Kälte zu speichern, um für die heißen Sommertage gewappnet zu sein.
Jetzt helfen kurze Fastentage und eine Ernährung, die Agni energetisiert und somit den Körper reinigt.
Diese Vorgänge werden durch Nahrungsmittel wie Dinkel, Buchweizen, Äpfel, Birnen, Asafoetida, Bockshornklee (gut für Haut und Haare), Karotten, Ingwer, Cumin (Kreuzkümmel), Senfkörner, alle Linsensorten (Dal) und auch kleine Mengen Ghee unterstützt. Auch kalt geschleuderter Honig, der älter als sechs Monate ist, ist sehr zu empfehlen, da er Pitta verstärkt und Körper und Geist Energie verleiht.
Einen Bogen sollten Sie um schwere und ölige Speisen machen. Auch Salz sollten Sie nur in kleinen Mengen zu sich nehmen.

Sommer – Pitta vorherrschend

(Empfehlenswert:
Pitta reduzierende Speisen)
Die Wärme des Sommers beeinflusst vor allem Agni. Die Verdauungskraft im Magen und Körperinneren vermindert sich, unter der Haut verstärkt sich Agni jedoch (Schweißbildung). Schwer verdauliche Speisen kann der Körper nur mit viel Energieaufwand verdauen.
Gut ist es jetzt, mehr zu trinken und Leichtverdauliches zu essen. Eisgekühlte Getränke empfiehlt der Ayurveda allerdings niemals. Sie mögen vielleicht im ersten Augenblick angenehm erscheinen, reduzieren aber das ohnehin schwache Verdauungs-Agni im Magen und Dünndarm noch mehr, das die Getränke erst erwärmen muss. Im Sommer sind zimmertemperierte oder warme Getränke die Flüssignahrung der Wahl. Zu ihrer Aromatisierung greift man gerne auf die kühlenden Eigenschaften von Rosenwasser zurück.
Auch Joghurt-Zubereitungen, wie Lassi (Getränk aus Joghurt und Wasser) oder Raita (Salat auf Joghurtbasis), sind ideale Sommerköstlichkeiten. Joghurt regt nämlich nicht nur die Verdauungstätigkeit im Magen an, sondern übt in seiner sekundären Wirkung einen kühlenden Effekt auf den gesamten Körper aus. Einen günstigen Einfluss haben jetzt auch alle Beerenfrüchte, gelagerter Reis und Weizen, alle wässrigen und weichen Gemüsesorten und Blattgemüse sowie Gewürze, die Agni im Magen anregen (Pitta vermehrend).
Die kühlenden Eigenschaften der Minze werden gerade im Sommer zum Verzieren und Würzen von Fruchtsalaten, Salaten, Torten, Pfefferminz-Chutney und Ähnlichem genutzt.

Dagegen sollten im Sommer saure, beißend-scharfe, salzige, bittere und zusammenziehende Geschmacksrichtungen weitestgehend vermieden werden.

Herbst – Vata und Kapha vorherrschend

(Empfehlenswert:
Vata und Kapha reduzierende Speisen)
Im Herbst werden Vorbereitungen für den Winter nicht nur in Haus und Garten getroffen, sondern auch im eigenen Körper. Zu dieser Zeit beginnt der Organismus Hitze anzusammeln, um sich gegen die bevorstehende Kälte zu schützen. Die kalten Winde und der Herbstregen lassen Vata und Kapha vorherrschen. Kurze Fasten- und Reinigungskuren in dieser Zeit fördern diese Umstellung.
Im Herbst helfen scharfe, süße und leicht salzige Nahrungsmittel, Vata und Kapha zu beruhigen. Der mäßige Gebrauch von Milch und Milchprodukten hält gesund und verleiht Energie. Sehr zu empfehlen sind auch Dinkel, Weizen, Mais, Reis, Gerste sowie Trockenfrüchte (wie Datteln, Feigen), Nussmilch, Bananen, Waldbeeren und Gewürze wie schwarzer Pfeffer, Ingwer, Asafoetida, Muskat und Koriander.
Einen Bogen sollte man allerdings um herbe oder bittere und saure Nahrungsmittel machen.

Winter – Vata vorherrschend

(Empfehlenswert:
Vata reduzierende Speisen)
Die Wintermonate sind kalt und trocken. Die Härte und Kälte dieser Jahreszeit erhöhen das Luft-(Vata-)Element. Im Körper herrscht jetzt ebenfalls Trockenheit vor – Agni im Körperinneren hat sich verstärkt. Jetzt ist ölhaltige Nahrung das Mittel der Wahl. Selbst schwere Gerichte können im Winter leicht verdaut werden – das ist die ideale Zeit für Nüsse, Ölsamen, Früchtebrote und mit Gewürzen vermischte Trockenfrüchte. Empfehlenswert sind Des Weiteren Weizen (neue Ernte), Dinkel, Buchweizen, Hirse, Mungbohnen, Kartoffeln, Rote Bete, weiße Rüben, Spinat und Weichgemüsesorten. Außerdem warten heiße Milch, Panir (selbst gemachter Frischkäse), Butter, Ghee, Buttermilch, Bananen, süße Äpfel und Wintergewürze wie Zimt, Gewürznelken, Kardamom, Muskat, Asafoetida, Kurkuma (Gelbwurz), Ingwer und Ähnliches auf ihren Einsatz.
Ebenfalls positiv wirken süße, saure und leicht gesalzene Speisen, da sie Vata verringern. Ölmassagen verschaffen dem Körper im Winter ebenfalls Erleichterung.

Allgemeine Ayurveda-Tipps

Gesundheit ist nach dem Ayurveda nichts Selbstverständliches, sondern muss durch aktive, vorbeugende Maßnahmen erhalten werden. Von den vielen wertvollen Ratschlägen in Bezug auf Ernährung haben wir die wichtigsten herausgegriffen. Wer sie tatsächlich in seinem Leben anwendet, wird die positiven Folgen schon rasch spüren.
Die Speisen sollten nicht nur dem Individuum, sondern auch der Jahreszeit angepasst sein. Auf **bestimmte Kombinationen** von Nahrungsmitteln verzichten Sie lieber völlig: In einer Mahlzeit kombiniert der Ayurveda weder rohes Obst mit rohem Gemüse noch rohes Obst mit

gekochtem Gemüse. Auch Joghurt und Milch gehören nicht zusammen in eine Mahlzeit, da sie im Körper antagonistische Reaktionen und Blähungen hervorrufen.
Seien Sie wählerisch, was Ihren **Essplatz** betrifft. Essen Sie nur in einer ruhigen und entspannten Atmosphäre. Hektische Umgebung, Essen an überfüllten Orten mit vielen unbekannten Menschen oder sogar auf der Straße, im Stehen, sind höchst ungesund. Streit oder Aggressionen können einem im wahrsten Sinne des Wortes auf den Magen schlagen. Die Auseinandersetzung lässt ihn schlecht arbeiten, schnürt ihn zu und »vergiftet« ihn regelrecht. Die Speisen werden nur ungenügend verdaut und belasten so über einen längeren Zeitraum den Körper.
Außerdem wird eine Mahlzeit, die **hastig** heruntergeschlungen, ungenügend gekaut, durch andere Tätigkeiten unterbrochen (z. B. durch Fernsehen, Zeitunglesen) oder unaufmerksam gegessen wird, nur ungenügend verdaut. Dies führt zu vermehrten Toxinablagerungen **(Ama)** im Körper, die auf Dauer die Ursache von vielen Krankheiten werden.
Vermeiden Sie es, direkt vor dem Essen (bis zu einer Stunde vorher) und eineinhalb Stunden nach der Mahlzeit Wasser oder andere **Getränke** zu trinken. Denn dies verdünnt die Verdauungsenzyme und löscht Agni, das Verdauungsfeuer. Die Folge: Krankheiten und Trägheit (während des Essens jedoch ist Buttermilch in kleinen Mengen empfehlenswert).
Ein wahres Wundermittel bei Magenproblemen ist **Ingwer.** Probieren Sie einmal vor dem Essen, ein kleines Stück frischen Ingwer zu kauen oder eine Scheibe Zitrone mit Salz zu lutschen. Dies regt den Appetit an und fördert die Verdauung.
Eine alte ayurvedische Empfehlung besagt, dass der Magen beim Essen zu einem Drittel mit Speisen, einem Drittel mit Flüssigkeit und einem Drittel mit Luft gefüllt sein soll. Auf diese Weise hat er genügend Platz für seine Bewegungen bei der Verdauungsarbeit.
Achten Sie einmal darauf, wann Sie beim Essen das erste Mal aufstoßen müssen. Dies ist eigentlich der Zeitpunkt, zu dem **der Magen genug hat** (nur meist wollen die Zunge und die Augen noch nicht aufhören).
Ein **Mittagsschlaf** nach dem Essen ist keine gute Angewohnheit, denn er vermehrt Kapha und führt zu Gewichtszunahme. Fünfminütiges Liegen auf der linken Seite regt aber die Verdauung an.
Wussten Sie, dass man nach einer Mahlzeit vier, besser noch sechs Stunden bis zur **nächsten Nahrungsaufnahme** warten sollte? (Nach einem kleinen und leichten Essen ohne Getreide – z. B. nach Früchten – sollten Sie mindestens zwei Stunden warten.) Im Westen ist man sich über diese Zusammenhänge kaum bewusst.
Nimmt man Speisen zu sich, bevor die vorhergehende Mahlzeit vollständig verdaut worden ist, so verwandeln sich die unverdauten Speisereste im Magen und im Darmtrakt in **Ama.** Ama ist die Gesamtheit gesundheitsschädlicher Stoffwechselprodukte, die über den Blutkreislauf im ganzen Körper verbreitet werden und zu Krankheiten führen. Symptome wie Zungenbelag, Mundgeruch, Körpergeruch, übler Geruch von Urin und Stuhl, Verstopfung, Reizbarkeit sind Anzeichen, dass sich im Körper

Ama angesammelt hat. Ama ist die Wurzel der meisten chronischen Erkrankungen, wie chronischen Erkältungskrankheiten, Fieber, Asthma, Arthritis und eines schwachen Immunsystems, was Allergien, Heuschnupfen und sogar Krebs nach sich ziehen kann.
Nur durch gezielte Therapie und Reinigung (z. B. Panchakarmakur unter Aufsicht eines ayurvedischen Heilpraktikers oder Arztes) kann Ama reduziert und ausgeschieden werden. Besser jedoch ist es, es erst gar nicht zu produzieren. Es lohnt sich also, schlechte Ess- und »Zwischendurch-Nasch«-Gewohnheiten zu ändern. Unsere Gesundheit wird es uns danken.

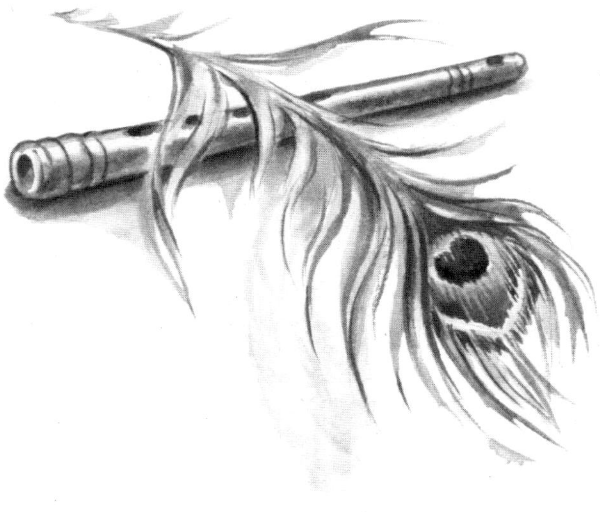

Vegetarismus und Ayurveda

Gesund Essen bedeutet nach dem Ayurveda mehr als nur eine lange Liste von Vitaminen, Spurenelementen, Kalorien, Fetten, Eiweißen und Kohlenhydraten. Das entscheidende Kriterium für Gesundheit ist die Art und Weise unserer Ernährung. Wer die Prinzipien des Ayurveda in seiner Ernährung bewusst einzusetzen weiß, kann mit einfachen Mitteln eine wohltuende Harmonie von Körper und Geist erreichen. Du bist, was du isst.

Tagesmenü: Glück, Hektik oder Apathie

Der Ayurveda teilt Nahrungsmittel in drei Kategorien ein: Sattva (Nahrung, die zu Glück und Erkenntnis verhilft), Rajas (Nahrung, die Überaktivität und Leistungskampf anregt) und Tamas (Nahrung, die zu Hilflosigkeit und Apathie führt). Der Genuss von **Sattva**-Lebensmitteln verlängert nicht nur das Leben, sondern wirkt stärkend, energetisierend und ausgleichend auf Körper und Gemüt. Wer eine positive Geisteshaltung im Alltag anstrebt, sollte sich sattvisch ernähren. Sattvische Nahrungsmittel sind süß, ölig, leicht und kühlen den Organismus sanft. Dazu gehören frisches Obst und Gemüse, vollwertige Getreide, Nüsse, Honig, Vollrohrzucker, Gur, Jaggery, Milch, Milchprodukte und reines Wasser. Sattva-Nahrung hilft, das eigene Feingefühl für den Körper und Geist wieder zu entwickeln und sensibler für die Mitgeschöpfe wie Menschen und Tiere und für die ganze Natur zu werden. Menschen, die sich sattvisch ernähren, geben gerne und gelten als wahrheitsliebend, gelehrt, weise, tolerant und der gesamten Schöpfung gegenüber verständnis- und liebevoll eingestellt. Ziel der vedischen (altindischen) Kultur ist es, sich in Richtung Sattva zu entwickeln. Denn Sattva bedeutet Erkenntnis, Klarheit, Verständnis und Glück. Menschen, die sattvisch leben, stellen innere Werte, spirituelles Wissen und Gotteserkenntnis in den Mittelpunkt.

Rajas vermehrende Nahrungsmittel wirken auf den Organismus überstimulierend und erhitzen Körper und Psyche. Rajas verstärkende Nahrungsmittel sind zu scharf, zu salzig, zu sauer, zu bitter oder zu trocken. Zu ihnen gehören z. B. Knoblauch und Zwiebeln. So wie das rechte Maß in der Ernährung überschritten ist, so überschreiten Rajas-betonte Menschen auch in ihrem Leben das rechte Maß. Da sie stark ergebnisbetont und auf Leistungskampf ausgerichtet sind, werden eigene Bedürfnisse und Gefühle und erst recht die von anderen häufig ignoriert. Die Folge einer rajasischen Ernährung sind unter anderem Ärger, Aggressionen, Rechthaberei, Hektik und Ungeduld.

Nahrungsmittel mit einem Übermaß an **Tamas** entziehen dem Körper bei der Verdauung zu viel Energie. Dies führt dazu, dass sich im Körper Ama, eine Vielzahl an toxischen Stoffwechselprodukten, anhäuft. Langsam, aber sicher geht das gesunde Feinempfinden für die eigenen körperlichen und psychischen Bedürfnisse verloren. Die Folgen sind Trägheit, Apathie, übermäßiges Schlafbedürfnis und – langfristig gesehen – Krankheiten. In die Kategorie von Tamas fallen verdorbene, verwesende, gegorene, geschmacklose und unter dem Einsatz von Gewalt erworbene Nahrungsmittel, wie Fleisch, Fisch, Eier, aber auch Alkohol, Zigaretten und andere Drogen.

Vegetarismus ist »in«

Vegetarier leben länger und sind weitaus gesünder als Fleischesser. Das ergab eine groß angelegte Langzeitstudie des Deutschen Krebsforschungszentrums in Heidelberg. Was der Ayurveda schon seit fünftausend Jahren sagt, bestätigt nun auch die moderne Ernährungswissenschaft. Auch die Berliner Studie des Deutschen Krebsforschungszentrums kam zum gleichen Resultat: Vegetarier leben beträchtlich länger und bekommen auffallend weniger Krebs und weniger Erkrankungen der Atemwege, des Verdauungstrakts und von Herz und Kreislauf. Erheblich niedriger liegt bei Vegetariern das Herzinfarkt- und Schlaganfallrisiko. Gallensteine, Diabetes oder Verstopfung kennen sie meist nur vom Hörensagen. Zudem müssen Vegetarier viel weniger mit Übergewicht kämpfen als ihre fleischessenden Artgenossen. Hoher Cholesterinspiegel, Arterienverkalkung und Bluthochdruck kommen bei ihnen ebenfalls weniger vor. Auch ihre Harnsäurewerte liegen viel niedriger, das bedeutet nicht nur ein geringeres Gichtrisiko, sondern auch eine Schonung der Nieren. Am besten schneidet auch die Muttermilch von Frauen ab, die sich langfristig lakto-vegetarisch ernähren. Sie enthält die niedrigsten Werte an DDT-Verbindungen, PCB und anderen Umweltgiften. Die Erklärung liegt auf der Hand: Wer Fleisch isst, nimmt auch alle Umweltgifte zu sich, die die Tiere aufgenommen haben – in angereicherter und konzentrierterer Form. Langsam, doch stetig steigt die Zahl derer, die sich fleisch- und gewaltfrei ernähren wollen: Mehr als jeder Fünfte in Deutschland befürwortet bereits die vegetarische Ernährung. Der Verzehr von Fleisch, dem einstigen Symbol von Wohlstand und Status, wird zunehmend in Frage gestellt.

Medizin aus dem Garten der Natur

Zehntausendmal am Tag werden die menschlichen Körperzellen von sogenannten freien Radikalen angegriffen, chemisch besonders aggressiven Substanzen. Dieser Dauerbeschuss lässt Zellen entarten und Krebs entstehen. Doch die Natur hat uns glücklicherweise auch starke Abwehrwaffen gegen die freien Radikalen gegeben. Sie stecken vor allem in Obst und Gemüse, aber auch im Getreide.
Sekundäre Pflanzenstoffe heißen die für die Gesundheit so wichtigen Wundersubstanzen in Obst, Gemüse und Getreide. Ein Vegetarier bringt es am Tag auf drei Gramm dieser Bioaktivstoffe in fünf- bis zehntausend verschiedenen Variationen, mehr als doppelt so viel wie ein Fleischesser. Kohlenhydrate, Eiweiße und Fette (sogenannte primäre Pflanzenstoffe) allein reichen für eine gesunde Ernährung eben nicht aus.
Diese sekundären Pflanzenstoffe werden von den Pflanzen gebildet, um sich selbst zu schützen, z. B. vor gefährlichen UV-Strahlen der Sonne, vor Schäd-

lingen und Krankheiten aller Art. Das kommt auch denen zugute, die diese Pflanzen essen. Beim Menschen wirken diese Biostoffe sogar wie natürliche Arzneimittel: nicht nur antioxidativ, sondern auch antimikrobiell (gegen Krankheitserreger), antikanzerogen (gegen Krebserkrankungen) oder immunomodulatorisch (die körpereigene Abwehr stärkend).
Senföle, die beispielsweise in Meerrettich, Senf und Kresse enthalten sind, hemmen das Wachstum von Pilzen und Bakterien und helfen bei Atemwegs- und Harnwegsinfektionen. Methylierte Flavonoide, vor allem in Zitrusfrüchten vorkommend, wirken gegen Bakterien und Viren. Die in Nüssen, Sonnenblumenkernen, Sesamsamen und naturbelassenen Pflanzenölen enthaltenen ungesättigten Fettsäuren senken den Cholesterinspiegel, und das darin enthaltene Vitamin E stärkt das Immunsystem, ebenso die Carotinoide aus Obst und Getreide und die Saponine aus Getreide. Flavonoide, unter anderem in Kohl, Tomaten, Paprika, Möhren, Aprikosen und Zitrusfrüchten vorkommend, hemmen Entzündungen. Und gegen Krebs wirken P-Cumarin- und Chlorogensäure, die z. B. in Erdbeeren, Ananas, Peperoni und Tomaten enthalten sind, ebenso Flavonoide aus fast allen pflanzlichen Lebensmitteln, Ellagsäure aus Nüssen, Beeren und Trauben, Lycopin aus Tomaten, Wassermelonen und Aprikosen, Carotinoide und Phenolsäuren aus Kohl, Kartoffeln, Paprika, Petersilie und Zitrusfrüchten, Lignane aus Hülsenfrüchten und Getreide und Indole aus Kresse, Kohl und Rettich – um die wichtigsten zu nennen.

Pflanzenpower

Diese vielen Wirkstoffe sind längst nicht alles, was Pflanzennahrung zu bieten hat. Wissenschaftler fanden noch unzählige weitere gesundheitsfördernde Wirkstoffe, bis hin zu Hormonen, die sich zum Teil erst im Stoffwechsel des Menschen bilden. Diese Pflanzenhormone regulieren z. B. den Blutdruck und den Blutzuckerspiegel, senken den Cholesterinspiegel oder fördern die Verdauung. Pflanzenhormone helfen sogar, Stress abzubauen und die Stimmung zu heben. Auch das Blattgrün der Pflanzen, das Chlorophyll, hat positive Wirkungen auf die Gesundheit. Chlorophyll reinigt nicht nur die Zellen, sondern repariert und baut sie sogar wieder neu auf. Es stärkt die Leber und unterstützt ihre Entgiftungsarbeit. Chlorophyll ist beteiligt an der Bildung von roten Blutkörperchen, senkt den Blutdruck, säubert die Eingeweide und verbessert die Darmflora. Es schützt die Lungen, unterstützt die Infektabwehr und hemmt die Stoffwechselaktivitäten von krebserregenden Substanzen im Körper.
Fleisch, Fisch und Eier dagegen liegen den Menschen im wahrsten Sinne des Wortes schwer im Magen. Bis zu 48 Stunden dauert es, bis sie verdaut und ihre vielen Giftstoffe ausgeschieden sind. Über Futter, Medikamente und Fleischverarbeitung gelangt eine Vielzahl von Schadstoffen, die unterschiedlichste Gesundheitsrisiken bergen, ins Fleisch. Im Gegensatz zu Pflanzen, die feste Zellwände und ein einfaches Stoffwechselsystem haben, sterben Tierzellen schnell ab, sobald sie nicht mehr mit Blut und Nährstoffen versorgt werden. Totes Fleisch ist daher eine begehrte

Nahrungsgrundlage für viele Mikroorganismen, wie Bakterien, Schimmelpilze und Hefen. Viele dieser Organismen sind für den Menschen allerdings nicht unproblematisch und können zu Lebensmittelvergiftungen führen. Dazu zählen die Salmonellose, der Botulismus und die etwas harmloseren Brechdurchfälle durch Staphylokokken und andere Keime, die sich auf Fleisch, Fisch und Eiern regelrecht tummeln (siehe Tabelle). Durchschnittlich 2,4 Millionen Erkrankungen mit rund 200 Todesfällen gehen in Deutschland jedes Jahr auf das Konto von Lebensmittelvergiftungen, die in erster Linie auf den Verzehr von Fleisch, Fisch und Eiern zurückzuführen sind.

Fäulnisbakterien pro Gramm	
Ei	bis 220 000 000
Fischfleisch	bis 120 000 000
Schweineleber	bis 95 000 000
Hamburgerbeef	bis 75 000 000
Ziegenmist	bis 69 000 000
Pferdemist	bis 25 000 000
Kalbsmist	bis 15 000 000

(nach: Wilz, Gregor; Die vegetarische Rohkost; München; 1993; S. 81)

Brot für das Vieh – Hunger für die Welt

Obwohl weltweit mindestens 10 % mehr Nahrungsmittel produziert werden, als zur Versorgung der gesamten Menschheit notwendig wären, müssen rund eine Milliarde Menschen auf der Welt hungern. Die Nahrungsmittel, die an Masttiere verfüttert werden, könnten diesen Menschen zur Verfügung stehen. Allein in Deutschland sind es über 60 % des angebauten Getreides, das für die Verfütterung an Masttiere angebaut wird. Welch eine Verschwendung, wenn wir uns vorstellen, dass man bis zu sechzehn Kilogramm Getreide verfüttern muss, um ein Kilogramm Fleisch zu »produzieren«.

Die Nachfrage nach Fleisch scheint die Nahrungs»veredelung« durch die Industrie zu rechtfertigen. Doch die andere Seite dieser »Veredelung« ist (vorerst) nicht auf dem Tisch des Konsumenten zu finden: Der Regenwald wird gerodet, um neue Weiden für Schlachtvieh zu schaffen; die Überweidung macht aus Wiesen Wüsten; Exkremente der Massentierhaltung verstärken den sauren Regen und den Treibhauseffekt; Weideland auf Kosten von Ackerland vergrößert Armut und Hunger in den Entwicklungsländern.

»So lange es Schlachthöfe gibt, wird es auch immer Schlachtfelder geben«, warnte der russische Schriftsteller Leo Tolstoi. Die Schar derer, die einen Zusammenhang zwischen der Gewalt an Tieren, der Übertretung von Naturgesetzen und individuellen wie kollektiven Reaktionen für die menschliche Gesellschaft sehen, wächst mit jedem Tag. Alles, was wir tun, übt nicht nur auf andere einen Einfluss aus, sondern auch auf uns selbst.

Bumerang Fleisch

Tiere haben Gefühle, das weiß jeder, der sich um ein Haustier kümmert.

Bei den Tieren, die wir zu essen trachten, ist das ebenso wie bei den uns lieben Haustieren. Tiere fühlen bei der Aufzucht, bei der Mast, beim Verladen und beim Schlachten. Sie fühlen so wie wir.

Auf den bevorstehenden Tod reagiert der ganze Organismus des Tieres. Die vor dem Tod ausgestoßenen Angst- und Stresshormone verteilen sich im ganzen Körper – und werden vom Konsumenten mitverzehrt. Beim Verzehr von Fleisch (auch von Biofleisch) gerät der menschliche Organismus in die gleiche Aufruhr wie das Tier vor seinem Tod. Seine Verwirrung, Angst, Erregtheit und Hilflosigkeit bleiben auch für den Konsumenten nicht ohne Konsequenzen. Dieser beständige Psychostress sucht nach einem Ventil und entlädt sich in Gereiztheit, Aggression und Gewalt. Die Angst und Hilflosigkeit des getöteten Tieres sind ins Fleisch und Blut seines Konsumenten übergegangen – der davon meist gar nichts merkt. Denn durch Fleischkonsum geht das gesunde Feinempfinden für die eigenen seelischen und körperlichen Bedürfnisse verloren. Ob Gesundheitsgefahren durch den Konsum von Fleisch, Fisch und Eiern, ob Gewalt an Tieren, Umweltschäden durch Massentierhaltung oder Hunger in der Dritten Welt wegen Fehlverteilung der Nahrungsmittel: Allmählich dürfte verständlich sein, warum der Ayurveda Fleisch, Fisch und Eier zur tamasischen Nahrung zählt. Wegen ihrer schweren Verdaulichkeit produzieren diese Nahrungsmittel im Körper Ama, toxische Stoffwechselprodukte. Fleisch, Fisch und Eier sind tote Nahrung. Sie können dem menschlichen Organismus vielleicht tote Kalorien geben, aber kein wirkliches Ojas, die Energie, die unsere Körperabwehr, unsere Lebensdauer und unsere Aura bestimmt.

Mutter Erde, Mutter Kuh

In der vedischen Hochkultur gehörte die Kuh wie alle Haustiere zur Familie. Auch im heutigen Indien hat sich daran nicht viel geändert. Die Ochsen dienen den 60 Millionen Kleinbauern, deren Land 80 % der indischen Bevölkerung ernährt, als Zugtiere. Anders als die schweren Traktoren, die den Boden verdichten, Mikroorganismen zerstören und damit Hauptursache der Bodenerosion sind, kommen mit Ochsen bewirtschaftete Felder auch ohne Kunstdünger und Pestizide aus. Die Kuh ernährt mit ihrer Milch nicht nur ihr Kalb, sondern auch ihre menschlichen Familienmitglieder. Der Dung der Kühe wird zur Hälfte für die Bodendüngung eingesetzt, der Rest dient als Brennstoff für die Kochstellen (und spart so allein in Indien 68 Millionen Tonnen Holz im Jahr). Massentierhaltung und Überzüchtung sind in Asien weitgehend Fremdworte. Das erklärt, weshalb die Kühe dort fast ausschließlich von Nahrungsbestandteilen leben, die für den Menschen kaum genießbar sind, wie Spreu, Halme, Blätter, Baumwollsamen, Sojabohnenreste, Kokosnussrückstände und Küchenabfälle. Mehr als ein Achtel der Weltbevölkerung lebt für das Rind und mit dem Rind. Bis auf den heutigen Tag sind sich die meisten Hindus der größeren kosmischen Zusammenhänge und Gesetzmäßigkeiten bewusst und streben ein harmonisches Leben von Mensch, Tier, Natur und Schöpfer an. Kein Wunder, dass noch heute der Ochse als Vater und die Kuh als Mutter respektiert werden. Der von Albert Schweitzer geprägte Begriff der »Ehrfurcht vor dem Leben« ist für Hindus seit jeher selbstverständlich. In der vedischen Kultur ist der Schutz der Kuh eine zentrale Aufgabe für den Menschen, da von ihr so viel Reichtum, Glück, Frieden und Gesund-

heit ausgehen. Bis heute ist es für Hindus unverständlich, wie die Menschen im Westen ein Lebewesen essen können, dem sie so viel zu verdanken haben.
In der westlichen Hemisphäre werden Kühe, Schweine usw. als »bloße Fleisch- und Milchproduzenten« ausgebeutet. In den »modernen Tierfabriken« der Massentierhaltung zählen nur Steigerung der Milchleistung und schnelle Mast um jeden Preis. Man schreckt heute sogar nicht einmal davor zurück, Rindern, die von Natur aus Vegetarier sind, ihre zu Tiermehl verarbeiteten Artgenossen, Kadaverfett, Blutmehl und andere Tiere als »Futter« vorzusetzen. Die Konsequenzen sind nicht länger zu vertuschen. Das natürliche Gleichgewicht von Mutter Erde scheint nachhaltig gestört zu sein.

Kuhschutz, Tierschutz und die subtileren Naturgesetze

Erst wenn das gesamte Ausmaß unseres Eingreifens in die kosmischen Gesetzmäßigkeiten vor unseren Augen liegt, werden wohl auch wir ein wenig mehr verstehen, dass Tiere nicht von uns ausgebeutet, sondern beschützt werden sollten. Und tatsächlich ist es ein Phänomen: Tiere, insbesondere die freigiebigsten und sanftmütigsten unter ihnen, die Kühe, spüren es, wenn man wirklich respektvoll mit ihnen umgeht.
Wir selbst sahen bei einem befreundeten Bauern in der Schweiz eine fünfzehnjährige Kuh, die vor damals zehn Jahren das letzte Mal gekalbt hatte, einige Jahre trocken war und danach wieder begann, Milch zu geben (sechzehn Liter jeden Tag). Eine andere Kuh des gleichen Bauern gibt aus Zuneigung zum Menschen sogar Milch, ohne jemals gekalbt zu haben. Kuhschutz und Tierschutz sind praktisch. Respekt und Schutz der Tiere helfen uns Menschen, im Einklang mit den höheren Gesetzen der Natur zu leben.
In der heiligen Stadt Vrindavana in Indien, der Geburtsstadt Krishnas, trafen wir einmal einen Weisen, der dieses gegenseitige Geben und Nehmen folgendermaßen ausdrückte: »Jetzt dient die Kuh uns, indem sie uns Milch gibt. Und später, wenn sie alt ist, dienen wir ihr, indem wir sie pflegen. Dadurch bekommen wir alles, was wir zum Leben brauchen.« Frieden, Wohlstand, Gesundheit und Glück sind eben nicht allein durch ich- und menschbezogene Produktivität und Gewinnsteigerungen erzielbar.
Ein kleiner Bauer, der sich am heutigen Agrarmarkt beteiligt, ist ohnehin immer auf einer Gratwanderung zwischen hoher Verschuldung und Bankrott. Ganz abgesehen davon würde uns der Ochse als Zug- und Lasttier helfen, von der Abhängigkeit teurer und energieverzehrender Traktoren frei zu werden – wenn wir nur bereit wären, zu einem einfachen, aber erhabenen Lebensstil umzukehren.
Diese Gedanken mögen vielleicht etwas revolutionär erscheinen, aber angesichts unserer fast aussichtslosen Lage in Hinblick auf die Knappheit der Energieressourcen und die Umweltzerstörung durch Agrargifte und anderes sind sie so abwegig nicht mehr: Fangen wir doch einmal an, die Kuh, den Ochsen und all die anderen Tiere als aktiven Teil unserer »Familie Erde« zu behandeln, anstatt sie zu schlachten.

Die Revolution am Küchentisch

Auch wenn mit unserer Nahrung so viel Schindluder getrieben wird, sind wir diesem Treiben doch keineswegs machtlos ausgeliefert. Jede und jeder einzelne von uns besitzt mehr Einfluss, als sie oder er oft denkt. Es gibt genug ökologisch angebautes Getreide, Gemüse und Obst, genug Milchprodukte aus artgerechter Tierhaltung, die ein gesundheits- und umweltbewusster Mensch mit gutem Gewissen kaufen und essen kann. Der konsequente »Verzicht« auf Fleisch, Fisch, Eier und auf Milch aus der Massentierhaltung ist nicht nur logisch, sondern über kurz oder lang sogar lebensnotwendig für uns, unsere Mitgeschöpfe und unsere Umwelt.

Allein die Tatsache, dass wir als Verbraucher immer mehr zu Fertigprodukten greifen, um Zeit und Aufwand in der Küche zu sparen, hat uns zu Sklaven der Nahrungsmittelindustrie gemacht. Sklaven, die blind alles in Kauf nehmen, ob es nun Lebensmittelbestrahlung, Gentechnik, Massentierhaltung, Tiefkühlkost, Dosennahrung oder Ähnliches ist.

Wenn wir wieder mehr dazu übergehen, nur die unverarbeiteten, reinen Rohstoffe aus dem Garten der Natur zu kaufen – oder in einem kleinen Schrebergärtchen vielleicht sogar selbst anzubauen –, werden wir wieder etwas freier von einem passiven Konsumdasein, das uns zu willfährigen Abhängigen der Industrie gemacht hat. Die Unterstützung einer menschen- und tierwürdigen, regionalen und ökologischen Landwirtschaft wäre der nächste konsequente Schritt in eine Zukunft, die im Einklang mit Mutter Erde und all ihren Mitbewohnern steht.

Vielleicht müssen wir unser Konsumverhalten etwas umstellen, doch Gewohnheiten lassen sich schnell ändern. Vor allem, wenn man sieht und schmeckt, wie abwechslungsreich und lecker die vegetarische Ayurveda-Küche und -Backstube ist. Jeder kann in seinem Umfeld mit seinem eigenen Beispiel Impulse setzen, Alternativen aufzeigen und durch sein kritisches und waches Konsum-, Kauf- und Boykottverhalten Einfluss ausüben. Auch unsere Gesellschaft ist nur die Summe vieler Einzelner.

Das verkaufte Brot

Unser täglich Brot zählt schon seit Jahrtausenden zu den Grundnahrungsmitteln der Menschheit. Je nach Land, Region und Geschmack gibt es Hunderte verschiedenener Brotsortenspezialiäten, allein in Deutschland über dreihundert. Kein Wunder, ist doch Brot immer noch für über 80 % der Bundesbürger das wichtigste Lebensmittel überhaupt. Rund achtzig Kilogramm Brot jährlich verzehrt jeder Deutsche im Schnitt.

Vollkorn: Schatzkammer der Natur

In einem gesunden Brot steckt eine Menge drin. Das ganze Getreidekorn ist eines der wertvollsten und in sich vollkommensten Lebensmittel, das die Natur hervorbringt. Mit 55 – 75 % Kohlenhydraten, 0,5 – 7 % Fett und 7 – 15 % Eiweiß liefert es dem Körper nicht nur fast alle lebenswichtigen Nährstoffe, sondern auch einen großen Schatz von Vitalstoffen. Dazu gehören Vitamine, Mineralstoffe, Spurenelemente, Enzyme, ungesättigte Fettsäuren, Aromastoffe und nicht zu vergessen Ballaststoffe, die vor Arteriosklerose und Dickdarmkrebs schützen und für eine gute Verdauung sorgen. In ihren wertvollen Inhaltsstoffen variieren die einzelnen Getreidearten nur unwesentlich. Das ausgewogenste Nährstoffverhältnis bieten jedoch Weizen und ganz besonders Dinkel, der Urweizen. Letzterer ist nach dem Ayurveda ein ideales Getreide für alle drei Doshas (Vata, Pitta und Kapha).
Es ist offensichtlich: Damit dem Körper all diese gesund erhaltenden Inhaltsstoffe wirklich zugutekommen können, sollten auch wirklich alle Bestandteile des Korns verwendet werden.

Weißmehl: Das Beste bleibt auf der Strecke

Unser täglich Brot kommt zum großen Teil in Form von weißen Auszugsmehlen auf den Tisch. Und beim Weißmehl ist das Beste auf der Strecke geblieben: die Randschichten und der Keimling des Getreidekorns. Denn gerade die Inhaltsstoffe der Randschichten sind nicht nur gut für Herz, Gehirn und Nerven, sondern werden auch benötigt, um den stärkehaltigen Mehlkörper und das glutenhaltige Klebereiweiß zu verdauen. Denaturierte, weiße Auszugsmehle waren dem Ayurveda verständlicherweise gänzlich unbekannt. Kein Wunder, stören sie doch nicht nur Vata, sondern rufen auch toxische Stoffwechselprodukte (Ama) hervor. Auch andere »Errungenschaften« der modernen Nahrungsmittelindustrie, wie weißer Zucker, Fast Food, phosphathaltiges Backpulver, Dosen- und Tiefkühlkost, haben wenig mit einer Ernährung im Sinne des Ayurveda zu tun, in der Kriterien wie Frische, Vielfalt und Vollwertigkeit zählen.
Wie auch die Arbeiten von Prof. Dr. Kollath, Dr. Bircher-Benner, Dr. Schnitzer, Dr. Bruker, Dr. Evers und vielen anderen Fachleuten zeigen, werden fast alle der sich immer weiter verbreitenden Allergien und Wohlstandskrankheiten durch falsche Ernährung mitverursacht.

Besorgniserregend ist auch, dass immer mehr Neugeborene und Kleinkinder schon von ernsthaften Krankheiten betroffen sind, seien es Neurodermitis, Allergien aller Art, Pseudokrupp, Asthma oder Ähnliches. Eine auf Vollkorn und den ayurvedischen Prinzipien basierende Ernährung stärkt die Abwehrkräfte und hilft, solchen Erkrankungen vorzubeugen.

Nährstoffverluste bei weißem Weizenmehl

Mineralstoffe/ Spurenelemente	**Verluste in %**
Eisen	84
Kupfer	75
Magnesium	52
Mangan	71
Kalium	76
Calcium	50
Vitamine	
Vitamin B_1	86
Vitamin B_2	69
Vitamin B_6	50
Niacin	86
Panthothensäure	54
Provitamin A	100
Vitamin E	100

(Quelle: Ilse Gutjahr; Die vitalstoffreiche Vollwertkost nach Dr. M.O.Bruker; o. Jahr; S. 71)

Bio-Touch: der Etikettenschwindel

Vollkorn ist in. Im Zuge des Bio-Booms der letzten Jahre bieten viele konventionelle Bäckereien und sogar Supermärkte in zunehmendem Maße Vollkornbrote an – doch Vollkornbrot ist nicht gleich Vollkornbrot!

Selbst wenn die gesetzlichen Bestimmungen erfüllt sind, enthält ein »Vollkornbrot« häufig genug weißes Auszugsmehl. Das heißt Mehl, das nicht aus dem ganzen Getreidekorn vermahlen wurde und dem deshalb wichtige Inhaltsstoffe fehlen. Bis zu 10 % weißes Auszugsmehl erlaubt der Gesetzgeber bei »Vollkornbrot« und »Vollkornbrötchen«.

Doch selbst das verwendete »Vollkornmehl« hält nicht, was der Name verspricht. Denn gemäß Getreidegesetz darf auch beim Getreide für »Vollkornbrot« die äußere Fruchtschale entfernt werden. Mit anderen Worten: Auch bei diesem Mehl sind bereits zahlreiche Vitalstoffe und ein Teil der ballaststoffreichen Kleie unwiederbringlich verloren gegangen.

Da der tatsächliche Vollkorngehalt ihrer Backwaren zu wünschen übrig lässt, versuchen manche Fabrikbäcker, ihren Produkten einen »alternativen Anschein« zu verleihen, indem sie Körner oder Flocken als Dekoration auf ihr Brot streuen oder in geringen Mengen einbacken. Auch das dunkle Aussehen eines Brotes ist kein Hinweis auf seine Vollwertigkeit, wird es doch meist mit Zuckercouleur oder Malzextrakt dunkel gefärbt. Und selbst die Struktur (z. B. von Schrotbrot) sagt nichts über die Qualität des Brotes aus, denn auch weiße Auszugsmehle können durchaus eine grobe Struktur haben. Mit hochwertigen Vollkornbroten haben derartige Produkte in jedem Fall nichts zu tun.

Schweineborsten und Menschenhaar im Brot

Wussten Sie, dass Sie mit einem gewöhnlichen Brötchen oder Brot neben wertlosen Auszugsmehlen eventuell auch Substanzen verzehren, die meist aus keratinreichen Geweben wie Menschenhaaren, Tierhaaren oder Federn gewonnen werden? Das sind nämlich Ausgangssubstanzen, aus denen die Backindustrie einen Eiweißbaustein, das Cystein (E 920), gewinnt – damit der Teig schön elastisch wird und die Maschinen reibungslos laufen.

Fremdstoffe sind in der konventionellen Brotherstellung gang und gäbe. Auf den ersten Blick liest sich die Liste noch recht harmlos: Mehlbehandlungsmittel, Geschmacksverstärker, Teigkonditionierungsmittel, Emulgatoren, Fertigsauer, Backtriebmittel, Lockerungsmittel, Trennmittel, Konservierungsstoffe, Farbstoffe und andere Zusatzstoffe aus künstlichen oder natürlichen Quellen sollen für ein »gesundes« Brot sorgen. Bei genauerem Hinsehen entpuppt sich so manche Substanz als fragwürdig. So wird beispielsweise das alte Konservierungsmittel Naturessig heute synthetisch aus Leichtbenzin gewonnen. Und die Essigsäure und ihre Salze (E 260 – 263) ersetzen als »Kunstsauer« inzwischen die natürlichen Gärvorgänge des Teiges. Eigentlich ist die Konservierung von gewöhnlichem Brot zwar verboten, doch viele Bäcker verwenden Natriumdiacetat, um ihr (Kunstsauer-)Brot länger haltbar zu machen. Der Gesetzgeber hat diesen Stoff einfach zum Säuerungsmittel ernannt – und so sind alle zufrieden: Der Bäcker bekommt sein Konservierungsmittel, der Bürger sein vermeintlich »gesäuertes Brot«. Der Schein bleibt gewahrt.

Nicht-Zutaten: Was ich nicht weiß, macht mich nicht heiß

Verpacktes Brot aus der Brotfabrik enthält zwar eine Zutatenliste, jedoch finden nur wenige der verwendeten Stoffe wirklich ihren Weg aufs Etikett. Meist wird mehr verschwiegen als deklariert. Denn nur Zutaten müssen deklariert sein, nicht aber die zahlreichen »Nicht-Zutaten« – sagt die Lebensmittel-Kennzeichnungsverordnung. Nicht-Zutaten sind Substanzen, die eine technologische Funktion ausüben, aber nach Aussage der Backmittelproduzenten »wegen des Verdünnungseffekts im Endlebensmittel nicht mehr wirksam sind«. Zu den Nicht-Zutaten zählen Feinchemikalien, die den Lauf der Maschinen erleichtern sollen, aber auch Emulgatoren in Hefe und Fettemulsionen zur Verbesserung der Verteilung, Trennmittel zur Verhinderung von Verklumpung, Verdickungsmittel als Viskositätsregler oder Sorbit zur Frischhaltung von Persipan. Nach dem Backen haben sie ihre Aufgabe erfüllt und sind »technologisch wirkungslos« – aber weiterhin im fertigen Brot, Brötchen oder Kuchen.

Rund 220 000 Tonnen Backhilfsmittel mit fragwürdigem Gesundheitswert schlucken die Bundesbürger – ohne es zu ahnen – Jahr um Jahr. Über 4,8 Millionen Menschen sind mittlerweile bei uns von Nahrungsmittelallergien betroffen, jeder Zehnte davon reagiert auf chemische Zusätze im Brot allergisch. Wirtschaftlichkeit und Profite stehen über der Gesundheit der Verbraucher.

Im Bäckerladen selbst kommt es noch schlimmer. Dort gelten alle Backwaren als »lose Ware« und müssen nicht mit all ihren Zutaten exakt deklariert werden. Und der konventionelle Bäcker benutzt dann auch so ziemlich alles, was die Fertigbackmischungen, Eimer und Büchsen der Backindustrie zu bieten haben. So entstehen Brote, die landauf, landab den gleichen Geschmack haben. Die meisten Zusätze braucht er, um einen »reibungslosen« Ablauf zu gewährleisten. Der Teig soll nicht an der Maschine kleben, und die Brötchen sollen sich auch wirklich aufblähen, damit sie ihrem Markenzeichen gerecht werden – viel Luft mit wenig Brötchen drumherum! Es ist schwer vorstellbar, dass die Kunden weiterhin bei ihrem Bäcker um die Ecke kaufen würden, müsste dieser all seine Leckereien deklarieren.

Aus Schrot und Korn: das echte Vollkornbrot

Gesundheit, Geschmack oder Genuss – Brot selbst zu backen, erfreut sich immer größerer Beliebtheit. Ob Sie Ihr Brot nun selbst backen oder aber richtiges Vollkornbrot kaufen möchten, achten Sie auf folgende Punkte:

Das Getreide sollte nur aus kontrolliert ökologischem Anbau stammen. Über Dünge-, Schädlings- und Unkrautbekämpfungsmittel ist konventionell angebautes Getreide stark mit Schadstoffen und Agrargiften belastet. Achten Sie deswegen auf die Markenzeichen und Qualitätssiegel der anerkannten Bio-Anbauverbände, um unbelastetes Getreide zu bekommen (siehe auch Seite 35).

Das Getreide sollte unmittelbar vor der Weiterverarbeitung gemahlen werden, denn schon einige Stunden nach dem Mahlen gehen wertvolle Inhaltsstoffe des Getreides verloren. Echte Vollkornbackwaren bestehen zu 100 % aus frisch gemahlenem Vollkornmehl (Mehl aus dem ganzen Getreidekorn). Für Hobbybäcker und -bäckerinnen lohnt sich die Anschaffung einer Getreidemühle über kurz oder lang, so können sie jederzeit das Getreide frisch mahlen.

Die Teigzubereitung sollte ohne jegliche chemische Zusätze geschehen. Als Triebmittel sollten nur Natursauerteig oder Hefe verwendet werden. Die unzähligen chemischen Stoffe, die in konventionellen Bäckereien zur Anwendung kommen, sind in echten Vollkornbäckereien verpönt. Sie sparen zwar Zeit, jedoch mindern sie die Qualität des Brotes und können sich auf den menschlichen Organismus belastend auswirken (siehe phosphatfreies Backpulver selbst gemacht, Seite 44). Ihrer Gesundheit zuliebe sollten Sie daneben auch ganz auf die Verwendung von isoliertem Fabrikzucker (weißem Zucker), gehärteten Fetten und Konservierungsmitteln verzichten.

Ein Vollkornbrot, das nach diesen Kriterien gebacken wurde, ist wirklich erste Qualität und entspricht den Prinzipien des Ayurveda. Probieren Sie es selbst: Es schmeckt nicht nur gut, sondern sieht auch gut aus, ist lange haltbar und stellt einen wertvollen Beitrag zur täglichen gesunden Ernährung dar.

Brot im Ayurveda

Ob groß oder klein, dick oder flach – Brote haben es in sich. Nicht nur in puncto Ernährung, Geschmack und Gesundheit, sondern auch, wenn es um bunte Vielfalt geht.
Im westlichen Kulturkreis kennen wir Brot hauptsächlich als Weizen- und Roggenbrot, das seinen Geschmack und sein Aussehen entweder durch Säuerung (Sauerteig) oder durch Gärung von Hefepilzen erhält. Immer mehr Menschen vertragen allerdings unser althergebrachtes täglich Brot nicht mehr so gut. Das kann viele Ursachen haben: An erster Stelle dürfte das mit Agrarchemie überschüttete Getreide aus Monokulturen stehen, das dazu noch zu (fast) wertlosem Weißmehl ausgemahlen wird. Doch auch jedes Hybridgetreide (Getreide, das genetisch verändert wurde), z. B. die Hybridzüchtung Triticale, kann bei sensiblen Menschen zu Nahrungsmittelallergien führen. Das i-Tüpfelchen bilden die diversen chemischen Zusatzstoffe und Backhilfsmittel, die während der Verarbeitung in der Brotfabrik verwendet werden.

Hefebrote: einfach, aber nicht für alle das Richtige

Empfindliche Menschen reagieren zusätzlich noch auf andere Einflüsse. Mit Hefe angesetzte Brote führen dem Magen-Darm-Trakt ständig Pilzkulturen zu, die eine empfindliche Darmflora beeinträchtigen können. Nach dem Ayurveda stören Hefebrote und Brote aus Weißmehl das Vata-Dosha im Organismus, d. h., sie können zu Blähungen und anderen Verdauungsstörungen führen. Gerade Vata-Menschen sollten daher Hefebrote und -brötchen nur zu sich nehmen, wenn diese getoastet sind, oder ganz auf Hefeprodukte verzichten. Das ideale Brot für Vata-Typen sind Fladenbrote ohne Triebmittel, z. B. Chapatis (siehe Seite 50 ff.).
Wer dennoch nicht sofort auf sein gewohntes Brot verzichten will und kann, sollte sein Brot in Zukunft in jedem Fall selbst backen und dabei nur Getreide aus kontrolliert ökologischem Anbau verwenden. Wenn Sie zu diesen Menschen gehören, dürfen Sie sich freuen, denn gerade für Sie haben wir die traditionellen europäischen Brotrezepte ausgewählt.
Hefebrote sind auch für Backanfänger ideal: Sie gehen einfach und schnell von der Hand. Und sie schmecken unvergleichlich besser als das gekaufte Einheits-Fabrikbrot aus dem Supermarkt oder vom konventionellen Bäcker.
In unseren Rezepten haben wir die Hefemengen so weit wie möglich reduziert.

Sauerteig: der Teig, der Brote frisch hält

Gesundheitsbewusste haben das alte Roggensauerteigbrot wieder neu entdeckt. Sauerteigbrote werden im Allgemeinen besser vertragen als Hefebrote. Fördern sie doch mit ihren Aromastoffen die Verdauung und bringen den Darm in Schwung. Bei der langen Backzeit entsteht eine dickere Brotkruste als beim »verweichlichten« Weizenbrot, weshalb Roggenvollkornbrot gern als Vorbeugung gegen Karies und Zahnausfall empfohlen wird. Und ein weiteres Plus: Der Säuerungsvorgang schließt das Eiweiß von Roggenmehl oder Roggenvollkornschrot besser auf und bewirkt, dass Sauerteigbrot viel länger saftig frisch bleibt als ein reines Hefeteigbrot. Seine »inneren Kräfte« und sein Geschmack kommen erst nach zwei bis drei Tagen so richtig zur Geltung. Dann ist Sauerteigbrot am bekömmlichsten. Sauerteigbrot vermehrt Kapha und Pitta. Es bietet sich also als Brot der Wahl für Menschen mit Vata-Dominanz an (z. B. Dinkelvollkornbrot, siehe Seite 66). Für Kapha-Menschen ist Roggen zwar ein ideales Getreide, sie können unter Umständen aber etwas Schwierigkeiten mit dem Sauerteig haben, der neben Pitta auch Kapha verstärkt. Menschen mit Kapha-Dominanz können sich helfen, indem sie das Sauerteigbrot toasten oder – noch besser – auf Knäcke- und Fladenbrote (vor allem mit Roggen, Buchweizen, Hirse, Mais, Kichererbsenmehl und in Maßen Dinkel) und Chapatis (mit Roggen, Dinkel und Kichererbsenmehl) umsteigen. Für sie ist es auch gut, weniger Salz zu verwenden. Menschen mit viel Pitta können auf Sauerteig mit Sodbrennen reagieren, sie sollten die Sauerteigmenge reduzieren oder ebenfalls allmählich auf die ayurvedischen Fladenbrote umsteigen. Ayurveda-Ernährung ist individuell: Am besten sehen und spüren Sie selbst, welche Brote Sie gut vertragen.

Ayurveda-Brote: die gesunde Verführung

Wer einmal Brote aus der Ayurveda-Küche gekostet hat, kann sie nie mehr vergessen. Nahrhaft, stärkend und leicht bekömmlich spielen Fladenbrote aus vollem Korn eine fundamentale Rolle in der ältesten Küche der Welt. Zu jeder Mahlzeit frisch zubereitet, zählen die vedischen (altindischen) Fladenbrote zu den sattvischen Nahrungsmitteln. Denn sie geben Kraft, Gesundheit, Zufriedenheit und verlängern das Leben.
Ohne chemische Triebmittel und daher flach, unterscheiden sie sich von ihren westlichen Verwandten, und selbst mexikanische Tortillas, finnische Flachbrote und Knäckebrote müssen sich angesichts der vedischen Fladenbrote geschlagen geben. Ayurveda-Brote sind Verwandlungskünstler. Schnell und einfach zubereitet und passend zu praktisch jeder Mahlzeit, präsentieren sie sich durch verschiedene Mehlmischungen, unterschiedliche Formen und Zubereitungsmethoden immer wieder in einem neuen Gewand: eine abwechslungsreiche Vielzahl von Broten je nach Geschmack und Anlass. Klassiker der vedischen Hochkultur sind in der Pfanne gebackene Fladenbrote (z. B. Chapatis), in Fett gebratene Fladenbrote aus der Pfanne (z. B. Parathas) und frittierte, ballonartig aufgeblähte Fladenbrote (z. B. Puris), die zu festlichen Anlässen serviert werden.
In Indien verwendet man für diese Fladenbrote steingemahlenes Vollweizenmehl (Atta). Atta ist ein zu einem feinem Pulver vermahlenes Weizenmehl, feiner als das Vollkornmehl aus dem Bioladen oder dem Reformhaus. Teig

aus Atta-Mehl wird samtweich, lässt sich leicht kneten und sehr gut ausrollen. Falls Sie Atta nicht bekommen können (siehe Bezugsquellen Seite 187), mahlen Sie einfach Weizen oder Dinkel in Ihrer Getreidemühle ganz fein, sieben Sie die gröbsten Bestandteile aus und mischen Sie zwei Teile von diesem Mehl eventuell noch mit einem Teil Mehl Type 1050.

Ayurveda-Brote sind auch vom heutigen Stand der Ernährungswissenschaft her am gesündesten, da sie immer frisch zu jeder Mahlzeit zubereitet werden, keine Hefe oder chemische Triebmittel (wie Backpulver) enthalten und so besonders gut verdaulich sind. Blättern Sie doch einmal zum Rezeptteil und probieren Sie sie einfach selbst aus. Es lohnt sich!

Die Kunst des Backens – die Küche als Ort der Kraft

Nahrungsindustrie und Esskultur

Stolz können wir schon sein auf unsere moderne, »zivilisierte« Gesellschaft mit all den technischen Errungenschaften der letzten hundertfünfzig bis zweihundert Jahre, erleichtern uns doch heute Computer, Hochtechnologie und Maschinen unsere Arbeit oder haben sie ganz übernommen. Doch viele Versprechungen einer glücklichen Zukunft, die uns Naturwissenschaft und Technik gemacht haben, scheinen nicht eingelöst worden zu sein. Wir sind heute von einer zerstörten Umwelt umgeben, deren heikle Lage wir immer noch zu verdrängen versuchen. Designerfood, Kunstnahrung aus der Fabrik, Gentechnik und Lebensmittelbestrahlung scheinen (trotz massiven Widerstands der Bevölkerung) der Trend der Zukunft zu werden. Die hochtechnisierte, chemisch aufgerüstete Landwirtschaft ist zu einem Rohstoff-Lieferanten für die großen Nahrungsmittelkonzerne verkommen. Wir haben uns völlig entfremdet von der Natur, den Tieren, unseren Mitmenschen und sogar von uns selbst.

Die Werbung der Nahrungsindustrie, die uns ihre Halbfertigprodukte, Fertigmahlzeiten aus der Dose oder Kühltruhe, Backmischungen und Ähnliches verkaufen will, hat uns systematisch eingeimpft, dass es Zeitverschwendung sei, länger als zehn bis fünfzehn Minuten in der Küche zu stehen. Der Fortschritt hat uns schließlich mit Fast Food und Mikrowelle gesegnet, damit wir wieder »mehr Zeit für unsere Kinder« haben.

Liebe geht durch den Magen

So traurig diese Entwicklungen sein mögen, sie müssen nicht so weitergehen. Wir sind keine Marionetten, sondern beseelte Lebewesen und können jederzeit auf dieser Einbahnstraße der Technokratie umkehren. Wir können uns jeden Tag mit der göttlichen Kraft und Energie verbinden, durch die alles Leben entstanden ist. Auch ganz praktisch: durch unser Essen. Unsere häusliche Küche kann dabei wieder eine ganz zentrale Rolle einnehmen. Die Küche kann wieder zu einem Ort der Kraft und Inspiration werden, für uns und unsere ganze Familie. Nicht umsonst war der wichtigste Ort im Haus früher die (Wohn-)Küche mit einer großen Sitzecke (und nicht vor dem Fernseher). Ein Platz, an dem alles Leben, alle Kommunikation und aller Austausch innerhalb der Familie und mit Freunden stattfand. Das alte Sprichwort »Liebe geht durch den Magen« deutet darauf hin, dass mit der Nahrung nicht nur Nährstoffe für den Körper, sondern auch »für die Seele« übertragen werden. Die positiven Einflüsse der Köchin oder des Kochs, die oder der mit menschlicher Wärme und Zuneigung kocht, haben einen direkten Einfluss auf die Sättigung und Zufriedenheit, die man nach einem solchen Essen erfährt. Forscher haben entdeckt, dass

diese Faktoren nicht nur einen positiven Einfluss auf unsere Verdauung und unseren Stoffwechsel ausüben, sondern auch unser Immunsystem stärken.
Auf unseren Studienreisen durch Indien und der eingehenderen Beschäftigung mit dem Ayurveda und anderen Teilen der alten vedischen Texte, wie der berühmten *Bhagavad-Gita,* stießen wir auf genau die gleiche Schlussfolgerung. Im Haus einer befreundeten Priesterfamilie erlebten wir hautnah, wie dieses Wissen um die hohe Kunst und Tradition des Kochens (oder Backens) bis heute lebendig geblieben ist. Als hätte man noch nie etwas von Fast Food, Konservendosen und Mikrowelle gehört, ist Kochen dort sowohl Meditation als auch Gottesdienst. Hier vereint der Koch mehrere Berufe in sich: Koch, Priester und Arzt. Mit seinen lebendig gebliebenen Kenntnissen des Ayurveda stimmt der Koch die Mahlzeiten auf die individuellen Bedürfnisse oder Krankheiten der Familienmitglieder ab. Entsprechend den Jahreszeiten und vielen anderen Faktoren kocht er oder sie eine wahrhaft göttliche Speise. Diese Begegnungen und Erfahrungen haben tiefe Eindrücke bei uns hinterlassen, was sich auch auf unsere Koch- und Essgewohnheiten zu Hause ausgewirkt hat.

Kochen (und Backen) als Meditation

Bevor es in der Küche losgeht: Haben Sie es nicht auch schon oft erlebt, wie eine kurze Dusche entspannt, erfrischt und die Energie bündelt? Die heilenden Eigenschaften des Wassers waren nicht nur Pfarrer Kneipp bekannt, sondern auch schon dem Ayurveda, der uns vor dem Kochen eine kurze Dusche empfiehlt. Das reinigt nicht nur äußerlich (Körper), sondern bereitet uns auch innerlich (Bewusstsein) auf das Kochen vor. Probieren Sie es einmal selbst aus. Wenn Sie nun die Gaben von Mutter Natur dankbar zu einer bekömmlichen Mahlzeit zubereiten, kann Kochen zu einem wahren Geschenk und immer wieder aufs Neue zu einem schönen Erlebnis werden. Die Düfte, die aus solchen Töpfen, Schüsseln und Backformen aufsteigen, sind ein wahrer Lichtblick im grauen Alltag! In der indischen Küche ist es noch heute üblich, während des Kochens nicht zu kosten oder abzuschmecken. Das ist nicht nur hygienischer, sondern für die Köchin oder den Koch selbst gesünder – die Verdauung sollte nämlich erst mit der Mahlzeit einsetzen und nicht schon beim Vorkosten. In der Tat kann Vorkosten die Verdauung sogar so durcheinander bringen, dass gesundheitsschädliche Stoffwechselprodukte (Ama, siehe Seite 16) entstehen. Mit etwas Übung und Erfahrung können Sie beim Kochen und Backen schon bald buchstäblich sehen und riechen, ob noch etwas von einer Zutat fehlt. Lassen Sie sich ruhig einmal auf ein Experiment ein, Sie werden erstaunt sein, wie schnell Sie Ihr Talent für das »Kochen nach Gefühl« entwickeln werden.
Und schließlich: Vor jedem Essen können sich alle ein Weilchen sammeln und wie in allen Traditionen, Glaubensgemeinschaften und Völkern ein Tischgebet sprechen oder eine kleine gemeinsame Meditation machen. Denn der nachdenkliche Mensch ist sich darüber bewusst, dass diese Lebensmittel nur durch Gottes Energie gewachsen sind

und die Elemente Sonne, Wasser, Erde, Luft und Raum dabei hilfreich zur Seite gestanden haben. Nur mit Seiner und ihrer Hilfe konnten wir all dies ernten, zubereiten und dankbar annehmen.
In unserer Familie weihen wir die Speisen vor unserem kleinen Hausaltar auf einem extra dafür reservierten Teller zusammen mit einem kleinen Glas Wasser. Genau wie in den jahrtausendealten Tempeln der *Vaishnavas* (Verehrer *Vishnus* oder *Krishnas)* sprechen wir Gebete (Mantren) zu Gott, den die Veden als *Krishna* (der All-Anziehende) bezeichnen. Nach einigen bewussten Minuten der Besinnung verteilen wir dann diese Portion auf unsere Essteller, spülen Krishnas Teller ab, und anschließend nehmen wir alle gemeinsam unsere Mahlzeit ein.
Diese Speisen, die mit spiritueller Energie aufgeladen sind, nennt man im Sanskrit (der Sprache der Veden) *Prasadam,* spiritualisierte Nahrung.
Kochen als Meditation macht die Küche wahrlich zu einem positiven Kraftort.

Zeit für gemeinsames Essen

Abschließend noch ein Wort zur gemeinsamen Familienmahlzeit: Auch wenn Sie aus beruflichen Gründen tagsüber nicht gemeinsam essen können, sollten Sie doch auf einem gemeinsamen Abendbrot bestehen. Und wenn auch dies nicht möglich ist, dann essen Sie wenigstens am Wochenende gemeinsam mit Ihrer Familie. Tun Sie es sich selbst und Ihrer Familie zuliebe!
Denn diese Mahlzeiten sind (ohne laufenden Fernseher, dem Kommunikationskiller Nr. 1) der Ort, an dem Informationen, Ideen und Visionen ausgetauscht, Beziehungen gepflegt und vertieft werden. Hier findet noch ein gegenseitiges Geben und Nehmen statt. Ihre Kinder werden es Ihnen irgendwann mit Sicherheit danken. Unsere moderne »Ess(un)kultur« von Fast Food, Drive-Ins, Snack Bars und Würstchenbuden, bei der Menschen im Stehen, Gehen, in Hast und Eile und sogar während des Autofahrens essen, nein: schlingen, ist kein wirkliches Vorbild für eine fortschrittliche Gesellschaft.
Zeit zum Essen (und zum Kochen und Backen) sollte kein Luxus sein, sondern Bestandteil eines psychisch und physisch gesunden und harmonischen Lebens. (Sattvische) vegetarische Nahrung kann uns nur dann mit höheren spirituellen Energien versorgen, wenn wir sie in der richtigen Haltung und in Ruhe zu uns nehmen.

Tipps zum Einkaufen

Gesunde Ernährung beginnt schon mit dem Einkauf gesunder Lebensmittel.

Getreide

Getreide, die Grundlage für Ihr Vollkornbrot und -gebäck, kaufen Sie am besten nur aus kontrolliert ökologischem Anbau. Denn nur gesunde Pflanzen, die auf gesunden Böden ohne Agrargifte gewachsen sind, können uns wirkliche Vitalität, Gesundheit und alle wertvollen Nährstoffe liefern.
Kaufen Sie Ihr Getreide entweder im Naturkostladen oder im Reformhaus von einem der anerkannten Bio-Anbauverbände – denn auch auf dem Biomarkt kann geschwindelt werden.
Der Verbraucher ist beim Einkauf von Erzeugnissen aus Bio-Produktion vor allem auf die Kontrollen der verschiedenen Anbauverbände angewiesen. Achten Sie deshalb auf die Siegel der anerkannten Bio-Verbände, z. B. Demeter, Bioland, Biokreis, Naturland, Ecovin, Biopark oder Gäa. Deren Mitglieder sind durch strenge Verträge und Kontrollen verpflichtet, nach den Richtlinien des ökologischen Landbaus anzubauen, zu verarbeiten und zu vertreiben.
Oder Sie kaufen in größeren Mengen direkt beim Biobauern aus der Umgebung (dies ist billiger und spart zudem Zeit und Energie, wenn man einen Großeinkauf für Freunde, Bekannte oder Nachbarn tätigt). Adressen und weitere Tipps bekommen Sie bei Ihrer Verbraucherzentrale, im Alternativen Branchenbuch oder im Internet, zum Beispiel unter Bio-Anbauverbände.

Obst und Gemüse

Der Mensch lebt nicht vom Brot allein. Frisches Obst und Gemüse sind ebenfalls für eine gesunde Ernährung wichtig. Am besten ist auch hier Obst und Gemüse aus dem eigenen Garten, direkt vom Erzeuger aus kontrolliert biologischem Anbau oder aus dem Bioladen.
Und wer die Augen aufmacht, findet so manchen Kleingärtner, Gartenbesitzer oder Bauern, der sein ganzes Obst gar nicht allein essen kann. Von ihm können Sie oft günstig Obst kaufen oder es durch Mithilfe beim Ernten sogar ganz kostenlos bekommen. Jeder Apfelbaumbesitzer freut sich natürlich sehr über ein Stückchen selbst gebackenen Apfelkuchen als Dankeschön.

Grundsätzliche Kriterien

Kaufen Sie Ihre Ware nicht nach dem äußeren Schein, sondern nach »inneren Werten« – denn Apfel ist längst nicht mehr gleich Apfel. Zwischen einem Chemie-Apfel aus dem Supermarkt und einem aus kontrolliert biologischem Anbau liegen Welten.
Die Qualitätskriterien sollten Naturbelassenheit, Vollwertigkeit, Frische und möglichst geringe Belastung (zum Beispiel durch Agrargifte, Schwermetalle) sein. Handelsklassen beurteilen nur äußere Gesichtspunkte. Schon lange besteht ein Großteil des Angebotes aus industriell erzeugter Fließbandware. Apfelbäume in herkömmlichen Obstplantagen werden z. B. während der Reifeperiode bis zu zwanzigmal chemisch gespritzt.

Kaufen Sie möglichst natürlich gereiftes Obst und Gemüse. Richten Sie sich nach den Saisonzeiten, und bevorzugen Sie Freilandprodukte. Treibhausware ist unökonomisch und überflüssig – z. B. werden für ein Kilogramm Gewächshausgurken fünf Liter Heizöl benötigt. Freilandware ist nicht nur weniger mit Nitrat belastet, sondern auch preisgünstiger. Umwelt und Gesundheit werden es Ihnen danken.
Bevorzugen Sie einheimische Produkte. Sie helfen damit, Energie und Kosten zu sparen. Es ist nicht notwendig, z. B. Äpfel aus Chile, Argentinien oder Neuseeland zu kaufen.
Vermeiden Sie Produkte, bei denen besonders viele Agrargifte zum Einsatz kommen (z. B. Pflanzen, die statt in der Erde in Nährlösungen wachsen).
Kaufen Sie kein bestrahltes Obst und Gemüse (leider werden auch viele Gewürze bestrahlt). Radioaktive Bestrahlung macht Obst und Gemüse zwar fast unbegrenzt haltbar, dafür besitzt es dann weniger Nährwert, und die Gesundheitsfolgen sind nicht abzusehen.
Erdbeeren aus Selbstpflückplantagen sind zwar frisch und reif, aber oft mit Rückständen von Pestiziden belastet.
Kaufen Sie nicht von Verkaufsständen an belebten Straßen (die Belastung durch Staub, Blei und andere Umweltgifte ist dort besonders hoch).
Selbst gezogene Sprossen und Keimlinge können auch in der kleinsten Küche wachsen und gerade im Winter die mangelnde Zufuhr an frischen Vitalstoffen auf sehr schmackhafte Weise ausgleichen.

Milch und Milchprodukte

Für Milch und Milchprodukte gilt das Gleiche wie für Getreide, Obst und Gemüse. Sie sollten möglichst frisch sein und nur von biologisch wirtschaftenden Höfen (ohne Massentierhaltung) kommen. Diese Milch können Sie direkt ab Hof von zugelassenen Erzeugerbetrieben als Vorzugsmilch erhalten.
Der Ayurveda akzeptiert nur Rohmilch oder »nur-pasteurisierte« Milch. Homogenisieren verändert das Fett, macht Milch schwer verdaulich und ruft Ama und damit verbundene Beschwerden hervor. Kaufen Sie auf keinen Fall H-Milch oder Kondensmilch. Zu sehr behandelte und erhitzte Milch mag vielleicht länger haltbar sein und höhere Profite für die Handelsketten versprechen. Doch die wenigen Cent, die Sie als Verbraucher sparen, wirken sich auf längere Zeit sehr negativ auf Ihre Gesundheit aus.
Wer sich lakto-vegetarisch ernährt, wird vielleicht festgestellt haben, dass es nicht immer einfach ist, die häufig versteckten tierischen Produkte ausfindig zu machen. Wer denkt schon daran, wenn er nichtsahnend nach einem Joghurt in der Kühltheke greift, dass darin zum Beispiel auch Bindemittel tierischen Ursprungs enthalten sein können, wie Gelatine? Glücklicherweise muss Gelatine auf der Packung angegeben sein.
Noch schwieriger ist es bei Quark und Käse, bei denen nicht deklariert sein muss, welches Lab sie als Gerinnungsmittel enthalten. Häufig ist es tierisches Lab (ein Enzym aus dem Magengewebe geschlachteter Kälber). Molkereien geben auf Anfrage bereitwillig Auskunft über das von ihnen verwendete Lab.

Käse und Quark aus dem Bioladen oder Reformhaus stammen von ökologisch arbeitenden Höfen und sind meistens weitaus besser deklariert. So können Sie genau erfahren, ob pflanzliches, mikrobielles oder tierisches Lab verwendet wurde. Im Zweifelsfall können Sie Frischkäse auch selbst machen (siehe Natur-Apotheke von A – Z, Seite 156).

Wer soll das bezahlen ...

Sicher kennen Sie die Situation: Sie würden ja gerne sich selbst und Ihre ganze Familie mit ökologischen Produkten, am besten aus dem Naturkostladen, versorgen, aber ist dies nicht alles viel zu teuer? Diesem Argument stimmen wir zum Teil zu – jedoch haben wir dazu einige Gedanken, die wir mit Ihnen teilen möchten.

Durch eine gesunde vegetarische Vollwerternährung sparen Sie unter dem Strich doch – denn die teilweise hohen Kosten für Fleisch, Wurst, Ei, Fisch, Süßwaren, Alkohol und weitere Produkte entfallen ganz oder reduzieren sich. Dafür können Sie sich dann auch qualitativ hochwertigere Lebensmittel leisten. (Die anfallenden Mehrkosten für Arzneimittel und Behandlungen, die bei einseitiger Ernährung entstehen, sind in dieser Kalkulation noch gar nicht mitgerechnet.)

Vollkorngebäck und -brot sättigen und geben weitaus mehr Prana-Energie als weiße »Pappdeckel«-Brötchen. Das bedeutet, dass Sie von Vollkornprodukten auch weniger essen. Qualität spart Quantität. Somit gleicht sich eine Mehrausgabe auch hier wieder aus.

Qualität verdient ihren Preis. Und doch muss eine gesunde Vollwerternährung nicht teurer sein als die konventionelle Industriekost.

Natürlich kann Vorzugsmilch nicht mit den Preisen subventionierter H-Milch mithalten oder echtes Vollkornbrot mit plastikverschweißtem Weißmehl-Fabrikbrot. Wer einmal darüber reflektiert, dem wird einleuchten, dass Erzeugnisse, die nicht in Monokulturen angebaut werden und ohne Agrargifte wachsen, viel mehr Pflege brauchen.

Ist es nicht so, dass viele von uns für all jene Dinge, die ihnen wichtig sind, immer genügend Geld haben?

Wie viel geben wir für Auto, Urlaub, Bekleidung, Unterhaltung, Sport und Freizeit, Restaurantbesuche und »Genuss«mittel wie Kaffee, Alkohol, Zigaretten aus? Unsere Gesundheit dagegen nehmen wir oft als etwas Selbstverständliches hin – wenn sie aber einmal angeschlagen ist, sind wir meist sehr betrübt darüber. Wie viele Menschen sind durch eine ernste Krankheit auf eine gesündere, bewusste (vegetarische) Lebensform umgestiegen? Können wir nur durch Fehler lernen?

Liegt Ihnen Ihre Gesundheit und die Ihrer Kinder am Herzen, dann versuchen Sie, so gut Sie können, die Grundsätze in diesem Buch umzusetzen.

Versuchen Sie, Ihren Weg in eine neue, bewusstere, gesündere Ernährung und Lebensführung Schritt für Schritt zu gehen. Sie werden spüren, wie Sie auch nach und nach Dinge wie Kaffee, Zigaretten, Alkohol, Fleisch nicht mehr »brauchen« und sich psychisch und physisch wohler und befreiter fühlen. Und eine bessere Gesundheit und ein gesteigertes Lebensgefühl lohnen allemal eine kleine Umstellung unserer Gewohnheiten.

Das sollten Sie noch wissen ...

Backen macht Freude, wenn Sie einige Dinge beachten, die das Gelingen garantieren.

Beginnen Sie mit einfachen Rezepten (wie Knäckebroten, Brötchen, Hefebroten), bevor Sie zur höheren Schule des Brotbackens – dem Sauerteig – übergehen. Selbst Sauerteigbrote sind leicht zu backen, wenn Sie ein bisschen Erfahrung, Gefühl für den Teig und Zeit haben. Und wenn es mal nicht klappen sollte – kein Meister fällt vom Himmel!

(Er-)Finden Sie Ihr eigenes Hausrezept! Nur Sie kennen Ihre persönlichen Vorlieben und Geschmäcker sowie die Ihrer Familie und Ihrer Freunde. Und die Liebe und Hingabe, mit der Sie das Brot gebacken haben, schmecken andere und auch Sie heraus (das gilt natürlich ebenso für Kuchen, Gebäck und gekochte Gerichte). Obwohl es heute ausgezeichnete Brote in guter Qualität im Bioladen oder in den Vollkornbäckereien gibt, kommen sie doch meist nicht an das eigene, selbst gebackene Brot heran. Und neben der Freude über das eigene Vollkornbrot ist Selbstbacken außerdem viel billiger.

Der Aufwand lohnt sich, es ist nur eine **Frage der Organisation und Zeiteinteilung.** Getreide mahlen und den Teig ansetzen kann man auch als Berufstätige/r am Vorabend oder zwischendurch am Wochenende. Außerdem kann ein Abend mit Freunden und Familie beim Teigkneten und bei angeregten Gesprächen schöner und ereignisreicher sein als vor dem Fernseher.

Mehlmengen und Flüssigkeitsmengen

Die angegebenen Mehl- und Flüssigkeitsmengen in den Rezepten werden nicht immer genau stimmen. Sie können es auch nicht, weil der Feinheitsgrad beim selbst gemahlenen Vollkornmehl sehr unterschiedlich sein kann. Das hängt vom Mühlentyp ab und auch von der genauen Gradeinstellung. Sehr fein gemahlenes Mehl braucht weniger Flüssigkeit als gröber gemahlenes oder gar geschrotetes. Es empfiehlt sich daher, von der angegebenen Mehl- und Flüssigkeitsmenge jeweils einen kleinen Teil zurückzubehalten (50 – 100 g), um beim letzten Knetvorgang ausgleichen zu können. Dies gilt hauptsächlich für Brotteige.

Die Waage – unverzichtbares Utensil

Für das genaue Abmessen der richtigen Teigzutaten ist eine Waage auf Dauer unumgänglich. Ein Messbecher eignet sich für Flüssigkeiten, jedoch stimmen die Angaben bei Vollkornmehl und Vollrohrzucker nicht immer mit der Gewichtsangabe auf dem Messbecher überein. Besser ist es daher, wenn Sie das Mehl auf einer Waage abwiegen. Sonst ist Ihr Backerfolg nicht sicher. Wenn Sie im Laufe der Zeit mehr und mehr Gefühl für den Teig bekommen, können Sie auf die Waage verzichten. Achten Sie bei Ihrem Messbecher darauf, dass er auch kleine Flüssigkeitsmengen angibt. Wir haben für diesen Zweck einen kleinen Messbecher (mit einer Volumeneinteilung von 20 bis 250 ml).

Mengenangaben der benutzten Messlöffel

1 gestrichener EL	= 15 ml
1 gestrichener TL	= 5 ml
½ TL	= 2 ml
¼ TL	= 1 ml

Messlöffel mit diesen Abmessungen und auch kleine, gläserne Messbecher bekommen Sie in Geschäften für Naturkosmetikbedarf.

Backzeiten und Backtemperaturen

In diesem Buch sind die Backtemperaturen für Heißluft- (H) und für Elektrobacköfen (E) angegeben. Die angegebenen Backzeiten beziehen sich allerdings nur auf Heißluftbacköfen. Elektrobacköfen benötigen längere Vorheiz- und Backzeiten sowie höhere Temperaturen als Heißluftherde. Bei gleicher Temperatureinstellung ist die Hitze eines Elektrobackofens also um 5 – 25 °C geringer. (Beispiel: Stellt man einen normalen Elektrobackofen auf 220 °C ein, kommt ein Heißluftherd mit einer Temperatureinstellung von 200 °C aus.) Die Backzeiten eines Elektroherdes können sich gegenüber denen des Heißluftherdes somit um 5 – 10 Minuten erhöhen.

Deshalb unser Tipp:
Verlassen Sie sich nicht blind auf die Backtemperatur und -zeit im Rezept, da sie von so vielen Faktoren abhängig sind (Herdtyp, Alter des Backofens, gut verschließbare Herdtür, Außentemperatur beim Herstellen des Teiges und anderes). Prüfen Sie besser gegen Ende der vorgesehenen Backzeit erst mit Ihren Augen und dann je nach Gebäckart z. B. mit Holzstäbchen oder Klopftest, ob Ihr Gemüsekuchen oder Ihr Brot durchgebacken ist.

Bei Gasherden sind statt Temperaturen Stufen angegeben

Bitte studieren Sie die Betriebsanleitung für Ihren Gasherd genau, damit die Stufen mit den in diesem Buch angegebenen Temperaturen übereinstimmen.

Vorheizen – oder nicht?

Heizen Sie bei Backzeiten von weniger als 45 Minuten den Backofen vor. Bei Heißluftherden jedoch können Sie sich lange Vorheizzeiten sparen. Es genügt, wenn Sie den Backofen erst wenige Minuten vor dem Backen anstellen (bei Hefeteigen z. B. erst anstellen, wenn der Teig im Ofen steht, dadurch kann er noch etwas gehen).

Welche Einschubleiste?

Bei Heißluftherden gibt es dieses Problem nicht, da die heiße Luft gleichmäßig im Ofen zirkuliert. Sie können sogar bis zu drei Bleche gleichzeitig backen, vorausgesetzt das Backgut hat während des Backens noch genügend Platz zum Entfalten. Diese gute Auslastung macht den Heißluftherd ökonomischer und spart Energie.
Bei Elektroöfen gilt das folgende einfache Prinzip: Das Gebäck sollte sich immer in der Mitte des Backofens befinden. Das heißt, einen hohen Napfkuchen oder einen hohen italienischen Gemüsekuchen (Panettone) schiebt man dazu in die unterste (oder je nach Höhe des Backofens zweitunterste) Schiene, Pizza oder flache Gemüsekuchen (auf

dem Blech) in die mittlere Schiene. Brote in Backformen sollten Sie niemals auf Blechen in den Ofen schieben – sondern die dafür vorgesehenen Roste verwenden. Durch das Blech könnten sie zu starke Unterhitze bekommen und auf der Auflagefläche verbrennen.
Schieben Sie die Backbleche immer so weit ein, dass sie an der Rückwand anstoßen. Sonst passiert es, dass das Gebäck ungleichmäßig bräunt.

Dunkle und schwarze **Backformen** verwendet man bei Elektroherden, helle Backformen bei Gasherden.
Bei sehr **feuchtem Backgut,** z. B. bei Pizza mit dickem Gemüsebelag, entsteht viel Wasserdampf im Backofen; öffnen Sie die Backofentür kurz und vorsichtig, sodass die heißen Schwaden abziehen können. Das spart Energie und vermindert die Kondensation an der Backofentür.

Legen Sie den Backofen **nicht mit Alufolie** aus, sonst entsteht ein Wärmestau, der das Backergebnis verfälscht und das Emaille beschädigt.

Die **Zutaten der Rezepte** haben wir jeweils in der Reihenfolge aufgeführt, in der Sie sie auch beim Verarbeiten benötigen.

Backgeräte und Zubehör

Um richtig backen zu können, brauchen Sie – genau wie beim Kochen – das richtige Handwerkszeug. Dabei gibt es Geräte, die unbedingt erforderlich sind, und andere, die im Laufe der Zeit angeschafft werden können. Nach diesen Kriterien haben wir die folgende Liste gegliedert.

1. Küchenwaage und Messbecher
2. Rührschüsseln und Brotbackformen oder Kastenbackformen
3. Rührlöffel (mit und ohne Loch)
4. feines Sieb
5. Teigrolle (oder Flasche)
6. Nussmühle, Mixer oder elektrischer Zerkleinerer mit Stahlmesser
7. Teigrädchen
8. Backpinsel
9. Holzspießchen
10. Getreidemühle

Wer sich auf Dauer vollwertig ernähren möchte, sollte sich die Anschaffung einer Getreidemühle überlegen, diese Anschaffung lohnt sich über kurz oder lang. Am Anfang können Sie sich Ihr Getreide im Bioladen oder Reformhaus mahlen lassen. Aber verwenden Sie stets nur frisch gemahlenes Getreide. Je länger Vollkornmehl gelagert wird, desto mehr gehen wertvolle Vitalstoffe durch Einwirkung von Luft, Licht und Wärme verloren. Und es wird dabei rasch ranzig. Länger gelagertes Vollkornmehl (in abgepackter Form im Handel erhältlich) ist eigentlich nicht mehr vollwertig! Im Fachhandel gibt es auch günstige Getreidemühlen mit Stahlmahlwerk.
Zum Abhängen von Joghurt für die Herstellung von Joghurtquark oder von Frischkäse und Quark benötigen Sie ein **Käsetuch.** Es sollte zu hundert Prozent aus Baumwolle bestehen. Besonders gut eignen sich dafür Baumwollwindeln aus der Babyabteilung (vor dem ersten Gebrauch einmal im Kochwaschgang waschen).
Zum Frittieren von Puris und Ähnlichem eignet sich eine indische **Karhai** (eine doppelgriffige tiefe Pfanne), ein **Wok** oder auch ein flacher Topf mit

dickem Boden. Für Fladenbrote wie Chapatis oder Parathas ist eine indische **Tava** (eine gusseiserne Flachpfanne mit einem Griff) ideal. Trotz geringer Hitze sind mit dieser Pfanne die Fladen schneller durchgebacken. Eine **Pfanne mit Anti-Haft-Beschichtung** kann auch verwendet werden. Achten Sie allerdings darauf, dass sie nicht überhitzt wird.

Noch ein paar praktische Tipps zum Brotbacken

- Wenn Ihr Brot gelingen soll, sorgen Sie für eine **gleichmäßig warme Temperatur** in Ihrer Küche und **vermeiden Sie Zugluft!** Dies gilt vor allem für Hefe- und Sauerteigbackwaren.
  Ebenso sollten auch **alle Zutaten lauwarm** sein (z. B. Wasser, Buttermilch und anderes).

- Lauwarme **Flüssigkeit immer nur nach und nach zugeben,** da die Flüssigkeitsmengen bei Verwendung von selbst gemahlenem Vollkornmehl immer etwas variieren können.

- **Gutes Kneten** arbeitet in den Teig Luft ein und hilft ihm, beim Backen locker zu werden. Der fertig geknetete Teig muss fest, aber elastisch sein. Ein Bäcker hat uns einmal gesagt: Er muss sich wie ein Ohrläppchen anfühlen.

- Die angegebenen **Ruhe- oder Gehzeiten** können etwas variieren, abhängig von Raumtemperatur, Luftfeuchtigkeit und Feinheitsgrad des Mahlgutes. Hefeteig ist in jedem Fall genügend aufgegangen, wenn sich sein Volumen fast verdoppelt hat. Sauerteig geht nicht so viel auf, er vergrößert sich nur etwa um die Hälfte.

- **Vollkornbrot (sowohl mit Hefe als auch mit Sauerteig) und verschiedene Vollkornbrötchen** brauchen **Wasserdampf im Ofen.** Dazu stellen Sie, wenn der Ofen heiß ist, ein flaches Gefäß (z. B. einen kleinen Topf) mit etwa einem Viertelliter kochendem Wasser auf den Boden des Backofens. Etwa nach der Hälfte der Backzeit kann der Topf wieder herausgenommen werden.

- **Klopftest** oder **Garprobe** erfolgen am Ende der Backzeit. Ob das Brot fertig gebacken ist, testen Sie, indem Sie mit dem Fingerknöchel auf die Unterseite des Brotes klopfen (bei Kastenbroten vorher aus der Form nehmen). Wenn das Brot einen hohlen Klang von sich gibt, ist es fertig. Ansonsten bäckt man es noch einige Minuten im Ofen (ohne Form). Oft reichen auch schon einige Minuten Nachhitze aus. Danach noch einmal testen.

- Nach dem Backen wird das Brot sofort mit **heißem Wasser oder mit etwas Ghee bepinselt** und zum **Auskühlen auf einen Rost** gelegt. Dies macht eine knusprige Kruste und hält länger frisch.

- **Brötchen, Knäcke- und Fladenbrot** können Sie schon **frisch aus dem Ofen essen.**

- **Weizenvollkornbrot (mit Hefe)** lässt sich schon **nach wenigen Stunden anschneiden.**

- **Sauerteigbrote** allerdings schmecken besser, wenn man sie **frühestens am nächsten Tag anschneidet.** Noch besser ist es, wenn Sie Sauerteigbrote nach dem Backen vollkommen erkalten lassen, in ein Leintuch schlagen und in einem kühlen Raum 2 bis 3 Tage ruhen lassen.

- **Sauerteigbrote** haben im Allgemeinen eine **festere Konsistenz** als Hefebrote. Wer sie lockerer haben möchte, braucht nur etwas mehr lauwarmes Wasser zuzugeben. Bedenken Sie allerdings, dass der Teig dann länger geknetet und zum Backen in eine Kasten- oder Brotbackform gefüllt werden muss, da er sonst auf dem Blech verlaufen würde.

- **Hefeteig** braucht eigentlich **nicht viel Hefe.** Hier gilt das Prinzip: Je mehr Zeit Sie haben, um Ihr Brot gehen zu lassen, und je wärmer (und zugluftfrei) Ihre Küche ist, desto besser kann Ihr Teig gehen – und desto weniger Hefe benötigen Sie.

Das Geheimnis der richtigen Zutaten

Vegetarischer Ei-Ersatz

Eier sind neben ihrem hohen Anteil an Fäulnisbakterien und vielen gesundheitsschädlichen Wirkungen in der Küche schlichtweg überflüssig. Es gibt genügend vegetarische Substanzen, die nicht nur ähnlich bindende und lockernde Eigenschaften wie Eier besitzen, sondern darüber hinaus auch gesund sind. Probieren Sie sie einfach einmal aus.

- **Ei-Ersatz (pflanzlich):** Im Reformhaus und Naturkostladen gibt es einen speziellen Ei-Ersatz zum Backen. Beachten Sie die jeweilige Anleitung zur Handhabung.

Vorsicht: Das Produkt »Dotter-frei« ist kein Ei-Ersatz. Lediglich der cholesterinhaltige Dotter wurde entfernt, das Eiweiß des Eis ist noch enthalten.

- **Sojamehl:** Sojamehl ist ein guter Ei-Ersatz. Es besitzt einen leicht nussartigen Geschmack und eignet sich hervorragend zum Backen und zum Binden von Saucen, Suppen und Eintöpfen. Speziell für Rührteig und zum Überbacken ist Sojamehl eine wunderbare Alternative. **1 EL Sojamehl + 2 EL Wasser (oder Milch) = Ersatz für ein Ei.**

- **Einige Tipps zum Ersatz von Eiern: Pfannkuchenteig** braucht gar keine Eier. Einfach Mehl mit Milch und Mineralwasser (halb/halb) anrühren und den Teig vor dem Ausbacken ein wenig ruhen lassen.
Rührkuchen lässt sich ebenso gut ohne Eier backen: Die Eimenge wird einfach durch Sahne, Milch oder ein Halb-Milch-Halb-Wasser-Gemisch (ein Esslöffel dieses Gemisches entspricht einem Ei) und ein Triebmittel (z. B. selbst gemachtes Backpulver, siehe Seite 44) ersetzt. Noch besser gelingt Rührkuchen jedoch mit Sojamehl als Ei-Ersatz (siehe oben).
Mürbteige benötigen ebenfalls kein Ei. Nehmen Sie statt eines Eis 1 EL

kaltes Wasser oder Mineralwasser (für knusprigen Mürbteig) oder 1 EL Joghurt oder Sahne.
Hefeteig, Strudelteig, Blätterteig sind ohnehin die klassischen eifreien Teige. Sollten Sie in anderen Backbüchern auf Rezepte mit Ei stoßen, können Sie die Eier problemlos ohne jeden Ersatz weglassen.
Biskuitteig-Tortenböden gelingen bestens, wenn Sie die Eier durch Milch bzw. Wasser und Sojamehl und etwas mehr Triebmittel ersetzen.
Zum Bestreichen von Backwaren vor dem Backen können Sie anstatt Eigelb einfach Milch oder Sahne verwenden, Veganer nehmen Sojasahne.

Triebmittel

Triebmittel lockern den Teig von Backwaren. Dies geschieht durch Entwicklung vieler kleiner Luftbläschen während des Backvorgangs. Einige der Triebmittel sind als natürlich zu bezeichnen, chemische sollte man sparsam oder besser gar nicht verwenden.
Nicht alle Backwaren brauchen allerdings Triebmittel. Es gibt genügend Rezepte ganz ohne Triebmittel, z. B. Knäckebrot, Mineralwasserbrötchen, Sonnenfladen der Essener, Mürbteig, Kekse, Blätterteig, Strudelteig, Chapatis, Parathas, Puris, Rotis und weitere.

- **Kohlensäure:** Bei der Zubereitung von Pfannkuchenteigen, Waffelteigen, Fladenbrot, Knäckebrot und Mineralwasserbrötchen kann als Triebmittel man gut gekühltes Mineralwasser verwenden (frisch geöffnete Flasche). Die Kohlensäure wird bei der Wärmeentwicklung im Ofen frei und treibt etwas.

- **Einrühren von Luft:** Auch mechanisches Einrühren von Luft bewirkt eine Teiglockerung. Jedoch ist dies nur bei flüssig weichen Teigen (wie Waffel-, Rühr- oder Biskuitteigen) möglich. Dies ist auch der Grund, warum man die Butter schaumig schlägt.

- **Selbst gemachtes Backpulver:** siehe Seite 44.

- **Natriumhydrogencarbonat (= Natron; doppeltkohlensaures Natron oder Natriumbicarbonat)** ist das Triebmittel, das in herkömmlichem, selbst gemachtem und Weinstein-Backpulver enthalten ist. Ohne andere Hilfsstoffe eignet es sich nur zum Backen von Flachgebäck (wie Waffeln, Kekse oder Mürbteig). Natriumhydrogencarbonat spaltet zwar beim Erhitzen Kohlendioxid ab, bleibt jedoch in hohen Gebäcken (Kuchen) als alkalischer Rückstand mit einem laugigen Geschmack zurück. Um diesen Geschmack zu neutralisieren, setzt man ihm im Backpulver eine Säure oder sauer reagierende Verbindung zu. (Die Backmittelindustrie verwendet dafür saure Phosphate). Beim selbst gemachten Backpulver können Sie statt Ascorbinsäure auch frischen Zitronensaft verwenden. Für 500 g Mehl benötigen Sie etwa 5 g Natriumhydrogencarbonat und 2 – 3 EL Zitronensaft.

- **Pottasche (Kaliumcarbonat)** ist ein basisches Salz, das wassertreibend wirkt. Es eignet sich auch zum Backen, vor allem von Flach- und Kleingebäck wie Keksen, Lebkuchen und Ähnlichem. Auf 500 g Mehl benötigen

Sie 5 g Pottasche (vorher in etwas Flüssigkeit auflösen).

- **Sauerteig** (siehe ab Seite 45)
- **Hefe:** Hefepilze sind Kleinstlebewesen und werden im Labor auf zuckerhaltigen Rohstoffen (Melasse) gezüchtet. Vata-Menschen reagieren auf Hefe mit Blähungen. Wer dennoch nicht auf sein gewohntes Brot verzichten will, sollte die Hefemengen reduzieren und Brot vor dem Verzehr toasten oder besser noch auf Sauerteigbrot umsteigen. Am gesündesten sind indische Fladenbrote (wie Chapati, Roti, Puri), da sie immer frisch und ohne Triebmittel zubereitet werden. Wer Trockenhefe verwenden möchte, sollte darauf achten, dass sie möglichst keine Emulgatoren enthält. Solche Hefe ist im Naturkostladen oder im Reformhaus erhältlich.

Selbst gemachtes Backpulver

Wer seiner Gesundheit wirklich einen Gefallen tun will, dem empfehlen wir, Backpulver einfach selbst zu machen. Statt der gesundheitsbedenklichen anorganischen Phosphate enthält dieses Backpulver als Säuerungsmittel reines Vitamin-C-Pulver (Ascorbinsäure). Vitamin C erfüllt dabei den Zweck, den Laugengeschmack von Natron zu neutralisieren, sein Vitamingehalt selbst geht bei den hohen Backtemperaturen verloren. Außerdem benötigen Sie als Triebmittel Natriumhydrogencarbonat, auch unter dem Begriff Natron bekannt, und Wildpfeilwurzelmehl oder Maisstärke als Trennmittel. Die Zutaten bekommen Sie im Naturkostladen, Supermarkt oder in der Apotheke. Die Rezepte in diesem Buch haben wir mit selbst gemachtem Backpulver gebacken.

Der folgenden Tabelle können Sie entnehmen, in welchem Mengenverhältnis die Zutaten gemischt werden müssen. **Grundsätzlich beträgt das Mischungsverhältnis immer ein Teil Natron auf zwei Teile Wildpfeilwurzelmehl oder Maisstärke und zwei Teile Vitamin-C-Pulver.** Wichtig ist, dass Sie das Backpulver immer erst dann mischen, wenn Sie es benötigen. Bevorraten lässt es sich leider nicht; es bildet mit der Zeit Klumpen.

Selbst gemachtes Backpulver	Natriumhydrogencarbonat (Natron)	Wildpfeilwurzelmehl/ Maisstärke	Vitamin C (Ascorbinsäure)		entspricht herkömmlichem Backpulver
5 TL	1 TL	2 TL	2 TL	=	1 Päckchen
2½ TL	½ TL	1 TL	1 TL	=	½ Päckchen
1¼ TL	2 Msp	½ TL	½ TL	=	2 TL
5 Msp	1 Msp	2 Msp	2 Msp	=	1 TL
2½ Msp	2 Prisen	1 Msp	1 Msp	=	½ TL

- **Weinstein-Backpulver** ist ebenfalls eine phosphatfreie Alternative zum herkömmlichen Backpulver. Es besteht aus Natriumhydrogencarbonat (Triebmittel), Maisstärke (Trennmittel) und Weinstein (= Kaliumhydrogentartrat) als organischem Säuerungsmittel, einem calcium- und magnesiumhaltigen Salz der Weinsäure.
  Herstellung: Bei der Weinherstellung scheidet sich Weinstein ab und sinkt auf den Grund des Fasses. Die Ablagerungen werden aus den Fässern herausgelöst, gereinigt und gespült. Da Alkohol und Nahrungsmittel, die mit Alkohol in Kontakt kamen, nach dem Ayurveda von tamasischer Natur sind, ziehen wir selbst gemachtes Backpulver dem Weinstein-Backpulver vor.

- **Backpulver (herkömmliches)** besteht aus Natriumhydrogencarbonat (Triebmittel), modifizierter Stärke (Trennmittel) und gesundheitsbedenklichen sauren Phosphaten (Säuerungsmittel). Sie sind für den menschlichen Körper unlöslich und schwer abbaubar. Ein Teil der Phosphate wird über die Nieren ausgeschieden, der Rest jedoch lagert sich eventuell im Zwischenzellgewebe (Muskel-, Fettgewebe und Blutgefäßen) ab. Das kann das Krebsrisiko erhöhen und den Calcium-Phosphat-Haushalt des Körpers stören, was bei Kindern zu Konzentrationsstörungen und ADHS (Aufmerksamkeitsdefizit- / Hyperaktivitätsstörung) führen kann. Außerdem können saure Phosphate die Allergiebereitschaft des Körpers erhöhen und seine Abwehrkraft schwächen.

- **Hirschhornsalz** ist eine Ammoniumverbindung mit salzartigem Charakter, die auch zum Backen (von Weihnachtsgebäck) verwendet wird. Bei Hitzeeinwirkung zerfällt Hirschhornsalz in Kohlendioxid, Wasser und stechend riechendes Ammoniakgas, das sich beim Backen weitgehend verflüchtigt. Hirschhornsalz eignet sich nur für Flachgebäcke (Kekse, flache Lebkuchen, Amerikaner), da dicke Backwaren mit hoher Krumenfeuchtigkeit das entstehende Ammoniakgas zurückhalten würden. Für 500 g Mehl benötigen Sie 5 g Hirschhornsalz (vorher in etwas Flüssigkeit auflösen).

- **Backferment** ist ein Back- und Triebmittel auf der Grundlage von Honig und Getreide. Die Zutaten sind rein pflanzlich. (Da in Backferment erhitzter Honig enthalten ist, verwenden wir es nicht in den Rezepten.)

Sauerteig: Am Anfang ist der Ansatz

Sauerteig besteht aus Roggenmehl und Wasser und ist das älteste Brottriebmittel. Man nimmt ihn speziell zum Backen von Roggen- oder Mischbroten. Natursauerteig können Sie leicht selbst herstellen (siehe unten) oder im Naturkostladen oder Reformhaus kaufen. Industrieller Fertigsauer wird heute in vielen Bäckereien verwendet (Ausnahmen können zum Beispiel kleinere Betriebe oder Vollkornbäckereien sein). Beim Fertigsauer benötigt der Teig statt der klassischen 15 Stunden Sauerteigführung nur 30 Minuten.
Damit Sie bei Sauerteigbroten richtig loslegen können, brauchen Sie einen Sauerteigansatz. Drei Möglichkeiten

stehen dafür zur Wahl. Nach getaner Arbeit lässt sich der Ansatz in einem Schraubglas im Kühlschrank aufbewahren und weitervermehren (vorausgesetzt, Sie backen alle 8 bis 10 Tage Brot).

- **Sauerteigansatz mit Hefe**
  Ideal für Backanfänger ist dieses Grundrezept. Damit gehen selbst Sauerteigbrote ohne weitere Hefe beim Backen gut auf.
  5 – 10 g Hefe mit 250 ml lauwarmem Wasser und 150 g fein gemahlenem Roggenmehl verrühren. Den Ansatz mit einem feuchten Tuch zugedeckt an einem warmen, zugfreien Ort 3 Tage stehen lassen. Den Teig ab und zu umrühren. Das Gefäß nicht zu klein wählen, da der Sauerteig gerade am Anfang stark aufgeht. Achten Sie auch darauf, dass der Sauerteig nicht austrocknet, wenn er z. B. mit einem Tuch bedeckt in der Nähe der Heizung steht. Deshalb das Tuch immer wieder befeuchten, wenn es trocken geworden ist.
  Anschließend den Ansatz in ein Schraubglas füllen oder nach Rezept verwenden. Im Kühlschrank aufbewahrt, ist er noch etwa eine Woche haltbar. Wenn Sie neuen Sauerteig für Ihr nächstes Brot benötigen, verrühren Sie einfach den restlichen Ansatz mit Roggenmehl und lauwarmem Wasser. Dieses Mal können Sie den Sauerteig schon am nächsten Tag zum Backen weiterverarbeiten.

- **Sauerteigansatz ohne Hefe**
  In einer Schüssel **125 ml lauwarmes Wasser mit so viel Roggenmehl oder -schrot (etwa 80 g) verrühren, bis ein sämiger Brei entsteht.** Um den säuerlichen Geschmack noch etwas zu intensivieren und auch wirklich die gewünschten Hefen und Bakterien anzuziehen, rühren Sie noch 1 Esslöffel Butter- oder Dickmilch ein. Mit einem feuchten Tuch bedeckt 48 Stunden stehen lassen. Die Masse täglich umrühren und das Tuch feucht halten, damit der Ansatz nicht austrocknet. Am dritten Tag sollte der Sauerteig leichte Blasen werfen und angenehm säuerlich riechen. Dann **nochmals 125 ml lauwarmes Wasser und etwa 80 g Roggenmehl dazurühren.** Am vierten Tag ist der Ansatz fertig. Jetzt können Sie ihn zum Brotbacken verwenden oder in einem Schraubglas im Kühlschrank aufbewahren.
  Hinweis: Sauerteig hat es gerne warm (Zimmertemperatur) und reagiert, ähnlich wie Hefeteig, empfindlich auf Zugluft. Es geschieht zwar selten, doch könnte es sein, dass der Sauerteig misslingt, d. h., er wirft keine Blasen und riecht stark sauer. Sollte dies der Fall sein, werfen Sie den misslungenen Ansatz lieber fort und beginnen Sie von vorne. Solcher Teig geht beim Backen nicht auf, und Sie würden nur eine im Teiginnern klebrig feste Masse aus dem Ofen ziehen (vor allem, wenn das Brotrezept keine Hefe enthält).

- **Gekaufter Sauerteigansatz**
  Gekaufter Sauerteigansatz ist genau das Richtige, wenn es schnell gehen soll. Fertigen Sauerteigansatz erhalten Sie beim Bäcker oder im Naturkostladen/Reformhaus in Form von flüssigem Sauerteig sowie als Instant-Sauer-

teig. (Selbst gemacht ist der Ansatz allerdings billiger.) Gekauften Sauerteig können Sie sofort zum Brotbacken verwenden.
Sie sparen jedoch Geld, wenn Sie den Ansatz für das nächste Brot vermehren. Dazu einen Beutel gekauften flüssigen Sauerteig als Starterkultur verwenden und einfach mit etwas Roggenmehl und lauwarmem Wasser zu einem dickflüssigen Teig verrühren. Einen Tag lang oder über Nacht zugedeckt stehen lassen. Auf diese Weise haben Sie Ihren Sauerteig vermehrt und können die gewünschte Menge zum Backen verwenden. Die nicht verwendete Menge Sauerteig in einem Schraubglas im Kühlschrank (bis zu 10 Tage) für das nächste Brot aufbewahren und einen Tag vor dem Backen wieder vermehren.

Öle und Fette

- **Kalt gepresste Öle aus kontrolliert biologischem Anbau** sind am besten. Sie enthalten fettlösliche Vitamine und in hohem Maße ungesättigte Fettsäuren, die der Körper nicht selbst herstellen kann. Ungesättigte Fettsäuren helfen unter anderem, den Cholesterinspiegel im Blut zu senken. Viele kalt gepresste Öle haben einen niedrigeren Rauchpunkt (das ist die Temperatur, ab der sich beim Erhitzen Rauch entwickelt) und einen hohen Anteil an wertvollen ungesättigten Fettsäuren (Kokosfett und Palmfett einmal ausgenommen). Aus diesem Grund sollten kalt gepresste Öle möglichst nur für kalte Speisen, Salate und Dressings verwendet werden.

- Zum Kochen, Braten und Frittieren empfiehlt die Ayurveda-Küche meist **Ghee** (siehe auch Natur-Apotheke von A – Z, Seite 158). Auch zum Einfetten von Backformen und Blechen ist Ghee besser geeignet als Öle und spart viel Putz- und Schrubb-Arbeit.

- **Raffinierte Speiseöle** sind so vielen chemischen Prozessen unterworfen, dass man das Gruseln lernen kann. Laugeraffiniert, gebleicht, entsäuert, desodoriert, blankgefiltert und aromatisiert sind sie eigentlich tote Chemie-Fette. Durch die chemische Bearbeitung werden die für den Körper so wichtigen, fettlöslichen Vitamine weitgehend zerstört.

- Ähnliches geschieht auch bei **gehärteten Fetten.** Um flüssiges Fett fest und streichfähig zu machen, wird es von der Nahrungsmittelindustrie so lange be- und verarbeitet, bis die ungesättigten Fettsäuren in gesättigte umgewandelt worden sind. Fettlösliche Vitamine gehen dabei teilweise verloren. Die dabei neu entstehenden **Trans-Fettsäuren** wirken ungünstig auf den Cholesterinspiegel und stehen im Verdacht, Arteriosklerose, Herzinfarkt und Krebs zu begünstigen. Während Schwangerschaft und Stillzeit sollen sie zu Wachstumsstörungen des Kindes führen können. In der Zutatenliste verbergen sie sich hinter der Bezeichnung »gehärtete Fette«.

- **Margarine** ist ein industrielles Kunstprodukt, das ursprünglich als ein billiger und haltbarer Brotaufstrich für Soldaten und arme Leute hergestellt wurde. Auch wenn geschickte Marketingstrategien den uninformierten Konsumenten glauben lassen, er würde seiner Gesundheit mit dem Kunstprodukt Margarine etwas Gutes tun, ist doch meist das Gegenteil der Fall, denn unter anderem enthält Margarine meist Trans-Fettsäuren.

- Gesunde **Butter** ist Margarine schon allein deswegen vorzuziehen, weil sie keinem chemischen und aufwendigen industriellen Herstellungsprozess unterworfen ist. Wer trotzdem Margarine verwenden will oder zum Beispiel wegen allergischer Reaktionen auf Milcheiweiß auf Butter verzichten muss, sollte nur 100 % reine Pflanzenmargarine aus dem Reformhaus oder dem Naturkostladen verwenden, denn längst nicht alle Margarinen bestehen aus pflanzlichen Fetten, so manche enthält sogar Rindertalg!

Lab (Milchgerinnungsferment) zur Käseherstellung

- **Tierisches Lab** (aus dem Labmagen geschlachteter Kälber) wird heute zur Herstellung vieler Käsesorten und Quarksorten verwendet. Vegetarier verzichten daher auf Produkte, die mit tierischem Lab hergestellt wurden.

- **Mikrobielles Lab** wird synthetisch im Labor aus Hefepilzen hergestellt, die ein Gerinnungsenzym produzieren. Diese Art der Labherstellung gab es schon vor Einzug der Gentechnik. Inzwischen wird auch gentechnisch verändertes mikrobielles Lab verwendet. Fragen Sie im Zweifelsfall beim Hersteller nach.

- Für **pflanzliches Lab** werden Samen des Echten Labkrauts, des Kletten-Labkrauts und der Mariendistel verwendet. Die Gerinnungseigenschaften sind etwas schwächer als die von tierischem oder mikrobiellem Lab, dennoch wurde (und wird) es für die Käseerzeugung eingesetzt. Noch heute wird in der Schweiz so mancher Hartkäse ohne Probleme mit Artischockenlab hergestellt (siehe Frischkäse, selbst gemacht, Seite 156, und Joghurtquark, Seite 165).

Erklärung der Symbole im Rezeptteil

(schnell): kurze Vor- und Zubereitungszeiten

(vegan): Die verwendeten Zutaten sind vegan, d. h., das Rezept enthält keine Zutaten tierischen Ursprungs. Nicht vegane Zutaten können durch in Klammern angegebene vegane Zutaten problemlos ersetzt werden.

Ayurveda-Brote

Chapatis (Einfache indische Fladenbrote)

Wer den richtigen Dreh einmal heraus hat, wird Chapatis bei seinen Mahlzeiten nicht mehr missen wollen. Ebenso geht es Millionen Indern jeden Tag, für die Chapatis das tägliche Brot sind – und ein äußerst gesundes. Denn Chapatis sind frei von jeglichen Triebmitteln und werden zu jeder Mahlzeit frisch zubereitet. Ein weiteres Plus: Chapatis sind empfehlenswert für Pitta- und Vata-Menschen. Der Vata-Typ sollte sie noch nachträglich mit Butter oder Ghee bestreichen. Kapha-Menschen gehen nicht leer aus, denn für sie gibt es Chapatis aus Roggenmehl.
Chapatis sind flexibel: Sie passen immer und zu allem. Am besten machen Sie den Chapati-Teig schon, bevor Sie mit den anderen Zubereitungen beginnen, dann hat er genügend Zeit zum Ruhen.

Für 12 Chapatis

Für den Teig:

250 g gemahlener Dinkel oder Weizen oder Atta-Mehl
150 ml lauwarmes Wasser
½ TL Salz

Außerdem:

etwas Mehl zum Wenden
Öl zum Fetten der Hände
etwas Butter (reine Pflanzenmargarine) zum Bestreichen

So wird's gemacht:

1) Das gemahlene Getreide in eine Schüssel sieben (das Schrot können Sie anderweitig verwenden, z. B. zum Backen anderer Brote). Salz und Wasser unterkneten, bis ein sehr weicher Teig entsteht. Die Wassermenge richtet sich nach der Mehlbeschaffenheit. Beim Ruhen saugt der Teig immer noch etwas Flüssigkeit auf. Am besten ist es, wenn der Teig eher etwas zu weich ist und ein wenig klebt, dann wird später auch der Chapati weich und bläht sich leicht auf. Den Teig in der Schüssel kräftig durchkneten, bis er glatt und elastisch ist. Mit einem Deckel abdecken und mindestens 30 Minuten bis 2 Stunden ruhen lassen.
2) Kurz vor dem Servieren der Mahlzeit den Teig noch einmal kräftig durchkneten, zu einer Rolle formen und in 12 gleich große Bällchen teilen. Die Bällchen in etwas Mehl wenden und zu möglichst runden, dünnen Fladen von 10 – 12 cm Durchmesser ausrollen. Durch Einölen der Hände vermeiden Sie klebrige Teigfinger beim Formen und Ausrollen. Fladen beidseitig ausrollen, dabei öfter in einem flachen Teller mit Mehl wenden. Am besten immer nur einen Fladen ausrollen, während der andere gerade in der Pfanne ist.
3) Eine gusseiserne Pfanne, eine Tava oder eine Pfanne mit Anti-Haft-Beschichtung ohne Fett auf mittlere Hitze erwärmen. Das überschüssige Mehl des Fladens zwischen beiden Händen abklopfen, indem Sie den Fladen

schnell von einer Handfläche zur anderen werfen und in die vorgewärmte Pfanne legen. Wenn auf der Oberseite des Chapati kleine, weiße Bläschen entstehen und sich die Ränder nach oben wölben, mit einer Küchenzange oder einem Spatel umdrehen. Nun die andere Seite »trocknen« oder rösten, bis sich an der Oberfläche ebenfalls Blasen bilden.

4) *Mit dem Gasherd* (eine kleine Campinggaskartusche erfüllt den gleichen Zweck): Den Chapati mit der Zange aufnehmen und beide Seiten über eine offene Gasflamme halten (siehe Illustration auf Seite 31), bis der Chapati sich wie ein Ballon aufbläht. Der Chapati sollte durch und durch gar (ohne feuchte Stellen) sein und kleine, braune Flecken haben.
   Mit dem Elektroherd: Hier stehen zwei Methoden zur Wahl:
   1. Den Chapati einfach in der Pfanne liegen lassen und so oft wenden, bis beide Seiten gar sind. Dann vorsichtig ein Küchentuch auf seine Oberfläche pressen, und der Chapati wird sich aufblähen.
   Oder 2. Ein kleines rundes Kuchengitter auf die heiße Herdplatte legen und den Chapati so lange auf dem Gitter liegen lassen, bis er sich aufbläht. Darauf achten, dass der Chapati nicht durch das Gitter verletzt wird, sonst kann er sich nicht mehr aufblähen. Nicht anbrennen lassen!
5) Die weichen und aufgeblähten Chapatis mit etwas Butter (Margarine) bepinseln und noch heiß sofort servieren. Oder die Chapatis in ein Tuch einwickeln und in einer Schüssel mit Deckel warm und weich halten.

Variationen:

Koriander-Chapatis

Zu dem Chapati-Teig noch 2 – 3 EL frisch gehackte Korianderblätter und – falls erwünscht – ¼ TL Asafoetida hinzufügen. Aber auch ½ TL gemahlene Kreuzkümmelsamen, Anis oder Kurkuma machen sich gut im Teig.

Chapatis mit Joghurt (Dahi-Chapatis)

Zimmertemperierten Joghurt (etwa 150 g) anstelle von Wasser verwenden. Mit Joghurt werden die Chapatis etwas weicher als mit Wasser.

Roggen-Chapatis

Chapatis aus Roggenmehl sind zwar kein klassisches indisches Gericht, dennoch sind sie ideal für Menschen mit Kapha-Dominanz. Roggen vermehrt Vata und Pitta. Sein geringer Kleberanteil macht den Teig etwas schwieriger in der Handhabung, über der Flamme blähen sich Roggen-Chapatis jedoch genauso auf wie Weizen-Chapatis.

Für 8 Chapatis

200 g gemahlener Roggen
½ TL Salz
100 – 110 ml Wasser

Zubereitung wie für Weizen-Chapatis.

Tipp: Übung macht den Meister. Sollte sich der erste Chapati nicht gleich aufblähen, machen Sie einfach weiter, Ihre geringe Mühe wird bestimmt bald tausendfach belohnt werden.

Parathas (Einfache Blätterteigfladen)

Der nächste Winter kommt bestimmt. Kein Problem mit Parathas, denn wenn die warmen Tage vorbei sind, sind die wärmenden Eigenschaften der schmackhaften Fladen besonders willkommen. In Nordindien reicht man die Blätterteigfladen gerne zum Frühstück mit etwas Dal (einer Linsensuppe) oder zu heißer Milch und etwas Guavenmarmelade. Genauso lecker schmecken sie aber auch zu einem vollständigen Mittagessen mit Gemüsegerichten.

Das Geheimnis der Blätterteigfladen liegt darin, wie sie mit Ghee oder Öl bestrichen und gefaltet werden. Bei diesem Rezept durften wir Saroj, einer Frau aus der Priesterfamilie des berühmten *Radha-Ramana* Tempels in Vrindavana, über die Schultern schauen. Es war ein faszinierender Anblick, mit welcher Geschicklichkeit und Leichtigkeit sie diese Parathas zubereitet hat. Und alles im Handumdrehen, immer während ein Paratha in der Pfanne vor sich hin brutzelte, rollte und faltete sie bereits den nächsten.

Die Falttechniken, mit denen der Paratha seine blätterteigartigen Schichten bekommt, scheinen so zahlreich zu sein wie die bunte Vielfalt der indischen Unionsstaaten. Die einfache und schnelle Technik von Saroj erschien uns am leichtesten und erfolgversprechendsten, auch für Anfänger der indischen Koch- und Backkunst.

Für etwa 10 Blätterteigfladen

Für den Teig:

300 g fein gemahlener Weizen oder Dinkel oder Atta-Mehl
1 TL Salz
2 – 3 TL Ghee oder Butter (Pflanzenöl)
125 – 150 ml warmes Wasser

Außerdem:

etwas Mehl zum Wenden
einige TL Ghee (Pflanzenöl) zum Bestreichen

So wird's gemacht:

1) Mehl in eine Schüssel sieben, mit Salz mischen und zerlassenes Ghee oder Butter (Pflanzenöl) hineingeben. Nach und nach Wasser dazugießen (Wassermenge kann je nach Mehl variieren) und alles zu einem geschmeidigen, glatten Teig kneten. Der Teig sollte sich seidig weich wie ein Ohrläppchen anfühlen. Den Teig in der Schüssel mit einem Deckel oder feuchten Tuch abgedeckt 30 Minuten (bis zu 2 Stunden) ruhen lassen.
2) In der Zwischenzeit alle benötigten Utensilien zurechtlegen: eine flache Schüssel mit etwas Mehl zum Ausrollen, ein Nudelholz, eine gusseiserne Pfanne oder eine Pfanne mit Anti-Haft-Beschichtung, einen Teelöffel, ein Töpfchen mit etwas zerlassenem Ghee (Pflanzenöl), einen Holzspatel und eine Schüssel mit Deckel für die fertigen Parathas zum Warmhalten.
3) Den Teig noch einmal kräftig durchkneten, 10 gleich große Kugeln daraus formen und in die Teigschüssel legen.
4) Pfanne auf mittlerer Flamme vorheizen. Währenddessen eine Teigkugel flach drücken, beidseitig im Mehl wenden und zu einem gleichmäßig runden und dünnen Fladen ausrollen.

(Dabei immer wieder wenden, damit er nicht an der Arbeitsfläche kleben bleibt.) Den Fladen mit etwas zerlassenem Ghee (Pflanzenöl) bestreichen und die Ränder zur Mitte hin falten, sodass wiederum ein kleiner, gefalteter, runder Fladen entsteht. Die Ränder sollten etwas überlappen, damit das Fett beim Ausrollen nicht herauslaufen kann.
Die Fladenkugel wieder etwas flach drücken, erneut in etwas Mehl wenden (nur so viel Mehl verwenden, dass der Fladen beim Ausrollen nicht kleben bleibt) und zu einem flachen, runden Fladen ausrollen.

5) Fladen auf die trockene, vorgeheizte Pfanne legen. Flamme so regulieren, dass die Fladen nicht anbrennen; Parathas brauchen zum Garen etwas länger als Chapatis. Paratha mit Holzspatel umdrehen, bis er auf beiden Seiten kleine goldbraune Flecken bekommen hat. Nun einen halben Teelöffel zerlassenes Ghee (Pflanzenöl) mit dem Löffelrücken auf der Oberfläche des Parathas verstreichen und im Uhrzeigersinn einmassieren, woraufhin sich der Paratha sogleich aufblähen sollte. Sofort umdrehen und auch die zweite Seite mit Ghee (Pflanzenöl) bestreichen. Der Paratha bläht sich nun wie ein Ballon auf und ist fertig gebacken, wenn er überall mit goldbraunen Flecken bedeckt ist.
6) Parathas gleich heiß servieren oder in einer kleinen Schüssel mit Deckel warm halten.

Einfache Falttechnikvariante:

Diese Falttechnik haben wir von unserer Freundin Arati gelernt. Die Technik ist ebenfalls ideal für Anfänger und »blättert« den Fladen in viele, viele Schichten:

1) Teigbällchen etwas flach drücken und beidseitig in Mehl wenden. Zu einem gleichmäßig runden Fladen ausrollen und mit etwas zerlassenem Fett bestreichen.
2) Den Fladen mit den Fingern zu einer kleinen Rolle aufrollen und diese Rolle zu einer Schnecke zusammenrollen. Diese Teigschnecke erneut in etwas Mehl wenden, damit sie beim Ausrollen nicht auf der Arbeitsfläche kleben bleibt. Die Ausroll- und Aufrollprozedur noch einmal wiederholen. Abschließend die zusammengerollte und mit Mehl bestäubte Teigschnecke ein letztes Mal ausrollen und in der heißen Pfanne – wie oben beschrieben – ausbraten.

Tipp: Damit die Parathas ihren Geschmack noch besser entfalten, zerknautschen Sie den heißen Blätterteigfladen, sobald Sie ihn mit bloßen Händen anfassen können, einmal kurz zwischen den Händen. Anschließend servieren Sie ihn dann ein- oder zweimal zusammengeklappt (als Halbmond oder Dreieck).

Alu-Panir-Parathas (Kartoffel-Käse-Blätterteigfladen)

In diesem Rezept ist die Füllung gleich im Teig enthalten, ein weiteres Gericht aus Vrindavana, der heiligen Stadt, in der vor fünftausend Jahren Krishna lebte.
Guter Frischkäse (Panir) gelingt am besten mit Rohmilch oder Vorzugsmilch direkt vom Erzeuger. So und nicht anders wird der bekömmlichste Käse überhaupt schon seit Jahrtausenden in Indien hergestellt.

Für etwa 14 Blätterteigfladen

Für den Teig:

4 Kartoffeln (etwa 300 g)
90 g selbst gemachter Frischkäse (aus ½ l Milch)
Saft einer halben Zitrone (für den Frischkäse)
300 g fein gemahlener Dinkel oder Atta-Mehl
1 TL Salz
100 – 120 ml warmes Wasser oder warme Molke vom Frischkäse
2 – 3 EL Ghee oder Butter

Außerdem:

etwas Mehl zum Wenden
einige TL Ghee zum Bestreichen

So wird's gemacht:

1) Pellkartoffeln kochen (möglichst am Vorabend oder so rechtzeitig, dass sie noch abkühlen können).
2) Den Frischkäse herstellen. Dazu die Milch in einem Topf zum Kochen bringen, den Zitronensaft nach und nach hineinträufeln lassen, dabei umrühren. Nun trennen sich die Käseflöckchen von der Molke. Sieb mit einem Käsetuch (z. B. einer Baumwollwindel) auslegen und den Käse hineinschütten. Die Molke auffangen. Sie kann für Suppen, Brotteig oder Ähnliches verwendet werden. Das Käsetuch an den vier Enden zusammenknoten und hängen lassen, bis der abtropfende Frischkäse etwas fester geworden ist. Das Gewicht des Frischkäses beträgt etwa 90 g.
3) Den Dinkel in eine Schüssel sieben und mit Salz mischen. Kartoffeln pellen und mit einer Gabel zerdrücken. Den etwas abgehangenen Frischkäse und die zerdrückten Kartoffeln unter das Mehl kneten und nach und nach so viel warmes Wasser oder Molke hinzufügen, bis sich die Masse zu einem mittelfesten Teig kneten lässt. Den Teig mit einem Deckel zugedeckt mindestens 30 Minuten, oder wenn möglich länger, ruhen lassen.
4) Teig nochmals kräftig auf der Arbeitsfläche, falls nötig mit etwas Mehl, durchkneten und etwa 14 Bällchen daraus formen.
5) Pfanne auf mittlerer Flamme vorheizen. Währenddessen eine Teigkugel flach drücken, beidseitig im Mehl wenden und zu einem gleichmäßig runden und dünnen Fladen ausrollen. (Dabei immer wieder wenden, damit er nicht an der Arbeitsfläche kleben bleibt.) Den Fladen mit etwas zerlassenem Ghee bestreichen und die Ränder zur Mitte hin falten, sodass wiederum ein kleiner, gefalteter, runder Fladen entsteht Die Ränder sollten etwas überlappen, damit das Ghee beim Ausrollen nicht herauslaufen kann.

6) Die Fladenkugel wieder etwas flach drücken, erneut in etwas Mehl wenden und zu einem flachen, runden Fladen ausrollen. Nur so viel Mehl verwenden, dass der Fladen beim Ausrollen nicht kleben bleibt.
7) Fladen in die trockene, vorgeheizte Pfanne legen. Die Flamme so regulieren, dass die Fladen nicht anbrennen; Parathas brauchen zum Garen etwas länger als Chapatis. Fladen mit Holzspatel umdrehen, bis er auf beiden Seiten kleine goldbraune Flecken bekommen hat. Nun einen halben Teelöffel zerlassenes Ghee mit dem Löffelrücken auf der Oberfläche des Parathas verstreichen und im Uhrzeigersinn einmassieren, woraufhin der Fladen sich sogleich aufblähen sollte. Gleich umdrehen und auch die zweite Seite mit Ghee bestreichen. Der Paratha bläht sich nun wie ein Ballon auf und ist fertig gebacken, wenn er überall mit goldbraunen Flecken bedeckt ist.
8) Die Fladen gleich heiß servieren oder in einer kleinen Schüssel mit Deckel warm halten.

Puris (Frittierte Fladenbrote)

Heiß geliebt und heiß gegessen! Vor allem bei festlichen Anlässen dürfen Puris in Indien niemals fehlen. Geübte Köche beherrschen die Kunst, jeweils einen runden und gleichmäßig dünnen Puri auszurollen, während der vorhergehende bereits im heißen Fett frittiert wird und sich zu einem Ballon aufbläht. Das A und O ist dabei die richtige Temperatur beim Frittieren: Das Fett darf nicht zu heiß sein (das ist der Fall, wenn es zu rauchen beginnt) und auch nicht zu kalt (der Puri darf nicht auf den Grund abtauchen und sich mit Fett voll saugen).

Puris aus Weizenvollkornmehl haben aber nicht nur unserem Gaumen, sondern auch der Gesundheit vieles zu bieten: einen hohen Anteil an Kohlenhydraten und Eiweiß, wenig Fett und viele wertvolle Mineralstoffe. Zudem ist Weizen reich an den für die Nerven wichtigen B-Vitaminen und dem »Entgiftungs- und Verjüngungs«-Vitamin E. Nach dem Ayurveda ist Weizen großartig für Pitta- und Vata-Menschen, da er Kapha vermehrt. Wenn er wirklich aus dem ganzen Korn vermahlen wurde, ist Weizen eine hervorragende Kopf- und Nervennahrung, eine Antistress-Medizin und ein Darmanreger. Frittiertes sollte von Pitta- und Kapha-Typen allerdings nur ab und zu genossen werden.

Für 12 bis 16 Puris

Für den Teig:

350 g fein gemahlener Weizen oder Atta-Mehl
½ TL Salz
1 EL Ghee oder Butter (Pflanzenöl)
etwa 150 ml warmes Wasser

Außerdem:

Ghee oder Pflanzenöl zum Frittieren, zum Einfetten der Hände und für die Ausrollfläche

So wird's gemacht:

1) Das Mehl in eine Schüssel sieben und mit Salz mischen. Zerlassenes Ghee, Butter oder Pflanzenöl dazugeben und mit den Fingerspitzen zu Teigkrümeln verreiben. Langsam das Wasser dazugießen – die Wassermenge kann je nach Mehlsorte variieren – und mit den Händen zu einem Teig kneten. Hände waschen, abtrocknen, mit etwas Ghee (Pflanzenöl) einfetten und den Teig durchkneten, bis er seidig glatt und elastisch ist. Den Teig in einer Schüssel zugedeckt 30 Minuten bis 2 Stunden ruhen lassen.
2) Teig noch einmal durchkneten, zu einer Rolle formen und daraus 12 bis 16 Kugeln formen. Ein paar Tropfen Ghee oder Pflanzenöl auf der Ausrollfläche verreiben. Teigkugeln mit einem eingefetteten Nudelholz zu dünnen, ebenmäßigen Fladen ausrollen und immer wieder wenden, damit sie nicht auf der Fläche kleben bleiben. Verwenden Sie kein Mehl zum Ausrollen wie bei Chapatis, da es verbrennen und das Ghee verfärben würde! Die ausgerollten Fladen nebeneinander legen, sodass sie sich nicht berühren, und mit einem feuchten Tuch bedecken, um sie vor dem Austrocknen zu bewahren.
3) Eine mit Ghee oder Pflanzenöl gefüllte Karhai, einen Wok oder einen fla-

chen Topf mit schwerem Boden auf mittlere bis große Hitze erhitzen. Wenn das Ghee oder Pflanzenöl zu rauchen beginnt, die Flamme auf mittlere Hitze reduzieren. (Ein Test, ob das Fett heiß ist: Einige Wassertröpfchen in das heiße Fett spritzen. Wenn es zischt, kann's losgehen.) Nun einen Puri vorsichtig in das heiße Fett gleiten lassen. Vorsicht: Verbrennungsgefahr! Der Puri wird zuerst für einige Sekunden auf den Boden absinken, um dann sogleich zischend zur Oberfläche aufzusteigen. Den Puri noch einmal sanft mit dem Rücken der Siebkelle untertauchen, bis er sich wie ein Ballon aufbläht. Puri drehen, damit auch die zweite Seite einige Sekunden lang ausbacken kann, und dann herausnehmen. Zum Abtropfen aufrecht in ein Sieb stellen. Anschließend auf ein Papierküchentuch legen, damit das überschüssige Fett aufgesaugt wird.

4) Puris heiß servieren!

Variation:

Buchweizenpuris

Probieren Sie Puris auch einmal mit Buchweizenmehl statt Weizenmehl.

Tipp: Puris schmecken zu jeder Mahlzeit. Ob zu heißer Milch, mit Apfelmus, Marmelade oder Honig, zu Gemüsegerichten und Reis.

Besan Roti (Fladenbrot aus Kichererbsenmehl)

Kichererbsen sind kleine Riesen. Sie sind aus der indischen, der südamerikanischen und der südeuropäischen Küche nicht wegzudenken. Und das hat gute Gründe. Kichererbsen sind Energie- und Kraftpakete. Sie haben einen hohen Anteil an essentiellen Aminosäuren, beugen Arteriosklerose vor und aktivieren Herz, Gewebe und Knochen. Nach dem Ayurveda sind die kleinen gelben Erbsen am besten für Kapha- und Pitta-Typen, da sie das Vata-Element verstärken. Mit Dinkel, Weizen oder Reis kombiniert, besitzen sie eine sehr hohe biologische Wertigkeit.
Besan Rotis aß man schon zu Krishnas Zeiten vor fünftausend Jahren. Ihre Variationen sind immer für eine Überraschung gut: einmal als Chapati ausgerollt, ein anderes Mal als Puri frittiert oder als Paratha gefaltet und in der Pfanne ausgebraten.

Für etwa 12 Fladenbrote

Für den Teig:

150 g fein gemahlener Weizen oder Dinkel oder Atta-Mehl
150 g Kichererbsenmehl
½ TL Salz
150 g Joghurt (Zimmertemperatur)
eventuell 1 – 3 EL warmes Wasser oder etwas Mehl

Außerdem:

Ghee zum Frittieren, zum Einfetten der Hände und für die Ausrollfläche

So wird's gemacht:

1) Fein gemahlenes Getreide oder Atta-Mehl und Kichererbsenmehl in eine Schüssel sieben, mit Salz mischen und mit Joghurt zu einem geschmeidigen Teig kneten. Eventuell noch 1 – 3 EL warmes Wasser oder etwas Mehl dazugeben, um einen seidig weichen und elastischen Teig zu bekommen. Den Teig in der Schüssel mit einem Deckel oder einem feuchten Tuch abgedeckt etwa 30 Minuten ruhen lassen.

2) Nun den Teig wie *Blätterteigfladen (Parathas,* siehe Seite 52, ab Schritt 2), wie *Einfache indische Fladenbrote (Chapatis,* siehe Seite 50, ab Schritt 2) oder wie *Frittierte Fladenbrote (Puris,* siehe Seite 56, ab Schritt 2) weiterverarbeiten.

Variation:

Gewürzfladenbrot aus Kichererbsenmehl

Probieren Sie die Besan Rotis auch einmal mit Gewürzen. Das geht ganz einfach: Kneten Sie diese gleich in den Teig. Sie brauchen dazu nur noch ¼ TL Kurkuma, ¼ TL Cayennepfeffer, ½ TL gemahlene Kreuzkümmelsamen und eventuell 2 – 3 EL frisch gehackte Korianderblätter.

Tipp: Wer nicht den ganzen Teig aufbraucht, kann ihn mit einem feuchten Tuch bedeckt bis zu 2 Tage im Kühlschrank lassen. Bei Bedarf einfach ausrollen (eventuell etwas Mehl unterkneten) und nach Belieben backen oder frittieren.

Papadams (Indische Riesenkräcker)

Kräcker haben wir uns im Westen möglicherweise bei den Indern abgeschaut. Dort kennt man sie etwas größer als bei uns: als Papadams (oder auch Papads genannt). Papadams sind hauchdünne Knäckechips aus Urad Dal (einer Linsenart) und Gewürzen. Sie werden »neutral« (d. h. ohne Gewürze) oder aber mit Kreuzkümmel, Chili oder Ähnlichem angeboten.
Als ideale Appetitanreger sind Papadams aus der indischen Küche nicht wegzudenken. Sie bringen Abwechslung auf den Tisch und sorgen in Kombination mit etwas Reis und Gemüse für eine optimale Eiweißversorgung.
Papadams lassen sich buchstäblich im Handumdrehen machen, es lohnt sich, immer eine Packung im Haus zu haben. Bei unangemeldeten Gästen oder wenn es einfach schnell gehen soll, sind Papadams genau das Richtige: 1, 2, 3 und fertig sind die Riesenkräcker! Vorbereitete Papadams bekommen Sie in indischen Lebensmittelläden oder bei einem indischen Gewürzversand.

1 Packung Papadams
eventuell Ghee (Pflanzenöl) zum Frittieren

So wird's gemacht:

Es gibt vier verschiedene Arten, Papadams zuzubereiten:

- 1. Möglichkeit: Im heißen Ghee oder Pflanzenöl einige Sekunden lang frittieren (ideal für Vata-Typen).
- 2. Möglichkeit: Im heißen Waffeleisen ohne Fettzugabe 1 – 2 Minuten knusprig backen (ideal für Kapha- und Pitta-Typen).
- 3. Möglichkeit: In den heißen Toaster legen (große Papadams halbieren) und nach wenigen Sekunden herausholen (ideal für Kapha- und Pitta-Typen).
- 4. Möglichkeit: Den Papadam mit einer Küchenzange über der offenen Flamme des Gasherdes wenden (ideal für Kapha- und Pitta-Typen).

Ist der Papadam nach einigen Sekunden goldbraun und knusprig, so ist er fertig.

Tipp: Probieren Sie auch einmal Papadam-»Nudelsuppe«. Dazu schneiden Sie einfach einige Papadams in Streifen und geben sie 2 Minuten vor Ende der Kochzeit in Ihre Gemüsesuppe.

Fladenbrote und Knäckebrote

Knäckebrot mit Sesam

»Sesam öffne dich« heißt es in einem der schönsten Märchen aus Tausendundeiner Nacht. Und nicht nur die Schatzhöhle von Ali Baba und seinen vierzig Räubern ist voller Reichtümer, sondern auch der Sesamsamen. Sesam wirkt sanft Pitta erhöhend. Sein Ölgehalt beträgt 50 %, mit vorwiegend ungesättigten Fettsäuren, sein Eiweißgehalt liegt zwischen 20 und 40 %. Ungeschälte Sesamsamen enthalten zehnmal so viel Calcium wie Kuhmilch und mehr Niacin als Vollkornbrot. Sesam ist hilfreich bei Schnupfen, Diabetes, Thrombose und Arterioskleroseneigung.
Wer wenig Zeit hat und trotzdem nicht auf sein eigenes Brot verzichten will, wer keine Hefe verträgt oder wer sich einfach nur gesund ernähren will, ist hier goldrichtig.

Für etwa 16 Stück

3 EL ungeschälter Sesam
400 g gemahlener Dinkel
100 g Butter (reine Pflanzenmargarine)
200 ml warmes Wasser
1 TL Meersalz

Außerdem:
Fett für das Backblech

So wird's gemacht:

1) Sesam ohne Fettzugabe in einer Pfanne rösten und abkühlen lassen.
2) Alle Zutaten in eine Schüssel geben und zu einem geschmeidigen Teig kneten. Den Teig auf einem gefetteten Blech verteilen und dünn ausrollen. Mit einem Teigrädchen oder dem Messer beliebig große Stücke ausradeln oder ausschneiden.
3) Bei 200 °C (E) / 180 °C (H) 20 – 25 Minuten backen.

Tipp: Dieses Knäckebrot ist ein Verwandlungskünstler. Probieren Sie es mit unterschiedlichen Getreidearten aus, fein gemahlen oder auch teilweise grob geschrotet. Auch Gewürze wie Kümmel, Fenchel oder Anis oder geriebener Käse versetzen Sie und Ihren Gaumen in Erstaunen. Sehen und schmecken Sie selbst, welche Schätze dieses Rezept verbirgt.

Dinkel-Amarant-Knäckebrot

Eigentlich ist Amarant gar kein Getreide, sondern ein Fuchsschwanzgewächs, das man schon seit Urzeiten in Indien, China, Afrika und Südamerika anbaut.
Amarant hat einen hohen Gehalt an essentiellen Aminosäuren, an Kalium, Calcium und Phosphor und besitzt außerdem ungesättigte herzschützende Fettsäuren. Nach dem Ayurveda wirkt er leicht Pitta erhöhend. Alles in allem kann man von Amarant nur begeistert sein, denn er baut die Knochen auf, verzögert das Altern, stärkt das Gedächtnis und die Nervenkraft – und er schmeckt auch noch köstlich.

Für etwa 16 Stück

300 g gemahlener Dinkel
100 g gemahlener Amarant
100 g Butter (reine Pflanzenmargarine)
200 ml warmes Wasser
1 TL Meersalz
eventuell 3 EL Amarantkörner

Außerdem:
Fett für das Backblech

So wird's gemacht:

1) Alle Zutaten in eine Schüssel geben und zu einem geschmeidigen Teig kneten. Den Teig auf dem eingefetteten Backblech verteilen und dünn ausrollen. Mit einem Messer oder Teigrädchen beliebig große Stücke einschneiden oder ausradeln.
2) Bei 200 °C (E) / 180 °C (H) 20 – 25 Minuten backen.

Einfaches Knäckebrot

Selbst ein einfaches Knäckebrot hat es in sich. Sonnenblumenkerne schenken uns jede Menge Eiweiß, Eisen, Vitamine und Energie und werden von allen drei Konstitutionstypen gleich gut vertragen. Ihr hoher Anteil an Lecithin und ungesättigten Fettsäuren, vor allem Linolsäure, hält die Blutgefäße sauber und nährt das Gehirn.
Und das bei uns noch wenig bekannte Gewürz Schabzigerklee gibt dem Ganzen ein würziges Aroma. Probieren Sie es einmal selbst!

Für etwa 16 Stück

50 g Sonnenblumenkerne
200 g gemahlener Weizen
200 g geschroteter Weizen
200 ml Wasser
1 TL Meersalz
¼ TL gemahlener Schabzigerklee oder anderes Gewürz nach Wahl

Außerdem:
Fett für das Backblech

So wird's gemacht:

1) Sonnenblumenkerne in einer Pfanne ohne Fettzugabe rösten und abkühlen lassen.
2) Alle Zutaten in eine Schüssel geben und zu einem geschmeidigen Teig kneten.
3) Teig auf dem eingefetteten Blech verteilen und dünn ausrollen. Mit einem Messer in beliebig große Stücke schneiden.
4) Bei 200 °C (E) / 180 °C (H) 20 – 25 Minuten backen.

Tipp: Verzieren Sie die Knäckebrote, indem Sie vor dem Backen mit einer Gabel Muster eindrücken. Das Auge isst mit!

Buttermilchknäckebrot

So unscheinbar reine Buttermilch auf den ersten Blick erscheinen mag, der Ayurveda hält größte Stücke auf sie. Buttermilch regt nicht nur den Appetit an, sondern stärkt auch Körper und Herz. Sie enthält noch viele Inhaltsstoffe ihrer Ursprungssubstanz, der Milch. So glänzt sie z. B. durch einen hohen Anteil an Lecithin, der wichtigen Gehirnnahrung. Dabei enthält sie höchstens ein Prozent Fett. Wen wundert es noch, dass der Ayurveda Buttermilch gerne auf dem Speiseplan für alle drei Doshas sieht, wirkt sie doch auf Körper und Geist ausgleichend.

Für etwa 20 Stück

200 g gemahlener Dinkel oder Weizen
100 g gemahlene Gerste
50 g gemahlener Buchweizen
1 TL Meersalz
3 EL weißer Mohn (Poppy seeds)
250 ml warme Buttermilch
Saft einer halben Zitrone
50 g Butter

Außerdem:
Fett für das Backblech

So wird's gemacht:

1) Alle Zutaten in eine Schüssel geben und zu einem geschmeidigen Teig kneten. Teig auf einem gefetteten Backblech verteilen und glatt streichen. Mit der Gabel Muster einstechen und mit einem Messer in beliebig große Stücke schneiden.
2) Bei 200 °C (E) /180 °C (H) 20 – 25 Minuten backen.

Tipp: Knäckebrote halten sich lange frisch, wenn Sie sie in einer Keksdose aufbewahren.

Runde Leinsamenfladen

Hefe, chemische Triebmittel (wie konventionelles Backpulver) und technische Backzusätze stoßen immer mehr Menschen im wahrsten Sinne des Wortes auf. Dabei müsste dies alles gar nicht sein. Selbst gemachte Fladenbrote beispielsweise sind besonders leicht verdaulich.

Kommen noch Leinsamen dazu, so dürfen Sie Magen-, Darm- und Verdauungsbeschwerden bald endgültig Lebewohl sagen. Keine neue Erkenntnis, denn die kleinen goldbraunen Samen stammen von einer der ältesten Kulturpflanzen der Erde, dem Lein. Leinsamen enthalten Eiweiß, Lecithin, Enzyme, Sterine, besonders viel Vitamin E, einen hohen Anteil an ungesättigten Fettsäuren und vor allem die wertvolle Linolsäure. Trotz seiner erwärmenden Eigenschaften hemmt Leinsamen innere und äußere Entzündungen. Aus diesem Grund verwenden Ayurveda-Therapeuten ihn bei Gelenk- und Hauterkrankungen sowie bei Bronchialbeschwerden.

Für 8 runde Fladen (Ø etwa 17 cm)

150 g grob geschroteter Dinkel oder Weizen
200 g gemahlener Dinkel oder Weizen
100 g Leinsamen
2 TL Kümmel
1 TL Meersalz
50 ml kalt gepresstes Olivenöl
200 ml Wasser

Außerdem:
Fett für die Backbleche

So wird's gemacht:

1) Alle Zutaten in eine Schüssel geben und zu einem geschmeidigen Teig kneten. Mit einem Deckel zugedeckt 10 Minuten ruhen lassen.
2) Eine große Rolle formen und diese in 8 gleich große Teile schneiden.
3) Dünne Fladen ohne Mehl ausrollen. Dabei immer wieder umdrehen, damit sie nicht kleben bleiben. Auf zwei bis drei gefetteten Blechen verteilen und bei 200 – 220 °C (E) / 180 – 200 °C (H) 15 – 20 Minuten backen.

Sonnenfladen der Essener

Ohne Backofen Brot backen? Im Hochsommer ist das möglich – mit Hilfe der Sonne, wie es schon die Bruderschaft der Essener vor zweitausend Jahren am Toten Meer praktizierte! Die Fladen brauchen vier bis fünf Stunden »Sonnenenergie«, bis sie trocken sind.

Bei dieser Backmethode bleiben wirklich alle zahlreichen lebenswichtigen Enzyme und Vitamine erhalten. Denn während des Keimens multiplizieren sich die Wirkstoffe des Dinkels oder Weizens noch. Bei Keimlingen ist der Gehalt an B-Vitaminen um das Zwei- bis Sechsfache gestiegen, und der Mineraliengehalt steigt ebenfalls.

Wer auf die knusprigen Essener Fladenbrote auch im Winter nicht verzichten möchte, kann natürlich auch den Backofen zu Hilfe nehmen.

Für 10 Fladen

150 g Dinkelkörner
3 EL ungeschälter Sesam
3 EL Leinsamen
2 EL kalt gepresstes Olivenöl
70 – 100 g gemahlener Dinkel
1 EL Wasser
1 TL Meersalz (kann auch entfallen)
Öl für die Hände

So wird's gemacht:

1) Die Dinkelkörner 3 Tage keimen lassen.
2) Am dritten Tag, wenn sich kleine Keimlinge zeigen, gut unter fließendem Wasser abspülen und abtropfen lassen. Den Sesam trocken rösten und zusammen mit Dinkelkeimlingen und Leinsamen durch den Gemüsewolf drehen. Die Teigmasse ist sehr klebrig, da sie einen hohen Anteil an Klebereiweiß besitzt.
3) Nun Olivenöl, Dinkelmehl, Wasser und eventuell das Salz unter die Teigmasse kneten. Die benötigte Mehlmenge ist abhängig von der Klebrigkeit des Teiges.
4) Mit eingeölten Händen kleine dünne Fladen formen und entweder an der Sonne 4 – 5 Stunden trocknen lassen (dabei ab und zu wenden) oder im Backofen bei 220 °C (E) / 200 °C (H) etwa 25 Minuten backen.

Sauerteigbrote

Dinkelvollkornbrot

Dinkel ist ein (Über-)Lebenskünstler. Im Gegensatz zu den meisten hochgezüchteten Getreidesorten ist der Urweizen genetisch intakt und recht stand- und wetterfest, denn er wächst selbst auf kargem Boden in 1500 Meter Höhe, wo Weizen nicht mehr gedeihen kann. Und nicht nur das: Dinkel enthält so gut wie alle Nährstoffe, die der Mensch braucht, in einem harmonisch ausgewogenen Verhältnis. Dazu gehören in idealer Zusammensetzung Vitamine (insbesondere Vitamine der B-Gruppe), ein hoher Eiweißgehalt (mit allen essentiellen Aminosäuren), organische Mineralien (Eisen, Magnesium), Spurenelemente, Kohlenhydrate, ungesättigte Fettsäuren und Ballaststoffe. Dinkel ist ideal für Vata, gut für Pitta und in Maßen auch für Kapha. Er hilft bei Magen-Darm-Störungen, Blähungen, Stoffwechselerkrankungen oder Allergien. Er stärkt das Bindegewebe und die Haare, hilft bei Erkrankungen der Atemwege, wärmt, stabilisiert den Kreislauf und gleicht einen zu hohen oder zu niedrigen Blutdruck aus. Und nicht zuletzt sorgt Dinkel mit L-Tryptophan, einer essentiellen Aminosäure, für gute Laune.

Für ein Kastenbrot

750 g fein gemahlener Dinkel
1 EL Salz
250 g Natursauerteig (siehe Seite 46)
400 ml lauwarmes Wasser
Fett für die Backform

So wird's gemacht:

1) Zwei Drittel des Mehls in eine Schüssel geben, mit Salz mischen und den Sauerteig dazugeben. Nach und nach lauwarmes Wasser unterkneten. Restliches Mehl dazugeben und den Teig so lange kneten, bis er sich von der Schüssel löst. An einem warmen, zugfreien Ort 4 – 6 Stunden gehen lassen, bis sich das Volumen des Teigs etwa verdoppelt hat.
2) Eine Kastenbackform einfetten. Brotteig noch einmal kräftig durchkneten, zu einem länglichen Laib formen und in die Kastenform legen. Mit einem scharfen Messer der Länge nach einschneiden und mit einem Tuch zugedeckt 2 – 3 Stunden gehen lassen, bis der Teig aufgegangen ist.
3) Im vorgeheizten Backofen bei 200 – 220 °C (E) / 180 – 200 °C (H) 1 Stunde backen. Während der ersten 30 Minuten ein Schälchen mit heißem Wasser auf den Boden des Backofens stellen. Danach das Brot aus der Backform stürzen und weitere 10 – 15 Minuten backen. Den Klopftest machen und eventuell noch einige Minuten in der Nachhitze stehen lassen.
4) Brot auf einem Gitter abkühlen lassen.

Dreikornbrot (Hafer-Dinkel-Roggen-Brot)

In diesem Brot steckt wirklich eine Menge drin. Gemeint sind nicht nur der Dinkel, das Lieblingsgetreide der heiligen Hildegard von Bingen, und der Roggen, ein Brotgetreide schlechthin, sondern insbesondere auch der Hafer und seine Inhaltsstoffe.
Hafer besitzt nicht nur einen hohen Eiweißgehalt (bis 20 %), sondern auch Eiweiß mit einer besonders hohen biologischen Wertigkeit. Ungesättigte Fettsäuren, besonders leicht verdauliche Kohlenhydrate, zahlreiche Mineralien, Vitamin E und B-Vitamine machen ihn zu einem Kraftspender ohnegleichen – und zur reinen Naturmedizin.
Hafer unterstützt die Arbeit von Bauchspeicheldrüse und Leber und senkt den Blutdruck und den Cholesterinspiegel. Nicht zuletzt hilft er auch gegen schlechte Laune, wirkt ausgleichend und fördert Konzentration und Vitalität.
Nur Klebereiweiß, das man zum Brotbacken braucht, fehlt ihm. Kein Problem, wenn man ihm – wie hier – andere Getreidearten beimischt.

Für einen Laib oder ein Kastenbrot

250 g gemahlener Hafer
300 g gemahlener Dinkel
350 g gemahlener Roggen
1 EL Meersalz
400 – 420 ml lauwarmes Wasser
300 g Natursauerteig (siehe Seite 46)
Fett für die Backform oder das Backblech

So wird's gemacht:

1) Das gemahlene Getreide mit dem Salz in einer Schüssel mischen und mit lauwarmem Wasser und Sauerteigansatz kräftig durchkneten. Je nach Flüssigkeitsgehalt des Sauerteigs benötigen Sie mehr oder weniger Wasser.
2) Den weichen und leicht klebrigen Teig unter einem feuchten Tuch mindestens 4, besser bis zu 12 Stunden an einem warmen, zugfreien Ort ruhen lassen. Das Volumen des Teigs sollte sich um die Hälfte vergrößern.
3) Den Brotteig noch einmal kräftig durchkneten. In die gefettete Kastenform geben und der Länge nach einkerben. Für einen Brotlaib noch etwas Mehl unterkneten und den Teig zu einem Laib formen. Den Laib auf ein gefettetes und bemehltes Blech legen und an der Oberseite kreuzweise einkerben. Zugedeckt 3 – 4 Stunden gehen lassen.
4) Im vorgeheizten Ofen bei 200 °C (E) / 180 °C (H) 70 – 75 Minuten backen und den Klopftest machen. Während der ersten 30 Minuten Backzeit ein feuerfestes Schälchen mit Wasser in den Ofen stellen. Wenn Sie das Brot in einer Form backen, nach 1 Stunde aus der Form stürzen und weitere 10 – 15 Minuten ohne Form backen.
5) Brot zum Auskühlen auf ein Gitter legen.

Rundes Schwarzbrot

Manche mögen's rund. Die originelle Form bekommt dieses Brot dadurch, dass es in einer runden Blechdose gebacken wird, z. B. in einem leeren 2,5-kg-Honigeimer vom Imker oder aus dem Reformhaus.
Doch auch der Inhalt hat es in sich. Die Koriandersamen stärken das Herz und den gesamten Körper. Sie wirken nicht nur krampflösend und verdauungsanregend, sondern fördern auch die Entwässerung des Körpers. Der Ayurveda setzt Koriander auch bei Rheuma, Husten, Asthma und Fieber ein.
Fenchelsamen sind in der Ayurveda-Küche ebenfalls willkommene Helfer. Sie wirken wohltuend, verdauungsfördernd, entkrampfend, vertreiben Blähungen und beruhigen die Nerven.

Für ein rundes Brot

600 g fein gemahlener Roggen
300 g grob gemahlener Dinkel
1 TL gemahlener Koriander
1 TL gemahlener Fenchel
oder andere Gewürze nach Wahl
1 EL Meersalz
300 g Natursauerteig (siehe Seite 46)
400 – 420 ml lauwarmes Wasser

Zum Ausstreuen der Backform:
Fett
Haferflocken

So wird's gemacht:

1) Getreide und Gewürze mit dem Salz in einer Schüssel mischen. Sauerteigansatz dazugeben und mit lauwarmem Wasser zu einem Brotteig kneten.
2) Den leicht klebrigen Teig zugedeckt mindestens 4, besser 12 Stunden an einem warmen, zugfreien Ort ruhen lassen, bis sich sein Volumen um die Hälfte vergrößert hat.
3) Blechdose (oder andere Form) einfetten und mit Haferflocken ausstreuen. Brotteig noch einmal kräftig durchkneten, zu einer Rolle formen und in die Dose füllen. Oder zu einem runden Laib formen und auf ein gefettetes Blech legen (eventuell noch etwas Mehl unterkneten).
4) Den Brotteig erneut 3 – 4 Stunden zugedeckt in der Form gehen lassen.
5) Ein feuerfestes Schälchen mit Wasser in den Ofen stellen und während der ersten 30 Minuten der Backzeit darin stehen lassen. Im vorgeheizten Ofen bei 200 °C (E) / 180 °C (H) 1 Stunde backen. Aus der Form stürzen und weitere 10 – 15 Minuten backen. Dann den Klopftest machen.
6) Brot auf einem Gitter auskühlen lassen.

Roggenvollkornbrot

Überall in Mitteleuropa kannte man Roggen als das Getreide, das gesund und körperlich kräftig macht – bis vor gut hundert Jahren, als das feine, weiße Weizenbrot das dunkle Roggenbrot in den Hintergrund drängte.
Doch Gesundheit setzt sich durch. Heute erlebt Roggensauerteigbrot ein Comeback. Fördert es doch mit seinen Aromastoffen die Verdauung und bringt den Darm in Schwung. Bei der langen Backzeit entsteht eine dickere Brotkruste als beim weichen Weizenbrot, weshalb Roggenvollkornbrot gern zur Vorbeugung gegen Karies und Zahnausfall empfohlen wird.
Und ein weiteres Plus: Durch den Säuerungsvorgang bleibt Roggenbrot länger frisch als ein reines Hefeteigbrot. Seine »inneren Kräfte« und sein Geschmack kommen erst nach zwei bis drei Tagen so richtig zur Geltung. Dann ist es am bekömmlichsten. Für dieses Rezept brauchen Sie ein wenig Backerfahrung.

Für ein Kastenbrot

200 g Natursauerteig (siehe Seite 46)
250 ml lauwarmes Wasser
700 g gemahlener Roggen
250 – 275 ml lauwarmes Wasser
1 EL fein gemahlene Gewürze (wie Kümmel, Anis, Fenchel, Koriander)
3 TL Meersalz
Fett für die Backform

So wird's gemacht:

1) Den Sauerteig mit lauwarmem Wasser und 250 g gemahlenem Roggen verrühren. Zugedeckt an einem warmen Ort mindestens 4 Stunden gehen lassen.
2) Teig durchkneten, 200 g Teig entnehmen und für das nächste Sauerteigbrot (im Schraubglas im Kühlschrank) aufbewahren.
3) Jetzt das restliche Roggenmehl (450 g) mit lauwarmem Wasser, Gewürzen und Salz vermengen und wiederum mindestens 4, besser 12 Stunden an einem warmen Ort gehen lassen.
4) Den Roggenteig in eine gefettete Kasten- oder Brotbackform füllen und mindestens 1 Stunde zugedeckt an einem warmen Ort gehen lassen, bis der Brotteig bis zum Kastenrand aufgegangen ist.
5) Im vorgeheizten Backofen bei 200 – 220 °C (E) / 180 – 200 °C (H) 1 Stunde backen. Während der ersten 30 Minuten Backzeit ein mit Wasser gefülltes feuerfestes Schälchen in den Backofen stellen. Brot aus der Form stürzen und weitere 15 Minuten ohne Form backen. Machen Sie jetzt den Klopftest. Wahrscheinlich wird das Brot noch weitere 10 – 15 Minuten Nachhitze brauchen.
6) Abschließend das Brot auf einem Gitter auskühlen lassen.

Tipp: Einfachere Variante: Probieren Sie dieses Rezept mit 5 – 10 g Hefe aus, die in dem zweiten Teil lauwarmen Wassers aufgelöst wird.

Walnussbrot

Gesundheit und Geschmack für Eilige – bei diesem schnellen Hefe-Sauerteig-Brot ist selbst scheinbar Unmögliches möglich.
Die Walnuss, ursprünglich an den Hängen des Himalaya zu Hause, ist ein kleines, aber hochwirksames Kraft- und Aufbaupaket. Dafür sorgen bis zu 60 % Fett, bis zu 16 % Eiweiß und bis zu 23 % Kohlenhydrate, dazu Zink, der die Leber schützt und die Haare aufbaut, Kalium (für den Herzmuskel) und andere Mineralien und nicht zuletzt die Vitamine A, C und E sowie B-Vitamine.
Nach dem Ayurveda vermehrt die Walnuss hauptsächlich Kapha, aber auch etwas Pitta, in größeren Mengen (mehr als eine Hand voll) steigert sie jedoch Vata. Walnüsse stärken den Kreislauf und das Nervensystem, außerdem halten sie den Lymphfluss in Schwung und verbessern die Sehkraft. Ihre Linolsäure beugt Arteriosklerose vor.

Für einen runden Laib

450 g gemahlener Roggen
400 g gemahlener Weizen
1 EL Meersalz
100 g Walnüsse
20 g frische Hefe
125 g Natursauerteig (siehe Seite 46)
625 ml lauwarmes Wasser
Fett für das Backblech

So wird's gemacht:

1) Das Getreide mit dem Meersalz und den halbierten Walnüssen in einer Schüssel mischen. Frische Hefe und Sauerteig im lauwarmen Wasser auflösen und unter das Mehl kneten.
2) Brotteig zugedeckt an einem warmen, zugfreien Ort mindestens 1 Stunde gehen lassen, bis sich sein Volumen verdoppelt hat. Je länger der Brotteig gehen kann, desto besser entfaltet er sein Aroma.
3) Teig noch einmal kräftig durchkneten, gegebenenfalls noch etwas Mehl dazugeben, zu einem runden Laib formen und auf ein gefettetes Blech legen. Den Brotlaib einschneiden und 20 – 40 Minuten zugedeckt gehen lassen.
4) Vor dem Backen ein Schälchen mit Wasser in den Ofen stellen und nach 30 Minuten Backzeit wieder herausnehmen. Im vorgeheizten Ofen zunächst 20 Minuten bei 250 °C (E) / 220 °C (H) und weitere 40 – 50 Minuten bei 190 °C (E) / 170 °C (H) backen. Das Brot ist fertig gebacken, wenn es beim Klopfen auf die Rückseite hohl klingt.
5) Brot auf einem Gitter auskühlen lassen.

Tipp: Besonders gut schmeckt das Walnussbrot mit selbst gemachtem Kräuter-Frischkäse als Aufstrich.

Fünfkornbrot

Abwechslung muss sein. Roggen, Dinkel, Hirse, Buchweizen und Gerste – warum nicht einmal alle in einem Brot?
Grund genug, sich auch einmal die Gerste etwas näher anzusehen. Und da gerät man schon ins Staunen: Gerste ist eine der ältesten und widerstandsfähigsten Kulturpflanzen der Welt, auf dem indischen Subkontinent baut man sie bereits seit vielen Jahrtausenden an. Die Gerste ersetzt einen halben Medizinschrank. Sie stimuliert die Nieren und den Darm, und ihr pflanzliches Fett mit bis zu 35 % ungesättigten Fettsäuren kann den Cholesterinspiegel senken. Der Ayurveda beschreibt die Wirkung von Gerste als kühlend, leicht und trocken, also Vata erhöhend. Aus diesem Grund ist sie ideal für Pitta-Typen und deren Beschwerden wie fieberhafte Erkrankungen, Magengeschwüre und Durchfall, aber auch für Kapha-Menschen.

Für einen großen Laib auf dem Backblech oder 2 Brote in Kastenform

350 g grob geschroteter Roggen
150 g fein gemahlener Roggen
500 g fein gemahlener Dinkel
250 g fein gemahlene Gerste
125 g grob geschrotete Hirse
100 g fein gemahlener Buchweizen
1 TL gemahlener Anis
1 TL gemahlener Koriander
1 TL gemahlener Kümmel
20 g frische Hefe
1 l lauwarmes Wasser
200 g Natursauerteig (siehe Seite 46)
2 EL Meersalz
Fett für die Formen oder das Backblech

Zum Einpinseln:

etwas Ghee oder Pflanzenöl

So wird's gemacht:

1) Getreide mit den Gewürzen in einer großen Schüssel mischen (am besten zusammen vermahlen). Für den Vorteig Hefe in 500 ml lauwarmem Wasser und mit etwa 100 g der Mehlmischung verrühren und zugedeckt 10 Minuten stehen lassen.
2) Den Natursauerteig in den Vorteig rühren und alle restlichen Zutaten untereinanderkneten. Brotteig an einem warmen, zugfreien Ort zugedeckt mindestens 2 Stunden gehen lassen, bis sich sein Volumen etwa verdoppelt hat.
3) Brotteig noch einmal kräftig durchkneten. Wenn der Teig noch etwas klebrig ist, entweder in zwei gefettete Kastenbackformen füllen oder noch etwas Mehl unterkneten, zu einem großen runden Laib formen und auf ein gefettetes Backblech legen. Mit einer Gabel mehrmals einstechen und weitere 20 – 30 Minuten gehen lassen.
4) Bei 200 – 220 °C (E) / 180 – 200 °C (H) 1 Stunde bis 70 Minuten backen. Vor dem Herausnehmen den Klopftest auf der Unterseite des Brotes machen. Dazu die Brote aus der Form stürzen. Eventuell noch ein paar Minuten bei Nachhitze im Ofen lassen.
5) Sofort nach dem Backen mit Ghee (Pflanzenöl) einpinseln, dadurch bekommt das Brot eine schöne Kruste.
6) Brot auf einem Gitter auskühlen lassen.

Sprossenbrot

Sprossenbrot strotzt nur so von Nährstoffen. Denn im Getreidekorn ruht alles Leben wie im Winterschlaf. Bekommt es seine vier Elixiere, nämlich Wasser, Sauerstoff, Wärme und Licht, dann wird es schlagartig Frühling in der winzigen Wunderkapsel. Während des Keimvorgangs steigt sowohl der Vitamingehalt (B-Vitamine, die Vitamine C und E sowie Carotinoide) als auch der Anteil an Mineralien (Kalium, Calcium, Magnesium, Phosphor, Eisen und Zink). Unter dem Einfluss der mobilisierten Enzyme nimmt nicht nur der Eiweißgehalt zu, sondern das Eiweiß wird sogar schon in seine Bausteine, die Aminosäuren, umgewandelt – ein Prozess, der normalerweise erst im Körper bei der Verdauung erfolgt. Ist bereits das Dinkelkorn ein ideales Getreide für körperlich und geistig Arbeitende, so gilt dies umso mehr für seine Sprießkörner. Dinkelkeimlinge kurbeln den Stoffwechsel an und sind ein bekömmliches Elixier für Erschöpfte und chronisch Kranke, für Kinder und alte Menschen.
Übrigens: Das Maximum an Nährstoffen wird zwischen fünfzig und hundert Stunden nach Beginn des Keimens erreicht.

Für ein Kastenbrot

100 g Dinkelkörner
5 g frische Hefe
450 ml lauwarmes Wasser
600 g fein gemahlener Dinkel
200 g Natursauerteig (siehe Seite 46)
100 g fein gemahlener Roggen
1 EL Meersalz
2 EL ungeschälter Sesam
2 EL Amarantkörner
3 EL Sonnenblumenkerne
2 EL Leinsamen

Zum Ausstreuen der Backform:
Fett
Ölsamen nach Belieben

So wird's gemacht:

1) Die Dinkelkörner drei Tage lang keimen lassen.
2) Hefe im lauwarmen Wasser auflösen und mit einigen EL Dinkelmehl verrühren. Diesen Vorteig zugedeckt 15 Minuten gehen lassen.
3) Nun den Sauerteig in den Vorteig rühren. Die restlichen Zutaten mit dem Vorteig in einer großen Schüssel mischen und alles kräftig verkneten.
4) Den Brotteig zugedeckt an einem warmen Ort mindestens 2, besser 4 Stunden gehen lassen.
5) Eine ovale Keramikform oder Kastenbackform einfetten und mit Ölsamen nach Belieben ausstreuen. Den Brotteig noch einmal kräftig durchkneten und in die Form füllen. Mit einem Messer einschneiden und weitere 30 Minuten zugedeckt gehen lassen.
6) Backofen auf 220 °C (E) / 200 °C (H) vorheizen und das Brot 30 Minuten backen. Währenddessen ein feuerfestes Schälchen mit heißem Wasser in den Ofen stellen. Anschließend bei 190 °C (E) / 175 °C (H) weitere 30 Minuten backen. Das Brot aus der Form stürzen und noch einmal 10 – 15 Minuten backen. Den Klopftest machen, eventuell noch 10 Minuten in der Nachhitze des Ofens lassen. Zum Auskühlen auf ein Gitter legen.

Brot mit selbst gemachtem Backpulver

Süßes Frühstücksbrot

»Das Getreide für den Menschen«, so pries Hildegard von Bingen den Urweizen Dinkel. Und das nicht ohne Grund, enthält Dinkel doch neben Eiweiß, Kohlenhydraten und Fetten in idealer Zusammensetzung auch Vitamine, Mineralien, Spurenelemente und Ballaststoffe. Und nicht nur das: Die in ihm enthaltene Aminosäure L-Tryptophan hebt sogar die Stimmung. Kaum ein anderes Getreide ist so verträglich und gesund wie Dinkel. Dies bestätigt auch der Ayurveda, denn Dinkel wirkt nicht nur kräftigend, nährend und aufbauend, also Kapha vermehrend, sondern zusätzlich auch energetisierend (Pitta vermehrend). Das süße Frühstücksbrot ist schnell und leicht gebacken. Mit dem selbst gemachten Quark oder Joghurtquark hält es sich lange frisch.
Jetzt fehlen eigentlich nur noch die Butter und der Frühstückstisch. Guten Appetit!

Für ein kleines Brot

250 g selbst gemachter Joghurtquark (aus 500 g Joghurt) (siehe Seite 165) oder Quark (siehe Seite 174)
80 g Vollrohrzucker
4 EL Wasser
2 EL Sahne
1 Msp Meersalz
abgeriebene Schale einer ungespritzten Zitrone
375 g gemahlener Dinkel oder Weizen
5 TL selbst gemachtes Backpulver aus:
1 TL Natriumhydrogencarbonat
2 TL Wildpfeilwurzelmehl oder Maisstärke
2 TL Vitamin-C-Pulver (Ascorbinsäure)
(= 1 Päckchen herkömmliches Backpulver, siehe Seite 44)
Fett für die Backform
etwas Grieß für die Backform

So wird's gemacht:

1) Für den Joghurtquark den Joghurt in einem Käsetuch abhängen, bis sich sein Gewicht auf die Hälfte reduziert hat. Dazu die Molke auffangen und abmessen oder den Joghurtquark abwiegen.
2) Quark oder Joghurtquark, Vollrohrzucker, Wasser, Sahne, Meersalz und Zitronenschale in eine Schüssel geben und mit Handrührgerät oder Schneebesen schaumig schlagen.
3) Das gemahlene Getreide aussieben und mit Backpulver mischen. Nach und nach die Hälfte des Mehls in die Schüssel mit der Quarkmasse einrühren. Das restliche Mehl auf die Arbeitsplatte streuen und mit der Masse zu einem Teig kneten.
4) Den glatten Teig in eine kleine gefettete und mit Grieß bestäubte Kastenbackform legen und im vorgeheizten Ofen bei 200 °C (E) / 180 °C (H) etwa 45 Minuten backen. Zum Auskühlen auf ein Gitter legen.

Hefebrote

Dinkel-Amarant-Brot

Es wird Zeit, dass das goldgelbe Amarantkorn auch in unserer Küche vermehrt Einzug hält, wissen es die Inder und Inkas doch schon seit Urzeiten zu schätzen. Nach dem Ayurveda wirkt Amarant leicht erwärmend, d. h. Pitta steigernd. Essentielle Aminosäuren von hoher biologischer Wertigkeit, ungesättigte herzschützende Fettsäuren, viel Kalium, Calcium und Phosphor ebenso wie Vitamin C – Amarant hat vieles zu bieten. Er baut die Knochen auf, reinigt das Blut, verzögert das Altern, stärkt das Gedächtnis und die Nerven. Außerdem ergänzt er sich bestens mit dem gesunden Dinkel.

Für ein Kastenbrot

Für den Teig:
10 – 20 g frische Hefe
400 ml lauwarmes Wasser
600 g gemahlener Dinkel
100 g gemahlener Amarant
1 EL Meersalz
2 EL ungeschälter Sesam
1 EL Amarantkörner

Zum Einpinseln:
Ghee oder Pflanzenöl

So wird's gemacht:

1) Die Hefe im lauwarmen Wasser auflösen und mit einigen EL Dinkelmehl verrühren. Diesen Vorteig zugedeckt an einem warmen Ort 15 Minuten gehen lassen.
2) Gemahlenes Getreide mit Meersalz, Sesam und den ganzen Amarantkörnern in einer großen Schüssel mischen. Vorteig zu den restlichen Zutaten geben und alles zu einem geschmeidigen Teig kneten. Den Brotteig mit einem Tuch bedecken und an einem warmen, zugfreien Ort mindestens 1 Stunde gehen lassen, bis sich sein Volumen verdoppelt hat.
3) In der Zwischenzeit eine Kastenbackform mit Ghee oder Pflanzenöl einfetten. Den Teig erneut kräftig durchkneten, in die Form legen, auf der Oberfläche mit einem scharfen Messer einschneiden und 20 Minuten zugedeckt gehen lassen.
4) Bei 200 °C (E) / 180 °C (H) 50 Minuten backen. Aus der Form stürzen, die Oberseite des Brotes mit Ghee (oder Pflanzenöl) einpinseln und weitere 10 Minuten backen. Das Brot ist fertig gebacken, wenn es beim Klopfen auf der Unterseite hohl klingt.
5) Auf einem Gitter auskühlen lassen.

Tipp: Außen knusprig, innen frisch. Wenn das Brot nach dem Backen mit Ghee bestrichen wird, bekommt es eine schöne Kruste und bleibt innen dennoch angenehm frisch.

Vollkornbrot mit Sonnenblumenkernen

Hab Sonne im Herzen – und Sonnenblumenkerne im Hause, möchte man hinzufügen. Denn Sonnenblumen erfreuen nicht nur das Auge, sondern auch die Gesundheit. Ihre Kerne sind reich an Eiweiß, Eisen und Zink und liefern viel Energie. Der hohe Gehalt an Lecithin und ungesättigten Fettsäuren, vor allem an Linolsäure, nährt das Gehirn und hält die Blutgefäße frei von Ablagerungen. Sonnenblumenkerne wirken aufbauend, stärkend und tun allen drei Doshas gut.
Probieren Sie dieses Brot auch einmal mit Butter, Kräutersalz und frischen Sonnenblumenkernsprossen!

Für ein großes Kastenbrot
oder 2 kleine Kastenbrote

Für den Teig:
625 g gemahlener Dinkel
250 g gemahlener Weizen
125 g gemahlener Roggen
20 g frische Hefe
650 ml lauwarmes Wasser
2 EL Meersalz
4 EL Sonnenblumenkerne

Außerdem:
Ghee oder Pflanzenöl zum Einpinseln
Sonnenblumenkerne zum Ausstreuen der Backform

So wird's gemacht:

1) Das gemahlene Getreide in einer großen Schüssel mischen. In die Mitte eine Mulde drücken, die Hefe hineinbröckeln, mit etwas lauwarmem Wasser befeuchten und mit ein wenig Mehl bestreuen. Diesen Vorteig zugedeckt etwa 15 Minuten an einem warmen, zugfreien Ort gehen lassen.
2) Salz und Sonnenblumenkerne an den Rand des Vorteigs streuen, jedoch nicht direkt in die Hefe, dies würde den Gärungsvorgang hemmen. Alle Zutaten mit dem restlichen Wasser so lange kräftig kneten, bis der Teig sich von der Schüssel löst und das gesamte Mehl eingearbeitet ist. Brotteig zugedeckt etwa 1 Stunde gehen lassen, bis sich sein Volumen ungefähr verdoppelt hat.
3) Eine große Kastenbackform oder zwei kleinere Kastenformen mit Ghee oder Pflanzenöl einfetten und mit Sonnenblumenkernen ausstreuen. Teig noch einmal kräftig kneten und in die Form(en) legen. Der Länge nach mit einem scharfen Messer einritzen und zugedeckt weitere 15 Minuten gehen lassen.
4) Bei 220 °C (E) / 200 °C (H) 40 – 50 Minuten backen. Anschließend das Brot aus der Form nehmen, die Oberfläche mit Ghee (oder Pflanzenöl) einpinseln und auf die Unterseite klopfen, um zu testen, ob es durchgebacken ist. Wenn es hohl klingt, ist es fertig. Eventuell noch weitere 10 Minuten im abgeschalteten Ofen lassen.
5) Brot zum Auskühlen auf ein Gitter legen.

Tipp: Anstelle der Sonnenblumenkerne macht sich auch gerösteter Sesam gut.

Buttermilchbrot

Backanfänger dürfen sich freuen. Dieses Brot ist leicht und schnell gemacht und bringt Erfolgserlebnisse. Doch auch alte (Back-)Hasen mögen den frischen und leicht säuerlichen Geschmack, der dem von Sauerteigbrot ähnelt.
Buttermilch hat noch mehr zu bieten. Sie regt den Appetit an, stärkt das Herz und hilft bei Magenbeschwerden. Ihr hoher Lecithingehalt verhindert, dass sich Cholesterin in den Arterien einnistet, und verbessert die Durchblutung von Gehirn und zentralem Nervensystem. Buttermilch wirkt besänftigend und »erdend« auf Vata. Verdünnte und leicht gesüßte Buttermilch ist gut für Pitta, und auch der Kapha-Typ kann verdünnte Buttermilch (beispielsweise mit schwarzem Pfeffer) gelegentlich genießen. Buttermilch ist für alle da.

Für ein Kastenbrot oder einen Laib

450 ml Buttermilch
10 – 20 g frische Hefe
600 g gemahlener Dinkel oder Weizen
1 EL Meersalz
Saft einer Zitrone (etwa 30 ml)
Fett für das Backblech oder die Backform

So wird's gemacht:

1) Buttermilch lauwarm erwärmen. Hefe in die Buttermilch bröckeln, mit einigen EL gemahlenem Dinkel oder Weizen verrühren und zugedeckt etwa 15 Minuten gehen lassen.
2) Das restliche Mehl in eine Schüssel geben, in die Mitte eine Mulde drücken und Salz und Zitronensaft am äußeren Rand verteilen. Vorteig in die Mulde gießen und alles so lange kräftig kneten, bis der Teig glatt ist, sich vom Schüsselrand löst und das gesamte Mehl eingearbeitet ist.
3) Den Teig weitere 40 Minuten bis eine Stunde zugedeckt an einem warmen, zugfreien Ort gehen lassen, bis sich sein Volumen etwa verdoppelt hat.
4) Brotteig noch einmal kräftig durchkneten, eventuell noch etwas Mehl unterkneten, der Teig sollte nicht an den Fingern kleben bleiben. Einen Laib formen und auf ein gefettetes Backblech oder in eine gefettete Kastenbackform legen, mehrmals einschneiden und weitere 15 – 20 Minuten zugedeckt gehen lassen.
5) Bei 200 – 220 °C (E) / 180 – 200 °C (H) 40 – 50 Minuten backen. Den Klopftest machen. Nach dem Herausnehmen sofort von allen Seiten mit etwas Wasser besprühen; dadurch bekommt das Brot eine schöne Kruste.
6) Auf einem Gitter auskühlen lassen.

Dinkel-Quark-Brot

Gekaufter Quark enthält meist tierisches Lab. Vegetarier müssen trotzdem nicht auf Quark verzichten, sie können einfach, schnell und vor allem gewaltlos ihren eigenen Quark herstellen.
Am schnellsten geht dies, wenn Sie am Vorabend 1 kg Joghurt in einem Käsetuch zum Abtropfen aufhängen, sodass am nächsten Morgen die Molke abgetropft und 450 – 500 g abgehangener Joghurtquark übrig geblieben ist (siehe auch Seite 165). Frischer geht's nicht. Joghurtquark erhöht Pitta und auch Kapha.

Für einen runden Laib

350 g gemahlener Dinkel
250 g geschroteter Dinkel
30 – 40 g frische Hefe
100 ml lauwarmes Wasser
2 TL Meersalz
500 g zimmertemperierter Quark oder selbst gemachter Joghurtquark (aus 1 kg Joghurt) (siehe oben oder Seite 162)
2 EL Sonnenblumenöl
Fett für das Backblech

So wird's gemacht:

1) Das gemahlene und geschrotete Getreide in einer Schüssel mischen. In die Mitte eine Mulde drücken. Die im lauwarmen Wasser aufgelöste Hefe hineingießen, etwas verrühren und mit ein wenig Mehl bestreuen. Diesen Vorteig zugedeckt an einem warmen, zugfreien Ort 15 Minuten gehen lassen, bis auf dem Mehl feine Risse zu sehen sind.
2) Meersalz, Quark oder Joghurtquark und Sonnenblumenöl auf dem äußeren Rand des Vorteigs verteilen (nicht direkt in die Hefe geben) und alles zu einem geschmeidigen Hefeteig verkneten. Den Teig zugedeckt weitere 40 – 50 Minuten an einem warmen Ort gehen lassen.
3) Den Teig noch einmal kräftig durchkneten. Sollte er zu fest sein, noch etwas lauwarmes Wasser dazugeben; ist er zu weich, etwas Mehl darunter kneten. Teig zu einem Laib formen, den Laib flach drücken, sodass er einen Durchmesser von etwa 20 cm hat, auf ein gefettetes Backblech legen und die Oberfläche mit einem scharfen Messer einschneiden.
4) Brotlaib noch einmal zugedeckt 20 Minuten gehen lassen. Er sollte sein Volumen während des letzten Gehvorgangs um etwa ein Drittel vergrößern.
5) Brot im vorgeheizten Ofen auf mittlerer Schiene bei 200 °C (E) / 180 °C (H) 40 – 50 Minuten backen und weitere 10 Minuten im abgeschalteten Ofen ruhen lassen.
6) Brot zum Auskühlen auf ein Kuchengitter legen. Es kann schon nach wenigen Stunden angeschnitten werden.

Möhren-Mandel-Brot

Möhre, Mohrrübe, Gelbe Rübe oder Karotte, viele Namen für ein Gemüse, das eine Königin in unserer Küche sein sollte. Denn Möhren sind das ideale Gemüse zur Erhaltung der Gesundheit. In Indien werden sie gerne von Asketen, Transzendentalisten und enthaltsam lebenden Menschen gegessen. Und das nicht ohne Grund. Denn Möhren enthalten reichlich Beta-Carotin, B-Vitamine, die Vitamine C, E und K, dazu viel ätherisches Öl, Mineralien und Ballaststoffe. Sie regen die Blutbildung an, stärken Augen und Gehirn und halten mit ihrer antiseptischen Wirkung den Darm frei von krankheitserregenden Bakterien. Möhren sind optimal für Vata- und Kapha-Typen, da sie das Pitta-Dosha verstärken. Werden sie allerdings mit kühlenden Gurken und Salat serviert, können auch Pitta-Menschen zugreifen.

Für ein Kastenbrot

20 – 30 g frische Hefe
350 ml lauwarmes Wasser
1 EL Birnendicksaft
600 g gemahlener Weizen
1 EL Meersalz
50 g Haferflocken
oder Weizenvollkornflocken
250 g Möhren
Saft einer halben Zitrone (3 EL)
100 g gestiftete Mandeln
4 EL Sonnenblumenöl
Fett für die Backform

So wird's gemacht:

1) Hefe im lauwarmen Wasser auflösen und mit Birnendicksaft und etwas Weizenmehl verrühren. Zugedeckt 15 Minuten gehen lassen.
2) Das restliche Weizenmehl mit Meersalz und Haferflocken in einer Schüssel mischen und mit dem Vorteig zu einem Hefeteig kneten. Brotteig mit einem Tuch abdecken und an einem warmen, zugfreien Ort etwa 30 Minuten gehen lassen.
3) In der Zwischenzeit Möhren waschen, raspeln, mit Zitronensaft beträufeln und mit den Mandeln mischen.
4) Mandel-Möhren-Mischung und Sonnenblumenöl unter den Teig kneten. Der Teig soll gut formbar und geschmeidig sein, aber nicht kleben. Bei Bedarf noch etwas Vollkornmehl unterkneten. Den Brotteig in einer bemehlten Schüssel zugedeckt etwa 2 Stunden gehen lassen, bis sich sein Volumen deutlich vergrößert hat.
5) Teig erneut kräftig durchkneten und in eine gefettete Kasten- oder Brotbackform füllen. Mit einem Messer längs einschneiden und nochmals 20 Minuten zugedeckt gehen lassen, bis der Teig aufgegangen ist.
6) Im vorgeheizten Ofen bei 200 °C (E) / 180 °C (H) 60 – 70 Minuten backen. Aus der Form stürzen und den Klopftest machen, eventuell noch einige Minuten ohne Form in der Nachhitze weiterbacken.
7) Brot auf einem Gitter auskühlen lassen.

Tipp: Getoastet schmeckt dieses milde Brot besonders gut zu Gemüsesuppen, frischen Salaten und Kräuterquark.

Kürbisbrot

In allen Farben und Formen gibt es viele verschiedene Sorten von Kürbis, die man auch noch in Hunderten von leckeren Variationen zubereiten kann.
Schon Großmutter wusste, was gut schmeckt und gesund ist. Kürbis enthält viel Beta-Carotin, dazu B-Vitamine, Magnesium, Calcium, Eisen, Phosphor und Kieselsäure und hat ein ausgesprochen günstiges Natrium-Kalium-Verhältnis. All das macht ihn zu einer milden Diätspeise bei der Behandlung von Bluthochdruck und Herz- und Nierenleiden. Kürbis, insbesondere Kürbiscremesuppe, ist ein ideales Gemüse für Vata- und Pitta-Typen. Gönnen Sie sich dieses leckere Brot und servieren Sie dazu eine Kürbiscremesuppe mit einem Schuss Sahne.

Für ein Brot

2 TL Koriander
700 – 800 g Dinkelkörner
(je nach Feuchtigkeit des Kürbis)
20 – 30 g frische Hefe
300 ml lauwarmes Wasser
1 EL Ahornsirup
2 EL Meersalz
300 g Kürbis
100 g Möhren
60 g geröstete, gemahlene Haselnüsse
Fett für das Backblech oder die Backform

So wird's gemacht:

1) Koriander zusammen mit dem Dinkel fein mahlen und in eine Schüssel geben. Die Hefe in einem kleinen Topf im lauwarmem Wasser auflösen und mit Ahornsirup und etwas Mehl verrühren. Diesen Vorteig zugedeckt 15 Minuten gehen lassen.
2) Meersalz unter das restliche Mehl mischen. Den Vorteig dazugeben und kräftig zu einem glatten, geschmeidigen Teig kneten, bis sich der Teig vom Schüsselrand löst und nicht mehr klebt. Hefeteig mit einem Tuch abgedeckt an einem warmen, zugfreien Ort etwa 30 Minuten gehen lassen.
3) In der Zwischenzeit den zimmertemperierten Kürbis waschen, schälen, die Kerne entfernen und das Fruchtfleisch raspeln. Ebenso die Möhren waschen und raspeln. Kürbis und Möhren mit den gerösteten und gemahlenen Haselnüssen mischen.
4) Das geraspelte Gemüse nach und nach unter den Hefeteig kneten. Je nach Bedarf noch etwas Dinkelmehl unterkneten. Der Teig soll nicht kleben, aber auch nicht zu fest sein.
5) Den Hefeteig eine weitere Stunde zugedeckt gehen lassen, bis sich sein Volumen verdoppelt hat. Dann noch einmal kräftig durchkneten und zu einem Laib formen. Das Kürbisbrot auf ein gefettetes Blech oder in eine gefettete Kastenbackform legen. Den Laib einschneiden und zugedeckt nochmals 20 – 30 Minuten gehen lassen.
6) Im Ofen bei 200 °C (E) / 180 °C (H) 50 – 60 Minuten backen. (Brot eventuell aus der Kastenform stürzen.) Klopftest machen und eventuell noch einige Minuten weiterbacken oder in der Nachhitze des Ofens lassen.
7) Brot auf einem Gitter auskühlen lassen.

Kartoffelbrot

Die »dolle Knolle« aus Südamerika ist ein wahres Vitamin- und Mineralschatzkästchen. Essentielle Aminosäuren, Vitamin C, B-Vitamine, Magnesium, Eisen, Fluor, Phosphor, Kupfer, Zink und Kobalt – Kartoffeln sind eine rundherum gesunde Sache! Gekocht sind sie am besten für Kapha- und Pitta-Typen, gut gewürzt als Bratkartoffeln für den Vata-Typ. Kartoffeln wirken krampflösend, entwässernd, verdauungsfördernd, säurebindend und machen überhaupt nicht dick – wenn man sie im »natürlichen« Zustand isst (im Gegensatz zu frittierten Pommes frites oder Chips).
Kartoffeln sind flexible Allroundkünstler: Tausende verschiedene Gerichte kann man aus ihnen zaubern. Hier präsentieren sie sich als Kartoffelbrot. Planen Sie nur etwas Zeit für das Kochen und Abkühlen der Kartoffeln ein, am besten kochen Sie die Kartoffeln schon am Vorabend.

Für ein Kastenbrot

250 g Kartoffeln
600 g gemahlener Weizen
20 g frische Hefe
375 ml lauwarme Milch oder Wasser
3 TL Meersalz
80 g weiche Butter
(reine Pflanzenmargarine)
150 g Haferflocken
1 Prise frisch geriebener Muskat
Fett für die Backform

So wird's gemacht:

1) Pellkartoffeln kochen, eventuell schon am Vorabend.
2) Mehl in eine Schüssel geben. Für den Vorteig Hefe in lauwarmer Milch oder in Wasser auflösen und mit etwas Mehl verrühren. Den Vorteig zugedeckt 15 Minuten gehen lassen.
3) In der Zwischenzeit die abgekühlten Kartoffeln pellen und durch eine Kartoffelpresse drücken oder mit einer Gabel fein zerdrücken. Den Vorteig mit dem restlichen Mehl, dem Meersalz, den Kartoffeln, der Butter (Pflanzenmargarine), den Haferflocken und dem Muskat zu einem geschmeidigen Teig kneten und zugedeckt an einem warmen Ort 40 Minuten bis 1 Stunde gehen lassen, bis sich sein Volumen verdoppelt hat.
4) Den Teig nochmals kräftig durchkneten und in eine gefettete Kastenbackform legen. Mit einem Messer einschneiden und weitere 20 Minuten zugedeckt gehen lassen.
5) Im vorgeheizten Ofen bei 200 °C (E) / 180 °C (H) 50 Minuten backen. Brot aus der Kastenform stürzen. Auf die Unterseite klopfen und testen, ob es fertig gebacken ist, es klingt dann hohl. Wenn es noch nicht fertig ist, noch ein paar Minuten umgedreht weiterbacken bzw. in der Nachhitze des abgeschalteten Herdes lassen.
6) Brot zum Auskühlen auf ein Gitter legen.

Tipp: Backen Sie auch mal Brötchen aus diesem Teig! Erst dann wissen Sie, was Ihnen bisher entgangen ist!

Vinschgauer Fladen

»Roggenbrot macht Wangen rot«, weiß der Volksmund noch heute in Österreich, der Heimat dieser traditionellen Roggenfladen. Der hohe Eisengehalt des Roggens ist es, der an der Bildung der roten Blutkörperchen beteiligt ist. Und das ist noch lange nicht alles. Unter den Getreiden ist Roggen der Hauptlieferant der lebenswichtigen B-Vitamine, und sein hoher Kaliumgehalt übt einen heilsamen Effekt auf die Leber aus. Die essentielle Aminosäure Lysin, die in fast allen anderen Getreiden unterbesetzt ist, stärkt das Immunsystem. Der Ayurveda empfiehlt Roggen als ideales Getreide bei Kapha-Dominanz. Also, worauf warten Sie noch?

Für 3 Fladenbrote

1 EL Fenchelsamen
oder Kümmelsamen
700 g Roggenkörner
300 g Dinkelkörner
20 – 30 g frische Hefe
750 ml lauwarmes Wasser
2 EL Meersalz
Fett für das Backblech

So wird's gemacht:

1) Fenchel oder Kümmel zusammen mit dem Getreide fein mahlen und in eine große Schüssel geben. Für den Vorteig Hefe in einem kleinen Topf mit etwas lauwarmem Wasser auflösen und mit einigen EL Mehl verrühren. Den Vorteig zugedeckt 15 Minuten gehen lassen.
2) Vorteig und das restliche lauwarme Wasser mit dem Meersalz unter das Mehl geben und alles zu einem geschmeidigen Hefeteig kneten. Den Teig zugedeckt an einem warmen Ort 50 Minuten bis 1 Stunde gehen lassen, bis sich sein Volumen verdoppelt hat.
3) Den Teig auf einer bemehlten Arbeitsfläche durchkneten, in drei Teile teilen, Kugeln formen, und diese zu Fladen flach drücken. Die Fladen auf ein gefettetes Blech legen, mit einer Gabel mehrmals einstechen und mit einem Tuch zugedeckt 10 Minuten gehen lassen.
4) Im vorgeheizten Ofen auf mittlerer Schiene bei 200 °C (E) / 180 °C (H) 35 – 40 Minuten backen.
5) Brote zum Auskühlen auf ein Gitter legen.

Bananen-Nuss-Brot

»Frucht von den himmlischen Planeten« nennt man die Banane auch in Indien. Ob Kopfarbeiter, Sportler oder körperlich Arbeitender, ob gesund oder krank, Bananen sind für alle interessant.

Der Ayurveda empfiehlt reife Bananen, um Kapha zu vermehren. Bananen enthalten zehn verschiedene Vitamine, achtzehn Mineralstoffe, alle essentiellen Aminosäuren und Spurenelemente. Mit ihren Neurohormonen üben Bananen einen Einfluss auf das Gehirn und Zentralnervensystem aus, helfen bei belastendem Stress, Unkonzentriertheit und machen gute Laune. Und die Abend-Banane sorgt mit dem Eiweißbaustein Tryptophan für entspannten Schlaf. Dazu folgender köstlicher Betthupferl-Tipp: Bananen-Nuss-Brot mit etwas Butter oder reiner Pflanzenmargarine, frischen Bananenscheiben und heißer Carob-Ingwer-Milch.

Für ein Kastenbrot

20 g frische Hefe
500 ml lauwarmes Wasser
1 – 2 EL Ahornsirup
750 g gemahlener Dinkel oder Weizen
100 g ganze Haselnüsse
100 g gemahlene Mandeln
2 geschälte und zerdrückte Bananen
1 EL Meersalz
Fett für die Backform

So wird's gemacht:

1) Hefe in einen kleinen Topf mit lauwarmem Wasser bröckeln und mit Ahornsirup und einigen EL Mehl verrühren. Diesen Vorteig zugedeckt etwa 15 Minuten gehen lassen.
2) Mehl in eine große Schüssel geben. Die Haselnüsse rösten. Vorteig mit Mehl, Nüssen, Mandeln, zerdrückten Bananen und Meersalz kräftig zu einem glatten Teig kneten und zugedeckt an einem warmen Ort etwa 1 Stunde gehen lassen, bis sich sein Volumen verdoppelt hat.
3) Eine Kasten- oder Brotbackform einfetten. Den aufgegangenen Hefeteig kräftig durchkneten und in die Form geben. Nun das Bananenbrot mit einem scharfen Messer der Länge nach einschneiden. Mit einem Tuch zugedeckt in der Form weitere 20 Minuten gehen lassen.
4) Bei 200 °C (E) / 180 °C (H) 50 Minuten backen. Dann das Brot aus der Form herausnehmen. Den Klopftest machen und eventuell noch einige Minuten ohne Form weiterbacken oder im abgeschalteten Ofen in der Nachhitze stehen lassen.
5) Brot zum Auskühlen auf ein Gitter legen.

Tipp: Zum Bananen-Nuss-Brot schmecken pikante oder süße Aufstriche besonders gut. Wer gleich ein süßes Frühstücksbrot möchte, braucht dem Teig nur noch etwas Vollrohrzucker zuzugeben. Fertig! Versuchen Sie dieses Brot auch einmal mit 1 – 2 TL abgeriebener Orangenschale!

Haferflockenbrot

»Den sticht der Hafer« besagt eine alte Volksweisheit. Kein Wunder, dass Hafer bei den alten Germanen weit oben auf dem Speisezettel stand. Neben guter Laune und Kraft sagten die Römer den Germanen nach, dass sie einen intensiven Kontakt zu den »Naturwesenheiten« und sogar Hellsichtigkeit besäßen.
Gründe gibt es genug, Hafer den »verkopften« Menschen der Moderne wieder mehr ans Herz zu legen. Unter seinen vielen Inhaltsstoffen finden sich neben den Nervenvitaminen B_1 und B_6 auch Botenstoffe, die gute Laune erzeugen. Wer Hafer verzehrt, ist fröhlicher, konzentrierter, vitaler und weniger müde. Kein anderes Getreide kommt als Energiespender auch nur annähernd an Hafer heran. Doch Haferflocken sind nicht gleich Haferflocken. Macht man sie mit der Flockenquetsche selbst, so wirken sie Kapha erhöhend, industriell hergestellte Haferflocken dagegen verstärken Vata.

Für einen runden Laib

350 g Dinkelkörner
150 g Roggenkörner
1 TL Koriandersamen
1 TL Fenchelsamen
500 ml lauwarme Buttermilch
125 ml lauwarmes Wasser
20 g frische Hefe
250 g Haferflocken
1 EL Meersalz
4 EL Amarantkörner
4 EL Sonnenblumenkerne
2 EL Leinsamen
2 EL ungeschälter Sesam
Fett für das Backblech

Zum Bestreuen:
Haferflocken
Amarantkörner

So wird's gemacht:

1) Dinkel, Roggen und Gewürze zusammen fein mahlen. Buttermilch und Wasser mischen. Für den Vorteig Hefe in der lauwarmen Buttermilch-Wasser-Mischung auflösen und mit einigen EL Haferflocken zugedeckt an einem warmen Ort 15 Minuten gehen lassen.
2) Mehl mit den restlichen Haferflocken in einer großen Schüssel mit Meersalz und Ölsamen mischen. Vorteig dazugeben und alles kräftig zu einem Teig kneten. Diesen Hefeteig mindestens 1 Stunde zugedeckt an einem warmen Ort gehen lassen.
3) Teig erneut kräftig durchkneten. Einen runden Laib formen und auf ein gut gefettetes Blech legen. Brotlaib mit lauwarmem Wasser bestreichen und mit Haferflocken und Amarant bestreuen. Mit einem feuchten Tuch bedeckt etwa 20 Minuten gehen lassen.
4) Bei 200 – 225 °C (E) / 180 – 200 °C (H) 55 Minuten backen. Das Brot ist fertig, wenn es beim Klopfen auf die Unterseite hohl klingt.
5) Auf einem Gitter auskühlen lassen.

Tipp: Da Hafer kein Klebereiweiß enthält, eignet er sich nicht als alleiniges Brotgetreide und sollte immer mit anderen Getreidearten gemischt werden. Haferbrot vom Bäcker enthält mindestens 20 % Hafer.

Brötchen

Sesambrötchen

Klein, aber oho ist er, der Sesam. Denn wertvolle Nährstoffe enthält Sesam im Überfluss: ungesättigte Fettsäuren, Phosphor, viel Niacin und so viel Calcium, dass vier Esslöffel davon den gesamten Tagesbedarf decken können. Ungeschälter Sesam enthält etwa zehnmal so viel Calcium wie Kuhmilch. Im Ayurveda empfiehlt man Sesam gegen Arteriosklerose, Bluthochdruck oder Diabetes, auch zur Stärkung der Nerven- und Gehirntätigkeit nimmt man ihn. Und wer Thrombosen vorbeugen will, tut gut daran, Sesam in die täglichen Mahlzeiten einzubauen. Sesamsamen wirken mild Pitta erhöhend.
Als Brötchenrad geformt, sind Sesambrötchen ein schönes Mitbringsel für jede Party, aber natürlich auch für Zuhause.

Für 20 kleine Brötchen

125 g ungeschälter Sesam
550 g gemahlener Dinkel oder Weizen
150 g gemahlener Roggen
400 ml lauwarmes Wasser
20 g frische Hefe
1 EL Meersalz
Fett für das Backblech

Zum Bestreichen und Bestreuen:
25 g ungeschälter Sesam
etwas Milch oder Wasser

So wird's gemacht:

1) Sesam für den Teig und zum Bestreuen ohne Fett in einer Pfanne rösten, 25 g zurückbehalten und den Rest nach dem vollständigen Abkühlen fein mahlen.
2) Mehl, Sesam, Wasser, Hefe und Salz kräftig verkneten. Den Teig zugedeckt an einem warmen Ort mindestens 30 Minuten gehen lassen, bis sich sein Volumen verdoppelt hat.
3) Teig erneut kräftig kneten, zu einer Rolle formen und in 20 etwa gleich große Stücke schneiden. Die Stücke zu runden Brötchen formen und in kleinen Abständen so auf ein gefettetes Backblech legen, dass sie zusammen ein Rad oder eine Sonne bilden. Die Brötchen mit lauwarmer Milch oder Wasser bepinseln und mit dem restlichen Sesam bestreuen.
4) Die Brötchen erneut 15 – 20 Minuten zugedeckt gehen lassen. Dann im Ofen bei 220 °C (E) / 190 °C (H) 25 – 30 Minuten backen.
5) Brötchen zum Auskühlen auf ein Gitter legen.

Dinkel-Roggen-Brötchen mit Sauerteig

Hefe-Sauerteig-Brötchen schmecken noch nach zwei Tagen wie frisch gebacken. Ist Dinkel schon »das Getreide für den Menschen« (Hildegard von Bingen), so steht der Roggen ihm kaum nach. Mit der essentiellen Aminosäure Lysin beispielsweise schenkt er uns einen besonders wichtigen Baustein für das Knochenwachstum und zur Stärkung des Immunsystems. Daneben ist er Hauptlieferant von B-Vitaminen, Spurenelementen, Kalium, Magnesium, Mangan, Eisen und Zink. Roggen vermehrt durch seine heißen, leichten und trockenen Eigenschaften Pitta und Vata und ist damit ideal für Kapha-Typen.

Für 16 Brötchen

20 – 40 g frische Hefe
etwa 600 ml lauwarmes Wasser
500 g gemahlener Dinkel
1 TL Vollrohrzucker
400 g gemahlener Roggen
1 EL Meersalz
200 g Natursauerteig (siehe Seite 46)
Fett für das Backblech

Zum Bestreuen:
Kümmel, ungeschälter Sesam oder Mohn nach Belieben

So wird's gemacht:

1) Hefe in dem lauwarmen Wasser auflösen und mit einigen EL gemahlenem Dinkel und Vollrohrzucker verrühren. Diesen Vorteig zugedeckt 15 Minuten gehen lassen.
2) Restliches Dinkelmehl und Roggenmehl in einer Schüssel mit dem Meersalz mischen. Sauerteig mit dem Hefevorteig verrühren und unter das Mehl kneten. Der Teig ist etwas klebrig. Teig anschließend etwa 1 Stunde zugedeckt an einem warmen Ort gehen lassen, bis sich sein Volumen verdoppelt hat.
3) Den Teig noch einmal kräftig auf einer bemehlten Arbeitsfläche durchkneten und 16 gleich große Kugeln daraus formen. Die Kugeln etwas flach drücken und auf ein gefettetes Blech legen. Die Brötchen kreuzweise einschneiden, mit Wasser bepinseln und nach Wunsch bestreuen. 15 – 20 weitere Minuten zugedeckt gehen lassen.
4) Im Backofen bei 220 °C (E) / 200 °C (H) 25 – 30 Minuten goldbraun backen.
5) Brötchen zum Auskühlen auf ein Gitter legen.

Dinkelbrötchen mit frischen Kräutern

In Hülle und Fülle hält Mutter Erde sie bereit: Kräuter. Sie verleihen unserem Essen nicht nur die willkommene Würze, sondern wirken sogar als sanfte Medizin. Ihre ätherischen Öle machen Erschöpfte wieder frisch, Traurige wieder heiter und in vielen Fällen Kranke wieder gesund. Dill beispielsweise entspannt den Darm, beruhigt den nervösen Magen und die Atmung. Sein ätherisches Öl Anethol wirkt beruhigend bei leichten Schlafstörungen.
Ein Esslöffel gehackte Petersilie kann schon zwei Drittel des Tagesbedarfs an Vitamin C decken. Nebenbei ist Petersilie einsame Spitzenreiterin im Kaliumgehalt.

Für 10 Brötchen

500 g gemahlener Dinkel
325 ml lauwarme Buttermilch oder lauwarmes Wasser
20 g frische Hefe
1 TL Meersalz
fein gehackte, frische Kräuter nach Wahl (z. B. 1 Bund Dill, ½ Bund Basilikum, ½ Bund Petersilie)
Fett für das Backblech

So wird's gemacht:

1) Alle Zutaten, ohne die Kräuter, zu einem Hefeteig verkneten, Kräuter waschen, trockenschütteln, fein hacken und unter den Teig kneten.
2) Den Teig zugedeckt an einem warmen und zugfreien Ort 30 – 40 Minuten gehen lassen, bis sich sein Volumen verdoppelt hat.
3) Den Teig zu einer Rolle formen, in 10 gleich große Stücke schneiden, diese zu Brötchen formen und auf ein gefettetes Backblech legen. Mit einem scharfen Messer einschneiden und zugedeckt weitere 15 – 20 Minuten gehen lassen.
4) Bei 220 °C (E) / 200 °C (H) 20 – 25 Minuten backen.
5) Brötchen zum Auskühlen auf ein Gitter legen.

Tipp: Es liegt nahe, Kräuterbrötchen mit einem Kräuteraufstrich zu bestreichen. Versuchen Sie einmal selbst gemachten Frischkäse (siehe Seite 156) mit Kräutern, und spüren Sie die Kraft der grünen Kräuter.

Einfache Weizenvollkornbrötchen

»König der Getreide«, so nennt der Ayurveda den Weizen. Von allen Körner- und Getreidearten enthalten Weizen und sein Vater, der Dinkel, die meisten kraft- und energiespendenden Substanzen. Seine Wirkung als Kopf- und Nervennahrung, Antistress-Medizin und Darmanreger kann Weizen jedoch nur voll entfalten, wenn er nicht aus ausgelaugten und chemieüberdüngten Monokulturen stammt – und wenn er aus dem ganzen Korn gemahlen wird. Denn gerade der nährstoffreiche Keimling und die Außenhaut werden für Weißmehl schon vor dem Mahlen entfernt. Zurück bleibt ein haltbares, aber vitalstoffarmes Industrieprodukt.
Wahre Verwandlungskünstler sind diese Brötchen. Je nachdem, welche Zutaten Sie darauf streuen, können Sie ihnen immer wieder ein »neues Gesicht« geben: z. B. mit blauem oder weißem Mohn, ungeschältem Sesam, Leinsamen, Amarant, Kümmel, gehackten Nüssen, gehackten Kürbiskernen.

Für 10 Brötchen

20 g frische Hefe
350 ml lauwarmes Wasser
1 EL Meersalz
550 g gemahlener Weizen oder Dinkel
Fett für das Backblech

Zum Bestreichen und Bestreuen:
etwas Milch oder Wasser
Ölsamen, Nüsse, Gewürze nach Wahl

So wird's gemacht:

1) Hefe mit Wasser verrühren und unter das mit dem Salz gemischte Mehl kneten. Den Teig zugedeckt an einem warmen, zugfreien Ort etwa 45 Minuten gehen lassen, bis sich sein Volumen verdoppelt hat.
2) Teig noch einmal kräftig durchkneten, zu einer Rolle formen, 10 gleich große Stücke davon abschneiden und diese zu Brötchen formen.
3) Brötchen auf ein gefettetes Backblech setzen und mit einem scharfen Messer kreuzweise einschneiden. Mit lauwarmer Milch oder lauwarmem Wasser bestreichen und nach Wahl bestreuen. Weitere 15 Minuten zugedeckt gehen lassen.
4) Bei 220 °C (E) / 200 °C (H) 20 Minuten backen und eventuell weitere 5 Minuten im abgeschalteten Ofen lassen.
5) Brötchen zum Auskühlen auf ein Gitter legen.

Variation:

Rosinenbrötchen

Für Rosinenbrötchen einfach noch 50 g eingeweichte Rosinen in den Teig kneten.

Knusperstangen

»Die Mode hat über die Vernunft und die Gesundheit gesiegt«, wurde schon vor 200 Jahren bemängelt. Schade, dass so viele Menschen den Roggen, das alte Getreide der Germanen, vergessen haben und auf das Weißbrotgetreide Weizen umgestiegen sind. Dabei ist das Kraftgetreide Roggen für die Gesundheit reinste Medizin, denn Roggenteig muss immer mit Natursauerteig versäuert werden. Milchsäure und Aromastoffe regen die Verdauung an, helfen Bakterien zu vernichten und sparen Kalorien. Nicht zuletzt merkt man dies daran, dass Roggenbrot länger saftig bleibt und frisch schmeckt – es konserviert sich sozusagen selbst.
Ob längliche, kleine Stangen oder große Baguettes, ob gehackte Kürbiskerne, Sonnenblumenkerne oder Sesam: Knusperstangen schmecken immer.

Für 16 Knusperstangen oder
2 Baguettes

350 g fein gemahlener Roggen
350 g geschroteter Roggen
550 g fein gemahlener Weizen
30 g Butter (reine Pflanzenmargarine)
1 Päckchen Sauerteig-Extrakt (15 g) aus dem Reformhaus oder dem Naturkostladen
10 g Trockenhefe
1 EL Vollrohrzucker
1 ½ EL Meersalz
750 ml lauwarmes Wasser
Fett für das Backblech

Für die Knuspermischung:

Sonnenblumenkerne, ungeschälter Sesam und gehackte Kürbiskerne

So wird's gemacht:

1) Mehl, Butter (Pflanzenmargarine), Sauerteig-Extrakt, Hefe, Vollrohrzucker und Salz in einer großen Schüssel vermischen. Nach und nach das Wasser unter den Teig kneten. Zugedeckt an einem warmen Ort mindestens 2, besser aber 4 Stunden gehen lassen.
2) Den Teig erneut durchkneten. Eventuell noch etwas Mehl dazugeben. Stangen oder Baguettes daraus formen, auf ein gefettetes Backblech legen und mit einem scharfen Messer einschneiden. Die Stangen oder Baguettes mit lauwarmem Wasser bepinseln, Knuspermischung darüberstreuen und mit einem Tuch zugedeckt 20 Minuten gehen lassen.
3) Bei 200 °C (E) / 180 °C (H) 25 – 30 Minuten backen.
4) Die Stangen oder Baguettes auf einem Gitter abkühlen lassen.

Milchhörnchen

Milch macht munter – wenn der Mensch sie möglichst so belassen hat, wie die Natur sie geschaffen hat. Vorzugsmilch, d. h. unbehandelte Rohmilch direkt vom Erzeuger, hat viele Vorzüge: Einmal enthält sie noch alle der vielen hundert Inhaltsstoffe der Milch, weil sie weder pasteurisiert noch homogenisiert wurde. Zum anderen stammt sie – im Falle ökologischer Erzeugung – von Kühen aus artgerechter Haltung. Der Ayurveda empfiehlt bei Milch ausschließlich Rohmilch oder nur-pasteurisierte Milch für die menschliche Ernährung.

Für 24 kleine Hörnchen

350 g fein gemahlener Weizen
150 g Weizenmehl (Type 1050)
20 g frische Hefe
300 ml lauwarme Milch (330 ml, wenn nur Vollkornmehl verwendet wird)
50 g weiche Butter
1 Prise Meersalz
Fett für das Backblech

Zum Bestreichen:
etwas Butter
etwas Milch

So wird's gemacht:

1) Mehl in eine Schüssel geben. Hefe in der lauwarmen Milch auflösen und mit dem Mehl verkneten. Den Teig zugedeckt 15 Minuten gehen lassen.
2) Butterflöckchen und Salz kräftig unter den Teig kneten und diesen zugedeckt an einem warmen, zugfreien Ort 40 – 50 Minuten gehen lassen, bis sich sein Volumen verdoppelt hat.
3) Hefeteig auf der dünn bemehlten Arbeitsfläche ausrollen. In etwa 12 gleichmäßige Quadrate schneiden und diese diagonal in Dreiecke teilen. Jedes Dreieck mit etwas zerlassener Butter bepinseln, von der breiten Seite zur Spitze hin aufrollen und zu einem Hörnchen biegen.
4) Die Hörnchen auf ein gefettetes Blech legen, mit lauwarmer Milch bestreichen und bei 200 °C (E) / 180 °C (H) 15 – 20 Minuten backen.
5) Hörnchen zum Abkühlen auf ein Gitter legen.

Laugenbrötchen

Es ist nicht alles Gold, was glänzt – es könnte auch ein Laugenbrötchen sein. In Süddeutschland kennt und liebt sie jeder: Laugenbrezeln und -brötchen. Ob in der Schule, im Büro oder am heimischen Esstisch – sie sind immer gern gesehen. Schon als Kinder gingen wir immer zu einem ganz besonderen Bäcker, der in der ganzen Stadt für seine Brezeln bekannt war. Selbst gebacken aber schmecken sie am besten.
Lauge vermehrt Pitta, die Brötchen sind also eher etwas für Vata- und Kapha-Typen. Bei der Herstellung der Lauge können Sie zwischen zwei Versionen wählen: Soda oder Laugenstein. Da diese Ausgangsprodukte stark alkalisch reagieren, achten Sie beim Verarbeiten darauf, dass nichts in Ihre Augen oder auf Ihre Haut gelangt.

Für 10 Brötchen oder
20 kleine Partybrötchen

Für den Hefeteig:
650 g fein gemahlener Dinkel
20 g frische Hefe
450 ml lauwarmes Wasser
1 EL Meersalz

Für die Lauge:
4 gehäufte EL Soda (Natriumcarbonat) und 2 l Wasser ***oder***
5 g Laugenstein (Natriumhydroxid) und 75 ml Wasser

Zum Bestreuen:
Kümmel oder Hagelsalz

Außerdem:
Öl zum Fetten der Hände
Fett für das Backblech

So wird's gemacht:

1) Alle Zutaten für den Hefeteig zu einem Teig verarbeiten. Der Teig ist etwas klebriger als der gewohnte Hefeteig, damit die Brötchen schön locker werden. Brötchenteig an einem warmen, zugfreien Ort etwa 40 Minuten gehen lassen, bis sich sein Volumen verdoppelt hat.
2) Nun 10 bis 20 Brötchen formen. Dazu eventuell die Hände mit etwas Pflanzenöl einfetten, damit der Teig nicht an den Fingern kleben bleibt, und die Brötchen auf ein gefettetes Backblech legen.

3) *Sodalauge* (Natriumcarbonat):
Diese Brötchen werden nicht so dunkel wie beim Bäcker:
2 l Wasser zum Kochen bringen und 4 gehäufte EL Soda darin verrühren. Topf von der Flamme nehmen und mit einer Schöpfkelle (nicht mit den Fingern!) jeweils ein Brötchen in die Lauge geben und etwa eine halbe Minute hineintauchen. Lauge niemals mit den Fingern in Kontakt bringen! Nun das Brötchen abtropfen lassen und auf das Backblech legen.

Laugenstein (Natriumhydroxid):
Diese Brötchen werden schön dunkel: 5 g Natriumhydroxid in einem Glas in 75 ml Wasser auflösen. Die geformten und eingeschnittenen Brötchen auf dem gefetteten Blech mit der Lauge bepinseln (Hautkontakt vermeiden). Dabei färben sich die Brötchen gelbgrünlich.

4) Brötchen eventuell mit Kümmel oder Hagelsalz bestreuen.
5) Bei 225 °C (E) / 200 °C (H) 25 Minuten backen.
6) Auf einem Gitter auskühlen lassen.

Tipp: Wir bevorzugen Natriumhydroxid, da es leichter zu verarbeiten ist und man durch den Pinsel nicht mit der Lauge in Kontakt kommt. Die übrige Natronlauge können Sie im gut gekennzeichneten Schraubglas aufbewahren und wiederverwenden. Natriumhydroxid bekommen Sie in der Apotheke. Nehmen Sie am besten die kleinstmögliche Packung!

Brötchenbaum

Etwas Besonderes gefällig? Ob Kindergeburtstag, Party oder Festtagsfeier, dieser Brötchenbaum findet bei jedem Anlass großen Anklang. Ihrem Ideenreichtum sind keine Grenzen gesetzt, Sie können z. B. den Baumstamm mit Laugenstein (Natriumhydroxid) bepinseln und am Fuße des Baumes einige kleine »Sträucher« aus Rosmarin, Salbei- und Thymianzweigchen »pflanzen«. Bestimmt haben Sie selbst oder Ihre Kinder noch bessere Einfälle.
Übrigens: Kräuter sehen nicht nur ansprechend aus und schmecken gut, sondern sind auch Medizin. Sie regen den Appetit und die Verdauung an, unterstützen die Atmung und den Kreislauf und helfen bei hohem Blutdruck und Arteriosklerose. Und so ganz nebenbei beruhigen und entspannen sie auch noch. Es lohnt sich also, die Kraft der grünen Kräuter zu nutzen.

Für 1 Brötchenbaum

600 g gemahlener Dinkel
100 g gemahlener Roggen
50 g gemahlener Buchweizen
20 g frische Hefe
550 ml lauwarmes Wasser
2 EL kalt gepresstes Olivenöl
1 EL Meersalz
Fett für das Backblech

Zum Verzieren:
Amarantkörner, Kümmel, Leinsamen, Mohn, ungeschälter Sesam, Kürbiskerne oder Ähnliches
einige Kräuterzweige, z. B. Rosmarin

So wird's gemacht:
1) Mehl, Hefe, Wasser, Öl und Salz zu einem Hefeteig verkneten und an einem warmen, zugfreien Ort 40 – 50 Minuten gehen lassen, bis sich das Teigvolumen verdoppelt hat.
2) Teig noch einmal kräftig durchkneten. Ein Drittel des Teigs zu einem Baumstamm formen. Dabei den Teig mit den Fingern etwas zusammendrücken, damit er dem Relief einer Baumrinde ähnelt. Den Baumstamm auf ein gefettetes Backblech legen. Den restlichen Teig zu kleinen Brötchen formen und als Baumkrone, in einigem Abstand voneinander, gestalten.
3) Nun die Baumkrone mit Wasser bepinseln und die einzelnen Brötchen abwechselnd mit Sesam, Mohn, Kürbiskernen, Kümmel, Leinsamen, Amarant bestreuen. Kräuterzweigchen wie Rosmarin oder Ähnliches als »Büsche« am Fuße des Stammes eindrücken.
4) Brötchenbaum im Ofen bei 220 °C (E) / 200 °C (H) 25 – 30 Minuten backen.
5) Zum Auskühlen auf ein Gitter legen.

Tipp: Sie können den »Baumstamm« auch mit in Wasser verdünntem Laugenstein (Natriumhydroxid) bepinseln (5 g auf 75 ml Wasser). Dadurch wird er schön braun (siehe auch Seite 90).

Gerstenkringel

Eigentlich hätte die Gerste viel mehr Aufmerksamkeit verdient, spielt sie doch sowohl in der Ernährung als auch in der Heilkunst fast aller Kulturvölker eine wichtige Rolle. In der Tat ersetzen die Inhaltsstoffe der Gerste einen halben Medizinschrank. Sie haben schon so manchem Magen-Darm-Kranken Linderung verschafft. Gerste stimuliert die Nieren und hilft sogar bei Durchfall, Fieber und Asthma. Nach dem Ayurveda wirkt Gerste kühlend, trocken und leicht – also Vata steigernd. Sie ist somit ein ideales Getreide für Kapha- und Pitta-Typen, z. B. in Form von knusprigen kleinen Partybrötchen oder wie hier Kringeln aus Gerstenmehl.

Für 9 Kringel oder 16 Partybrötchen

150 g saure Sahne
150 – 200 ml lauwarmes Wasser
20 g frische Hefe
100 g gemahlener Dinkel
400 g gemahlene Gerste
1 EL Meersalz
Fett für das Backblech

Für die Knuspermischung:
ungeschälter Sesam, Mohn und Sonnenblumenkerne

So wird's gemacht:

1) Saure Sahne und Wasser vermischen und lauwarm erwärmen, Hefe darin auflösen und mit etwas gemahlenem Dinkel verrühren. Diesen Vorteig zugedeckt 15 Minuten gehen lassen.
2) Das restliche gemahlene Getreide in einer Schüssel mit dem Meersalz mischen und den Vorteig unterkneten. Brötchenteig etwa 40 Minuten gehen lassen. Den Teig noch einmal kräftig durchkneten und in 9 oder 16 Stücke teilen.
3) Sesam, Mohn und Sonnenblumenkerne auf einem flachen Teller mischen. Brötchen mit Wasser bestreichen und in die Knuspermischung drücken. Nun mit dem Stiel eines Kochlöffels in die Mitte jedes Brötchens ein Loch drücken, sodass ein Kringel entsteht. Kringel etwas flach drücken und auf ein gefettetes Blech legen. Zugedeckt 15 Minuten gehen lassen.
4) Die Kringel bei 220 °C (E) / 200 °C (H) 25 Minuten backen.
5) Zum Abkühlen auf ein Gitter legen.

Brötchen mit selbst gemachtem Backpulver

Quarkbrötchen mit Sonnenblumenkernen

Wenn es schnell gehen und sich das Backwerk einige Zeit frisch halten soll, finden Sie hier das richtige Rezept. Fragt sich nur, wie lange Sie diesen Brötchen widerstehen können, wenn sie frisch aus dem Ofen kommen.
Sonnenblumenkerne liefern uns Zink, Eisen, Eiweiß, Vitamine und Energie. Ihr hoher Anteil an Lecithin und ungesättigten Fettsäuren, vor allem an Linolsäure, hält die Blutgefäße rein und nährt das Gehirn. Und sie gehören zu den wenigen Nahrungsmitteln, die ohne Unterschied allen drei Doshas gut tun. Also, nichts wie los!

Für etwa 9 Brötchen

250 g selbst gemachter Joghurtquark (aus 500 g Joghurt) oder Quark
500 g gemahlener Dinkel oder Weizen
5 TL selbst gemachtes Backpulver aus:
1 TL Natriumhydrogencarbonat (Natron)
2 TL Wildpfeilwurzelmehl oder Maisstärke
2 TL Vitamin-C-Pulver (Ascorbinsäure)
(= 1 Päckchen herkömmliches Backpulver, siehe Seite 44)
250 ml Buttermilch oder Wasser
1 TL Meersalz
3 EL Sonnenblumenkerne
Fett für das Backblech

So wird's gemacht:

1) Wenn Joghurtquark verwendet werden soll, den Joghurt einige Stunden vor dem Backen in einem Käsetuch abhängen lassen, bis etwa 250 g übrig ist.
2) Dinkelvollkornmehl und Backpulver mischen und mit den restlichen Zutaten zu einem geschmeidigen Teig vermengen. Den Teig zu Brötchen formen und auf ein gefettetes Backblech setzen.
3) Bei 200 °C (E) / 180 °C (H) 20 – 25 Minuten backen.
4) Brötchen zum Auskühlen auf ein Gitter legen.

Tipp: Probieren Sie dieses Rezept auch einmal mit frischen, gehackten Kräutern (z. B. Dill und Petersilie), die Sie einfach unter den Teig kneten. Und anstatt der Sonnenblumenkerne schmecken auch Leinsamen, Sesam, gehackte Kürbiskerne oder geröstete Nüsse.

Joghurtbrötchen

Sommer, Sonne, Joghurtbrötchen. Genau das Richtige für heiße Tage sind diese schnell gemachten Brötchen. Obwohl Joghurt nach dem Ayurveda Agni, die Verdauungstätigkeit in Magen und Dünndarm, anregt, kühlt er gleichzeitig den restlichen Körper. Das ist auch der Grund, warum man im sommerlichen Indien so gerne Joghurtgetränke (Lassi) trinkt oder Joghurt mit Gemüse serviert, z. B. Gurken-Raitas (saftige Joghurtsalate).
Das Geheimnis von Joghurt liegt in den Mikroorganismen, die Milch in Joghurt umwandeln und für den Menschen reinste Medizin sind. Sie helfen dem Darm bei der Assimilation von Nährstoffen und töten gleichzeitig unerwünschte Bakterien ab. Seine heilenden Eigenschaften kann Joghurt allerdings nur entfalten, wenn er weder homogenisiert noch wärmebehandelt wurde. Achten Sie außerdem darauf, dass er rechtsdrehende Milchsäurebakterien enthält; nur sie fördern die Gesundheit.

Für 8 Brötchen oder 6 Stangen

500 g gemahlener Weizen oder Dinkel
5 TL selbst gemachtes Backpulver aus:
1 TL Natriumhydrogencarbonat (Natron)
2 TL Wildpfeilwurzelmehl oder Maisstärke
2 TL Vitamin-C-Pulver (Ascorbinsäure)
(= 1 Päckchen herkömmliches Backpulver, siehe Seite 44)
150 ml Mineralwasser
7 EL Joghurt
2 TL Meersalz
2 EL Sonnenblumenkerne
2 EL Leinsamen
Fett für das Backblech

So wird's gemacht:

1) Alle Zutaten zu einem geschmeidigen Teig kneten und daraus 8 Brötchen formen.
2) Die Brötchen auf ein gefettetes Blech legen und bei 220 °C (E) / 190 °C (H) 20 – 25 Minuten backen.
3) Zum Abkühlen auf ein Gitter legen.

Schnelle Scones

Aus England kommt diese Mischung zwischen Brötchen und kleinem Kuchen. Dort serviert man sie ofenfrisch mit Butter und Honig oder mit der Lieblingsmarmelade. Wenn Sie dazu noch Schlagsahne reichen, wird das Frühstück zu einem wahren Festmahl – für alle.

Dinkel, der Urweizen, enthält aus ayurvedischer Sicht alle nährenden Eigenschaften des Weizens. Er besitzt sowohl die aufbauenden und stärkenden Kapha-Eigenschaften als auch die energetisierenden Kräfte von Pitta. Er enthält mehr Vitamine und Mineralien als Weizen, und durch seinen hohen Kleberanteil hat er sehr gute Backeigenschaften. Alle essentiellen Aminosäuren und viele herzfreundliche ungesättigte Fettsäuren vervollständigen das Dinkelkorn und erklären, warum es dem Körper so viel Energie verleiht, die Abwehrkräfte mobilisiert und das Denkvermögen und die Konzentration stärkt.

Für 10 bis 12 Scones

250 g fein gemahlener Dinkel
1 TL Natriumhydrogencarbonat (Natron)
50 g Butter (reine Pflanzenmargarine)
25 g Vollrohrzucker
125 ml Milch (Sojadrink)

So wird's gemacht:

1) Backofen auf 220 °C (E) / 200 °C (H) vorheizen.
2) Den fein gemahlenen Dinkel in eine Schüssel sieben und mit Natron vermischen. Die Butter (reine Pflanzenmargarine) mit Mehl und Vollrohrzucker zu groben Bröseln reiben und mit der Milch (Sojadrink) zu einem weichen, aber nicht klebrigen Teig kneten.
3) Den Teig auf einer bemehlten Fläche leicht durchkneten und zu einer mindestens 1 cm dicken Platte ausrollen. Die Scones mit einer runden Form von etwa 5 cm Durchmesser (z. B. einem Trinkglas) ausstechen und auf ein mit Backpapier ausgelegtes Blech legen.
4) 12 – 15 Minuten goldbraun backen. Die Scones sind fertig, wenn sie sich an den Seiten elastisch anfühlen.
5) Auf einem Kuchengitter abkühlen lassen oder ofenfrisch servieren.

Variationen:

Abwechslung muss sein. Bei den folgenden Scones-Variationen kommen kreative Backkünstler voll und ganz auf ihre Kosten – und natürlich all diejenigen, die sie probieren dürfen. Hier nur einige Vorschläge – wie Sie sehen, können Sie Ihrer Fantasie freien Lauf lassen.

Rosinen-Scones

50 g eingeweichte Rosinen oder Sultaninen unter den Teig kneten.

Vanille-Scones

1 ½ TL gemahlene Bourbonvanille in den Teig kneten.

Mandel-Nuss-Scones

50 g geröstete und gehackte Haselnüsse oder Mandeln in den Teig kneten.

Sprossen-Scones

Den Vollrohrzucker weglassen und einige EL Sprossen nach Wahl hinzufügen, z. B. Alfalfa (Luzerne), Mungbohnen, Bockshornklee, Senf, Klee oder Ähnliches.

(Wild-)Kräuter-Scones

Den Vollrohrzucker weglassen und je nach Wunsch einige EL frisch gehackte Kräuter, z. B. Basilikum, Majoran, Thymian, Petersilie, Brennnesseln, Kapuzinerkresse oder Ähnliches, in den Teig kneten.

Tipp: Servieren Sie die Kräuterscones mit frischen Tomaten, Gurken oder Salat als sommerliches Abendessen oder Mittagessen.

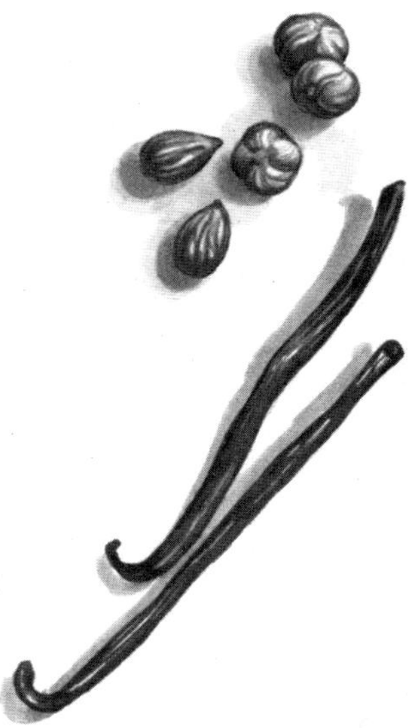

Paprikamuffins

In England und Nordamerika kennt und liebt sie jeder, die Muffins. In diesem Rezept zeigen sich die Brötchen einmal von ihrer pikanten Seite. Wer kein stolzer Besitzer einer speziellen Muffin-Backform ist, kann sich auch mit kleinen Backförmchen behelfen.

Paprika hat es in sich. Ätherische Öle, Bioflavone und der Scharfstoff Capsaicin fördern die Durchblutung. Der hohe Gehalt an Vitamin C und Provitamin A schützt vor Infektionen und vor Krebs. Daneben verbessert Paprika die Leistungsfähigkeit des Herzens und die Durchblutung der Haut. Nach dem Ayurveda verstärkt Paprika das Pitta- und auch etwas das Vata-Dosha im Körper. Aus diesem Grund ist sie sehr gut für Kapha-Typen und gekocht oder gebacken auch für Vata-Menschen.

Für 10 bis 12 Muffins
(je nach Größe der Förmchen)

Fett für das Backblech oder die Förmchen
1 mittelgroße gelbe oder rote Paprika (etwa 100 g)
40 g Butter
475 g fein gemahlener Dinkel
1 TL Natriumhydrogencarbonat (Natron)
1 ½ TL Meersalz
275 ml Buttermilch
4 EL frisch gehacktes Basilikum oder Kräuter nach Wahl

So wird's gemacht:

1) Backofen auf 175 °C (E) / 150 °C (H) vorheizen. Backförmchen oder Muffin-Backblech einfetten. Paprika waschen und in feine Würfel schneiden. Butter in einem kleinen Topf zerlassen.
2) Das Mehl in eine Schüssel sieben und mit Natron und Meersalz mischen, zerlassene Butter dazugeben und mit der Buttermilch zu einem Brötchenteig kneten. Paprika und Basilikum unterkneten und 10 bis 12 Teigkugeln formen.
3) Muffins in die Förmchen geben und im vorgeheizten Ofen 25 – 30 Minuten (je nach Größe der Muffins) goldgelb backen. Dann aus den Förmchen stürzen. Falls sie auf der Unterseite noch nicht ganz durchgebacken sind, auf einen Rost legen und 7 – 10 Minuten in der Nachhitze des abgeschalteten Ofens stehen lassen.
4) Auf einem Kuchengitter auskühlen lassen und servieren.

Brötchen ohne Triebmittel

Mineralwasserbrötchen

Diese kleinen Brötchen kommen ganz ohne Triebmittel aus, gesünder geht es kaum. Dinkel ist ausgezeichnet für alle, die mit dem Kopf oder dem Körper arbeiten. Auch Haut, Haare, Nägel und das Immunsystem dürfen sich freuen. Nach dem Ayurveda ist Dinkel für alle drei Doshas gut und vermehrt insbesondere Kapha und Pitta. Gerste dagegen vermehrt Vata, regt Nieren und Darm an und schützt vor Krebs. Hirse hilft bei der Blutbildung, stärkt Zähne, Knochen, Haut und Haar. Und Buchweizen schließlich entgiftet, kräftigt die Venen und die Nerven. Wie Hirse vermehrt auch Buchweizen das Pitta-Element.

Für 8 Brötchen

250 g Dinkelkörner
50 g Gerstenkörner
50 g Buchweizen oder Hirse
½ TL Kümmelsamen
½ TL Koriandersamen
½ TL Fenchelsamen
1 TL Meersalz
250 ml Mineralwasser
Öl zum Fetten der Hände

So wird's gemacht:

1) Getreide zusammen mit den Gewürzen fein mahlen und mit den übrigen Zutaten zu einem weichen Teig verkneten.
2) Mit einem großen Löffel Häufchen vom Teig abstechen oder Brötchen formen und auf ein mit Backpapier ausgelegtes Blech geben.
3) Bei 220 °C (E) / 200 °C (H) 25 – 30 Minuten backen.
4) Zum Auskühlen auf ein Gitter legen.

Variation:

Einfache Mineralwasserbrötchen

Für 8 bis 10 Brötchen

400 g fein gemahlener Weizen
1 TL Meersalz
1 – 2 EL Sonnenblumenöl
300 ml Mineralwasser
Öl für die Hände und das Backblech

So wird's gemacht:

1) Alle Zutaten zu einem weichen Teig kneten.
2) 20 Minuten quellen lassen.
3) Mit eingeölten Händen Brötchen auf das gefettete Backblech geben und bei 220 °C (E) / 200 °C (H) etwa 25 Minuten backen.

Pikantes aus dem Backofen

Spinatkuchen mit Frischkäse

Mit diesem Spinatkuchen überzeugen Sie selbst Skeptiker. Denn richtig zubereitet, schmeckt Spinat nicht nur köstlich, sondern ist auch noch gesund. Da sind nicht nur zehn Vitamine und dreizehn Mineralstoffe, die unter anderem die Blutbildung und das Immunsystem unterstützen, sondern auch noch hochwertiges Eiweiß und die hormonähnliche Substanz Sekretin, die die Sekretbildung von Magen, Galle und Bauchspeicheldrüse fördert. Die in ihm enthaltenen Bitterstoffe fördern nicht nur die Verdauung, sondern wirken auch als Tonikum für Herz, Leber und Nerven.
Nach dem Ayurveda wirkt Spinat kühlend, nährend und besänftigend und besitzt darüber hinaus leichte und trockene Eigenschaften. In kleinen Mengen vertragen ihn alle drei Dosha-Typen gut. Das i-Tüpfelchen an diesem Rezept ist allerdings der selbst gemachte Frischkäse (Panir), der Käse der Wahl in der ayurvedischen Küche. Denn im Gegensatz zum schwer verdaulichen Hartkäse beruhigt Frischkäse Vata und Pitta.

Für eine Springform (Ø 26 – 28 cm)

Für den Mürbteig:

250 g fein gemahlener Dinkel oder Weizen
½ TL Natriumhydrogencarbonat (Natron)
½ TL Meersalz
125 g kalte Butter
2 EL kaltes Wasser

Fett für die Springform

Zum Blindbacken:

500 g Hülsenfrüchte

Für den Belag:

selbst gemachter Frischkäse (aus 1 l Milch)
Saft von einer Zitrone (für den Frischkäse)
500 g Spinat
4 EL Pinienkerne
1 EL kalt gepresstes Olivenöl oder Ghee
½ TL Asafoetida (kann auch entfallen)
1 TL frisch geriebener Ingwer
½ TL Paprikapulver
¼ TL schwarzer Pfeffer
1 Prise frisch geriebener Muskat
1 Prise Zimt
1 TL Meersalz
150 g saure Sahne
¼ TL Kurkuma oder Currypulver
1 EL Kräuter der Provence

So wird's gemacht:

1) Für den Teig das Mehl mit den übrigen Zutaten für den Mürbteig rasch verkneten. Mindestens 30 Minuten zugedeckt kalt stellen.
2) Den Frischkäse herstellen. Dazu die Milch in einem Topf zum Kochen bringen, den Zitronensaft nach und nach hineinträufeln lassen, dabei umrühren. Nun trennen sich die Käseflöckchen von der Molke. Sieb mit einem Käsetuch (z. B. Baumwollwindel) auslegen und den Käse hineinschütten. Die Molke auffangen. Sie

kann für Suppen, Brotteig oder Ähnliches verwendet werden. Das Käsetuch an den vier Enden zusammenknoten und etwa 15 Minuten hängen lassen, bis der Frischkäse etwas fester geworden ist. Je länger er hängt, desto fester wird er.

3) Den Teig zwischen zwei Frischhaltefolien ausrollen. Die Frischhaltefolien entfernen und die gefettete Springform mit dem Teig auskleiden, dabei einen 3 cm hohen Rand bilden. Mit einer Gabel mehrmals einstechen. Zum Blindbacken den Teigboden mit Pergamentpapier bedecken und mit Hülsenfrüchten bis zum Teigrand auffüllen.
4) Im vorgeheizten Ofen bei 190 °C (E) / 175 °C (H) 15 Minuten blind backen. Danach die Hülsenfrüchte herausschütten (sie können anderweitig weiterverwendet werden) und das Pergamentpapier entfernen.
5) In der Zwischenzeit Spinat waschen, die groben Stiele entfernen, die Blätter abtropfen lassen und in feine Streifen schneiden.
6) Pinienkerne in einer Pfanne ohne Fett anrösten. Das Olivenöl oder Ghee in einem Topf erhitzen und Asafoetida und geriebenen Ingwer für ein paar Sekunden darin rösten. Spinat hinzugeben und leicht köcheln lassen, bis er zerfällt. Mit Paprika, Pfeffer, Muskat, Zimt und Salz würzen. Pinienkerne dazugeben. Den Spinat von der Kochplatte nehmen.
7) Den Frischkäse in kleine Stücke zerbröckeln und mit saurer Sahne, Kurkuma und Kräutern der Provence vermengen. Spinat auf den vorgebackenen Teigboden geben und die Käse-Sahne-Masse darauf verteilen.
8) Den Spinatkuchen 25 – 30 Minuten bei 190 °C (E) / 175 °C (H) fertig backen, bis die Oberfläche goldbraun ist.

Mangoldkuchen

Auch wenn Mangold weniger bekannt ist als sein großer Bruder, der Spinat, steht er ihm in punkto Geschmack keineswegs nach. Im Hochsommer, wenn Spinat rar ist, kann Mangold diesen gut ersetzen. Er ist hilfreich bei Lungenkrankheiten und zur Anregung von Leber und Nieren.

Ingwer nimmt unter den Ayurveda-Gewürzen eine ganz besondere Stellung ein: Frisch verwendet, regt er nämlich die Verdauungstätigkeit Agni an, ohne dabei das Pitta-Dosha zu stören. Selbst diejenigen, die zu viel Pitta besitzen, müssen also nicht auf die magenschonende Schärfe des frischen Ingwers verzichten. Außerdem reinigt Ingwer mit seinem ätherischen Öl Gingerol das Blut und senkt den Blutdruck. Frischer Ingwer wirkt insgesamt milder als getrockneter.

Den Teig bereiten Sie am besten schon am Vorabend vor, da er einige Stunden gekühlt werden muss.

Für eine Springform (Ø 26 – 28 cm)

Für den Teig:

90 – 100 g selbst gemachter Joghurtquark (aus 200 g Joghurt) (cremig pürierter Tofu oder Lopino)
75 g kalte Butter (reine Pflanzenmargarine)
100 g gemahlener Dinkel
½ TL Meersalz
½ TL Natriumhydrogencarbonat (Natron)

Fett für die Springform

Zum Blindbacken:

500 g Hülsenfrüchte

Für den Belag:

300 g Mangold
1 TL frisch geriebener Ingwer
½ TL Asafoetida
1 TL Ghee oder Pflanzenöl
250 g saure Sahne (Sojadrink)
1 – 2 EL Maisstärke oder Wildpfeilwurzelmehl
½ TL Kurkuma oder Currypulver
¼ TL schwarzer Pfeffer
1 EL Basilikum
1 TL gemahlener Schabzigerklee
1 TL Meersalz

So wird's gemacht:

1) Am Vorabend den Joghurt 2 – 3 Stunden in einem Käsetuch abhängen lassen, bis 100 g Joghurtquark übrig ist.
2) Kalte Butter mit einem Messer in kleine Stücke hacken.
3) Alle Zutaten für den Joghurtquarkteig rasch verkneten, damit sich der Kleberanteil im Getreide nicht mit dem Quark verbindet. Den Teig über Nacht oder mindestens 8 Stunden zugedeckt kalt stellen.

4) Den Mangold waschen, in schmale Streifen schneiden und in einem Topf mit etwas Wasser dünsten. Zugedeckt einige Minuten köcheln lassen und zum Abkühlen auf die Seite stellen.
5) Springform einfetten. Den Teig rasch auf einer bemehlten Arbeitsfläche ausrollen. Die Springform damit auskleiden und einen 3 cm hohen Rand bilden. Mit einer Gabel mehrmals einstechen.
6) Zum Blindbacken den Teigboden mit Pergamentpapier bedecken und die Hülsenfrüchte bis zum Teigrand auffüllen. Bei 200 °C (E) / 180 °C (H) 15 Minuten blind backen. Anschließend die Hülsenfrüchte aus der Teigkruste herausschütten – sie können anderweitig in der Küche verwendet werden – und das Pergamentpapier entfernen.
7) Den geriebenen Ingwer und Asafoetida in einer Pfanne mit etwas Ghee oder Pflanzenöl ein paar Sekunden lang anrösten und mit der sauren Sahne (Sojadrink), der Maisstärke und den restlichen Gewürzen verrühren. Die Saure-Sahne-Mischung (Sojadrinkmischung) unter den Mangold heben und die Füllung auf dem Teigboden verteilen. 25 – 30 Minuten bei 190 °C (E) / 175 °C (H) fertig backen.

Zucchiniwähe

Eigentlich haben sie einen langen Weg hinter sich. Doch inzwischen wachsen die ursprünglich unter anderem in Westindien beheimateten Zucchini auch bei uns. Kein Wunder, sie schmecken nämlich nicht nur gut, sondern sind auch pflegeleicht und fast das ganze Jahr zu haben. Mit ihren zahlreichen Mineralien und Vitaminen stärken Zucchini unser Immunsystem, und mit ihren Bitterstoffen regen sie die Darmtätigkeit an. Ob grün oder gelb – sie vermehren das Kapha-Dosha und besänftigen somit Vata und Pitta.
Und was ebenfalls nicht zu unterschätzen ist: Bei der Zubereitung sind Ihrer Fantasie keine Grenzen gesetzt. Zucchiniwähe mit Gemüsesuppe und einem Glas Buttermilch ist ein leicht verdauliches Mittagessen vor allem für Menschen mit erhöhtem Vata.

Für eine Springform (Ø 26 – 28 cm)

Für den Mürbteig:
250 g gemahlener Dinkel oder Weizen
125 g kalte Butter
2 EL kaltes Wasser
½ TL Meersalz
½ TL Natriumhydrogencarbonat (Natron)

Fett für die Springform

Zum Blindbacken:
500 g Hülsenfrüchte

Für den Belag:
selbst gemachter Frischkäse (aus 1 l Milch)
Saft von einer Zitrone (für den Frischkäse)
3 – 4 mittelgroße Zucchini (etwa 400 g)
1 ½ TL Meersalz
1 EL kalt gepresstes Olivenöl
½ TL Asafoetida (kann auch entfallen)
1 TL weißer Pfeffer

Zum Beträufeln und Bestreuen:
etwas kalt gepresstes Olivenöl
1 TL Thymian
1 TL Rosmarin

So wird's gemacht:

1) Alle Zutaten für den Mürbteig rasch verkneten, zu einer Kugel formen und zugedeckt mindestens 30 Minuten kalt stellen.
2) Frischkäse zubereiten. Dafür die Milch in einem Topf aufkochen und nach und nach den Zitronensaft hineinträufeln. Umrühren. Nun trennen sich die Käseflöckchen von der Molke. Ein Sieb mit einem Käsetuch auslegen und die Flüssigkeit hineinschütten. Die Molke auffangen und z. B. für Suppen, Brotteig oder Ähnliches verwenden. Das Käsetuch an den Enden zusammenknoten und etwa 15 Minuten abhängen lassen, sodass der Frischkäse etwas fester wird und die restliche Molke abtropfen kann.

3) Zucchini waschen und raspeln. Mit 1 TL Meersalz vermischen und ziehen lassen.
4) Teigkugel zwischen zwei Frischhaltefolien ausrollen, eine gefettete Springform mit dem Teig auskleiden und einen 3 cm hohen Rand bilden. Mit einer Gabel mehrmals einstechen. Zum Blindbacken Pergamentpapier auf dem Teigboden auslegen. Die Hülsenfrüchte bis zum Teigrand auffüllen. Bei 200 °C (E) / 180 °C (H) 15 Minuten vorbacken. Die Hülsenfrüchte aus der Teigkruste herausschütten – sie können anderweitig verwendet werden – und das Pergamentpapier entfernen.
5) Die geraspelten Zucchini pressen, bis kein Saft mehr herauskommt, und den Saft abschütten. Käse mit dem Olivenöl geschmeidig kneten. Zucchini mit dem zerbröckelten Frischkäse und den Gewürzen vermengen.
6) Die Gemüse-Käse-Füllung auf dem vorgebackenen Boden verteilen. 20 – 25 Minuten bei 190 °C (E) / 175 °C (H) fertig backen. Nach dem Backen mit etwas Olivenöl beträufeln und mit Thymian und Rosmarin bestreuen.

Spinatstrudel

Wer Strudel nur süß kennt, dem ist bisher einiges entgangen. Denn mit einer pikanten Gemüsefüllung eröffnen sich ganz neue Geschmacksdimensionen. Besonders raffiniert wird dieses Rezept, wenn Sie im Frühling die Hälfte des Spinats durch frische Wildkräuter ersetzen, wie z. B. Brennnesseln, Giersch oder Gartenmelde.
Gerade im Frühjahr, wenn Mutter Erde die Wildkräuter mit ganz besonderer Kraft ausgestattet hat, wirken sie durch ihre leicht bittere Geschmacksrichtung Kapha reduzierend und blutreinigend. Gerb- und Bitterstoffe und ätherische Öle, aber auch Mineralien, Vitamine, Saponine und Chlorophyll machen Schwache wieder stark, Erschöpfte wieder frisch, Gestresste wieder entspannt, Traurige wieder heiter und Kranke wieder gesund. Probieren Sie es doch einmal selbst!

Für einen Strudel

Für den Strudelteig:

½ TL Meersalz
4 EL warmes Wasser
50 g gemahlener Roggen
100 g Weizenmehl (Type 1050)
50 g Butter

Für die Füllung:

1 kg frischer Spinat (oder weniger Spinat, mit Wildkräutern ergänzt)
2 EL Ghee oder Pflanzenöl
1 TL Asafoetida
½ TL Ingwerpulver oder 1 TL frisch geriebener Ingwer
¼ TL Kurkuma
½ TL gemahlener Koriander
¼ TL frisch geriebener Muskat
1 Prise Zimt
½ TL weißer Pfeffer
150 g saure Sahne
2 TL Tomatenmark
1 TL Meersalz
3 EL geröstete Sonnenblumenkerne

Zum Bestreichen und Bestreuen:

20 g Butter
Fett für das Backblech
etwas ungeschälter Sesam

So wird's gemacht:

1) Das Mehl auf die Arbeitsplatte sieben. In die Mitte eine Vertiefung drücken. Meersalz, Wasser und zerlassene Butter hineingeben und zu einem festen, glatten Teig kneten. Mit den Fingern in den Teig greifen und den Teig auf die Arbeitsfläche schlagen. Dann mit einer kleinen Drehung diesen Vorgang mehrmals wiederholen – es sollte immer eine neue Stelle auf die Arbeitsfläche geschlagen werden, bis der Teig glänzt.
2) Den Teig zu einer Kugel formen, mit zerlassener Butter bepinseln und zugedeckt in einem angewärmten, trockenen Topf an einem warmen Ort 30 Minuten bis 1 Stunde ruhen lassen.

3) In der Zwischenzeit den Spinat (und die Wildkräuter) waschen, die groben Stiele entfernen und in feine Streifen schneiden. (Wildkräuter fein hacken.)
4) Ghee oder Pflanzenöl in einem Topf erhitzen. Asafoetida, Ingwer und Kurkuma einige Sekunden lang anrösten. Den Spinat mit den restlichen Gewürzen, mit Ausnahme des Salzes, auf kleiner Flamme ein paar Minuten dünsten, bis er zusammengefallen ist. Eventuell noch 1 – 2 EL Wasser dazugeben. Zuletzt saure Sahne, Tomatenmark und Meersalz darunterheben und abkühlen lassen.
5) Strudelteig zwischen zwei Frischhaltefolien zu einem dünnen, großen Rechteck ausrollen, dann die Frischhaltefolien entfernen. Den Teig mit zerlassener Butter bepinseln. Die abgekühlte Füllung darauf verteilen und die Sonnenblumenkerne darüberstreuen (3 cm Rand freilassen). Die Ränder zur Füllung hin umklappen. Strudel aufrollen und mit der Nahtstelle nach unten auf ein gefettetes Backblech legen.
6) Strudel mit Butter bepinseln, mit Sesam bestreuen und im Backofen 35 – 40 Minuten bei 200 °C (E) / 180 °C (H) goldbraun backen.

Tipp: Probieren Sie auch einmal andere Gemüsearten aus, z. B. Mangold, Zucchini und Wirsing. Auch eine Tomaten-Paprika-Auberginen-Füllung findet Anklang.

Kräuterquark-Zucchini-Strudel

Auch im Winter bringen Kräuter die Sonne in die Küche. Denn sie reichern die Speisen mit wertvollem Chlorophyll, Vitaminen und Mineralien an. Und ihre ätherischen Öle schützen nicht nur die Pflanze gegen Krankheiten, sondern auch den Menschen, der sie zu sich nimmt. Asafoetida, schwarzer Pfeffer, Ingwer, frische Chili und frisches Basilikum fördern die Verdauung und vermindern die Kapha vermehrende Eigenschaft des Joghurtquarks.
Zucchini wirken besänftigend auf Vata und Pitta. Und auch der Joghurtquark vermindert Vata. Da Quark heutzutage meist tierisches Lab enthält, verwenden wir selbst gemachten Joghurtquark.

Für 2 Strudel

Für den Strudelteig:

350 g fein gemahlener Dinkel
1 TL Meersalz
120 ml lauwarmes Wasser
4 EL kalt gepresstes Olivenöl

Für die Füllung:

850 g selbst gemachter Joghurtquark (aus 2 kg Joghurt)
50 g frische Kräuter (z. B. Basilikum)
1 frische kleine grüne Chilischote
250 g Zucchini
2 EL Olivenöl
½ TL Asafoetida
½ TL gemahlener Koriander
1 TL frisch geriebener Ingwer
¼ TL schwarzer Pfeffer
1 gehäufter TL Meersalz
2 EL Kartoffelstärke
2 EL Edel-Hefeflocken
1 – 2 EL kalt gepresstes Olivenöl
6 EL Pinienkerne

Zum Bestreichen:

etwas kalt gepresstes Olivenöl
Fett für das Backblech

So wird's gemacht:

1) Joghurt für den Joghurtquark am Vorabend (oder mindestens 8 Stunden vorher) in einem Käsetuch abhängen lassen.
2) Das Dinkelmehl mit Meersalz mischen und mit Wasser und Olivenöl zu einem festen und elastischen Teig kneten. 10 Minuten kräftig durchkneten, anschließend mit Olivenöl bestreichen und unter einem angewärmten, umgedrehten Topf mindestens 30 Minuten ruhen lassen.
3) Joghurtquark aus dem Käsetuch schaben und etwa 850 g abwiegen. Falls der Joghurtquark weniger wiegt, eventuell noch etwas Molke unterrühren. Frische Kräuter waschen, hacken und unter den Quark rühren. Chili klein schneiden. Zucchini waschen, in sehr kleine Würfel schneiden und in der Pfanne mit etwas Olivenöl, Asafoetida, Chili, Koriander und Ingwer anbraten. Zucchini, Meersalz, Pfeffer, Stärke, Edel-Hefeflocken und Pflanzenöl unter den Kräuterquark rühren.

4) Strudelteig halbieren und die eine Teighälfte dünn auf zwei Bahnen einer Frischhaltefolie ausrollen. Die Teigplatte mit Olivenöl bestreichen und die Hälfte der Füllung darauf verteilen. An den Rändern etwa 3 cm freilassen und die Ränder zur Füllung hin umschlagen, damit die Füllung beim Aufrollen nicht herausquillt. 3 EL Pinienkerne pro Strudel auf die Füllung streuen.
5) Strudel von der Längsseite her durch leichtes Anheben der Folie aufrollen. Die Teigenden fest zusammendrücken und mit der Nahtstelle nach unten auf ein gefettetes Backblech legen. Mit dem zweiten Strudel ebenso verfahren und ebenfalls auf das Blech legen.
6) Die Strudel mit Olivenöl bestreichen und bei 220 °C (E) / 200 °C (H) 45 Minuten goldbraun backen. Nach dem Backen erneut mit Olivenöl bestreichen und noch warm servieren.

Tipp: Ersetzen Sie den Joghurtquark auch einmal durch selbst gemachten Frischkäse. Abwechslung muss sein, und es schmeckt zudem noch lecker.

Herzhafte Kräuter-Landtorte

Diese herzhaft-frische »Torte« wird bei jedem Anlass eine originelle Idee sein. Frische knackige Salate dazu serviert, und die hübsch verzierte Landtorte wird alle anlachen und neugierig machen. Ihre opulente Füllung besänftigt und »erdet« im wahrsten Sinne des Wortes Menschen mit überstarkem Vata und Pitta.
So fein das uralte Würz- und Heilkraut Dill ist, so wertvoll ist es auch. Seine ätherischen Öle senken den Blutdruck und entspannen Herz, Magen und Atmung. Estragon regt den Appetit an, stärkt den Magen und hebt die Stimmung.

Für eine Torte (Ø 26 – 28 cm)

Für den Joghurtquark-Öl-Teig:
200 g selbst gemachter Joghurtquark (aus 400 g Joghurt)
100 ml Wasser
125 ml kalt gepresstes Olivenöl oder Sonnenblumenöl
2 TL Meersalz
300 g gemahlener Dinkel oder Weizen
100 g gemahlener Roggen
5 TL selbst gemachtes Backpulver aus:
1 TL Natriumhydrogencarbonat (Natron)
2 TL Wildpfeilwurzelmehl oder Maisstärke
2 TL Vitamin-C-Pulver (Ascorbinsäure)
(= 1 Päckchen herkömmliches Backpulver, siehe Seite 44)

Für die Kräutercreme-Füllung:
selbst gemachter Frischkäse (aus 2 l Milch)
Saft von 1 – 2 Zitronen (für den Frischkäse)
150 g saure Sahne
5 EL Joghurt
4 EL Sahne
1 – 2 TL Grill-Gewürzsalz
1 TL Schabzigerklee
1 TL Asafoetida (kann auch entfallen)
¼ TL Paprikapulver
¼ TL schwarzer Pfeffer
1 Bund frischer Dill oder andere frische Kräuter (z. B. Basilikum, Petersilie, Estragon)
½ Salatgurke
2 – 3 Tomaten
5 – 6 Radieschen
2 Prisen schwarzer Pfeffer
1 Prise Meersalz

Zum Ausstreuen der Backform:
Fett
Haferflocken

Zum Dekorieren:
Sprossen von Kresse, Alfalfa, Bockshornklee oder anderen
eventuell Blüten und Blätter von Kapuzinerkresse

So wird's gemacht:
1) Joghurt einige Stunden im Käsetuch abhängen lassen, bis 200 g Joghurtquark übrig ist.
2) Den Frischkäse zubereiten. Dafür die Milch in einem Topf aufkochen und nach und nach den Zitronensaft hineinträufeln. Umrühren. Nun trennen sich die Käseflöckchen von der Molke. Ein Sieb mit dem Käsetuch auslegen und die Flüssigkeit hineinschütten. Die Molke auffangen, sie kann für Suppen, Brotteig oder Ähn-

liches verwendet werden. Das Käsetuch an den Enden zusammenknoten und abhängen lassen, sodass der Frischkäse etwas fester wird und die restliche Molke abtropfen kann.

3) Die Springform einfetten und mit Haferflocken ausstreuen.

4) Joghurtquark, Wasser, Pflanzenöl und Meersalz mit dem Handrührgerät in einer Rührschüssel zu einer cremigen Masse schlagen. Das gemahlene Getreide nach und nach hineinsieben. Dabei das Backpulver unter das letzte Drittel des Mehles mischen.

5) Die Hälfte des Teigs in die Form füllen, glatt streichen und mit einer Gabel mehrmals einstechen. Den Teigboden bei 190 °C (E) / 175 °C (H) etwa 25 Minuten backen. Danach auf einem Gitter auskühlen lassen. Mit der zweiten Teighälfte ebenso verfahren.

6) Frischkäse aus dem Käsetuch nehmen, in eine Schüssel geben und mit den restlichen Milchprodukten und Gewürzen zu einer cremigen Masse verrühren, eventuell mit dem Handrührgerät. Kräuter waschen, trockenschütteln, fein hacken und unter die Käsecreme heben. Die Hälfte der Käsecreme auf einem der beiden Tortenböden verteilen.

7) Gurke und Tomaten längs halbieren und die Hälften in Scheiben schneiden. Radieschen in dünne Scheiben schneiden. Mit der Hälfte des Gemüses den Tortenboden belegen und mit Salz und Pfeffer bestreuen. Den zweiten Boden daraufsetzen, restliche Käsecreme auf Boden und Rand verteilen. Mit dem übrigen Gemüse und Sprossen dekorieren. Ausgesprochen schmückend wirken auch die Blüten und Blätter der Kapuzinerkresse, deren würziger Geschmack nebenbei das Pitta-Dosha stimuliert.

Kartoffelpizza

Ob in Italien oder rund um die Welt: Pizza ist der absolute Renner bei Jung und Alt. Diese hier ist jedoch etwas ganz Besonderes, denn der Teig ist nicht aus Getreide, sondern aus Kartoffeln.
Essentielle Aminosäuren, viel Vitamin C, Vitamine des B-Komplexes, Magnesium, Eisen, Phosphor, Spurenelemente und das zahnschützende Fluor machen die Erdäpfel so gesund. Sie sind Schutz-, Schon- und Heilkost, krampflösend, verdauungsfördernd, säurebindend und entwässernd. Nach dem Ayurveda vermehren Kartoffeln in erster Linie das Kapha-Dosha, aber auch etwas Vata. Pitta vermehrende Gewürze allerdings, wie Ingwer, Cayennepfeffer und schwarzer Pfeffer, und die Zugabe von Tomatenpüree können dies wieder in angemessener Weise ausgleichen.

Für ein Backblech

Für den Kartoffelteig:
1 kg Kartoffeln
50 g Butter (reine Pflanzenmargarine)
2 TL Meersalz
½ TL Cayennepfeffer
etwas schwarzer Pfeffer
2 Prisen frisch geriebener Muskat

Fett für das Backblech

Für den Belag:
200 g selbst gemachter Frischkäse (aus 1½ l Milch) (Lopino)
Saft von einer Zitrone
2 EL Ghee, Senföl oder Sesamöl
2 TL frisch geriebener Ingwer
½ TL Kurkuma
2 Lorbeerblätter
½ TL Bockshornkleeblätter
500 g Tomatenpüree
1 TL Oregano
1 TL Thymian
½ TL Rosmarin
½ TL schwarzer Pfeffer
1 TL Salz
1 EL Vollrohrzucker
2 Fenchelknollen oder Gemüse nach Wahl (z. B. Zucchini, Brokkoli)
einige EL kalt gepresstes Olivenöl
Salz
schwarzer Pfeffer
Paprikapulver
Basilikum

So wird's gemacht:

1) Kartoffeln waschen und mit Schale garen.
2) Frischkäse zubereiten. Dafür die Milch in einem Topf aufkochen, nach und nach den Zitronensaft hineinträufeln und umrühren. Nun trennen sich die Käseflöckchen von der Molke. Ein Sieb mit einem Käsetuch auslegen und die Flüssigkeit hineinschütten. Die Molke auffangen und für Suppen, Brotteig oder Ähnliches weiterverwenden. Das Käsetuch an den vier Enden zusammenknoten und abhängen lassen, sodass der Frischkäse etwas fester wird und die restliche Molke abtropfen kann.

3) Ghee, Senföl oder Sesamöl in einem Topf erhitzen, Ingwer darin anrösten, sofort Kurkuma, Lorbeer- und Bockshornkleeblätter dazugeben und umrühren. Gleich mit Tomatenpüree auffüllen. Die restlichen Gewürze dazugeben und bei kleiner Hitze köcheln lassen, bis die Flüssigkeit um die Hälfte eingekocht ist.
4) Kartoffeln pellen, durch eine Kartoffelpresse drücken oder zu einer Paste stampfen und mit Butter oder Margarine vermengen. Mit Salz, Pfeffer und Muskat würzen. Backblech einfetten. Die Kartoffelpaste auf dem Blech verteilen, fest andrücken und bei 225 °C (E) / 200 °C (H) 15 – 20 Minuten vorbacken.
5) In der Zwischenzeit Fenchel waschen und in hauchdünne Scheiben schneiden. In einer Pfanne mit etwas Olivenöl anbraten und mit etwas Salz, Pfeffer, Paprika und Basilikum würzen. Wenn Sie Zucchini oder Auberginen verwenden, können Sie genauso verfahren. Kohlsorten wie Brokkoli oder Blumenkohl vorher dämpfen.
6) Die Tomatensauce auf dem vorgebackenen Boden verteilen, Fenchelscheiben oder anderes Gemüse darauflegen und bei 225 °C (E) / 200 °C (H) 20 Minuten weiterbacken.
7) Frischkäse (Lopino) mit 1 EL Olivenöl geschmeidig kneten, zerbröckeln, auf der Pizza verteilen und etwas Olivenöl darüberträufeln. In 5 – 10 Minuten fertig backen.

Tipp: Wer zu wenig Zeit hat, Frischkäse selbst zu machen, kann ebenso gut Mozzarella ohne tierisches Lab verwenden.

Spargelquiche

Spargel ist eine edle Delikatesse aus dem Garten der Natur. Und er ist eines der wenigen Gemüse, das gut für alle drei Dosha-Typen ist. Süß, zusammenziehend, bitter, kühl, leicht und feucht gleicht er erhöhtes Pitta aus. Mit seiner leichten Verdaulichkeit stabilisiert er Vata und stimuliert Kapha. Spargel wirkt mild tonisierend, nierenanregend und beruhigend auf Herz und Nerven. Seine vielen Ballaststoffe regen die Verdauung an. Und die in ihm enthaltene Aminosäure Asparagin kann sogar Harnsäurekristalle aus Nieren und Muskulatur lösen.

Für eine Springform (Ø 26 – 28 cm)

Für den Mürbteig:
250 g gemahlener Dinkel
125 g kalte Butter
½ TL Natriumhydrogencarbonat (Natron)
1 TL Meersalz
¼ TL Kurkuma
2 EL Joghurt oder Wasser

Fett für die Springform

Zum Blindbacken:
500 g Hülsenfrüchte

Für den Belag:
750 g frischer Spargel
20 g Butter
3 EL Maismehl
300 ml Milch
1 TL Meersalz
¼ TL Kurkuma oder Currypulver
¼ TL frisch geriebener Muskat
½ TL Asafoetida
¼ TL weißer Pfeffer
150 g saure Sahne
frisch gehackte Petersilie

So wird's gemacht:

1) Alle Zutaten für den Teig rasch verkneten und zugedeckt mindestens 30 Minuten kalt stellen.
2) Spargel waschen, die holzigen Enden abschneiden. Weißen Spargel schälen, grüner Spargel muss nicht geschält werden. In 4 – 5 cm lange Stücke schneiden. In einem Topf mit Wasser etwa 15 Minuten weich kochen.
3) Teig zwischen zwei Frischhaltefolien ausrollen und die gefettete Springform damit auskleiden. Dabei einen 3 cm hohen Rand bilden. Teigboden mit einer Gabel mehrmals einstechen. Bei 200 °C (E) / 180 °C (H) 15 Minuten blind backen. Dafür den Teigboden mit Pergamentpapier bedecken und die Hülsenfrüchte bis zum Teigrand auffüllen. Anschließend die Hülsenfrüchte herausschütten und das Pergamentpapier entfernen.
4) Butter in einem Topf mit dickem Boden schmelzen, Maismehl hineinsieben, dabei ständig rühren, damit nichts anbrennt. Nach und nach die Milch dazugeben und unter ständigem Rühren mit einem Schneebesen Gewürze und saure Sahne hinzugeben.
5) Spargel auf den vorgebackenen Boden legen und die Sauce darübergießen. 15 – 20 Minuten bei 190 °C (E) / 175 °C (H) fertig backen. Eventuell 5 – 8 Minuten vor Ende der Backzeit klein geschnittenen Mozzarella über der Quiche verteilen. Vor dem Servieren mit frischer Petersilie garnieren.

Brokkoliquiche

Wer glaubt, Brokkoli sei bei uns ein neues Gemüse, irrt gewaltig. Schon die Römer bauten hierzulande den grünen Bruder des Blumenkohls an.
Das viele Carotin des Brokkolis ist gut für Augen, Haut und Nerven. Sein Vitamin C stärkt die Abwehrkraft, und die Indole und Flavone wirken krebshemmend. Auch die Stiele können Sie mitessen (leicht schälen), sie enthalten reichlich Chlorophyll und abwehrstärkendes Selen. Und wer Milch als Calciumquelle nicht so gut verträgt, kann seinen Calciumbedarf auch mit Brokkoli und Fenchel decken. Laut Ayurveda verstärkt Brokkoli, genau wie alle anderen Kohlarten, Vata. Möhren und saure Sahne dagegen vermehren das Pitta-Dosha.

Für eine Springform (Ø 28 cm)

Für den Kartoffelteig:

500 g Kartoffeln
50 g Butter
1 TL Meersalz
½ TL frisch geriebener Muskat

Butter für die Springform

Für den Belag:

350 g Möhren
500 g Brokkoli
200 g saure Sahne
2 EL Milch
2 – 3 TL Kartoffelstärke oder Wildpfeilwurzelmehl
1 TL Meersalz
½ TL weißer Pfeffer
½ TL Paprikapulver
1 Prise frisch geriebener Muskat
1 EL Kräuter der Provence

So wird's gemacht:

1) Kartoffeln waschen und mit Schale garen.
2) Möhren waschen und in feine Stifte schneiden. Brokkoli waschen, in kleine Röschen teilen, Stiele schälen und fein stiften. Gemüse dünsten, bis es fast gar ist.
3) Die Kartoffeln pellen und durch eine Kartoffelpresse drücken oder zu Brei stampfen. Mit Butter, Salz und Muskat verfeinern.
4) Backofen auf 220 °C (E) / 200 °C (H) vorheizen. Die Springform mit Butter einfetten, den Kartoffelteig in die Form geben und glatt streichen. Dabei einen 3 cm hohen Rand bilden. Den Boden 15 – 20 Minuten vorbacken.
5) Saure Sahne mit Milch, Kartoffelstärke und den Gewürzen verrühren. Gemüse auf dem vorgebackenen Boden verteilen. Mit etwas Salz und Pfeffer bestreuen. Saure-Sahne-Mischung darübergießen und die Quiche 30 – 35 Minuten bei 200 °C (E) / 180 °C (H) goldbraun backen.

Kürbis-Tarte

Herbstzeit ist Kürbiszeit. Kürbis ist eines unserer Lieblingsgemüse, weshalb es ihn bei uns in wirklich allen Variationen gibt. Ob als Suppe, Gemüsegericht, Kuchen, Kürbisbrot, im Kichererbsen-Teigmantel frittiert oder in der Pfanne gebraten – er ist einfach ein perfekter Verwandlungskünstler. Hier präsentiert er sich in einem pikanten Gemüsekuchen.

Kürbis vermehrt Kapha und Pitta. Das macht ihn zu einem optimalen Gemüse für Menschen mit Vata-Dominanz, in Maßen wird er aber auch von Pitta-Typen und gut gewürzt auch von Kapha-Typen vertragen. Er gilt nicht nur als besonders reizarm bei der Behandlung von Bluthochdruck, Herz- und Nierenleiden, sondern neutralisiert auch Säureüberschuss und hilft bei Verstopfung.

Für eine Tarte-Form (Ø 28 – 30 cm)

Für den Mürbteig:

250 g gemahlener Weizen
1 Msp Natron
125 g kalte Butter (reine Pflanzenmargarine)
1 EL Zitronensaft
1 EL Wasser

Für den Belag:

200 g selbst gemachter Frischkäse (aus 1 ½ l Milch) (Lopino oder cremiger Tofu)
Saft einer Zitrone (für den Frischkäse)
850 g Kürbis
½ – 1 TL frisch geriebener Ingwer
3 EL Sojavollmehl
5 – 6 EL Sahne (Wasser)
1 EL Orangensaft
½ TL gemahlener Koriander
¼ TL Kurkuma oder Currypulver
¼ TL weißer Pfeffer
¼ TL Asafoetida (kann auch entfallen)
1 Prise frisch geriebener Muskat
1 TL Meersalz
2 – 3 Tomaten

Zum Beträufeln und Bestreuen:

1 – 2 EL frisch gehackte Kräuter nach Wahl (Basilikum, Oregano, Majoran, Salbei)
eventuell kalt gepresstes Olivenöl

So wird's gemacht:

1) Alle Zutaten für den Mürbteig rasch miteinander verkneten und mindestens 30 Minuten kalt stellen. Eine Tarteform oder Springform einfetten.
2) Frischkäse herstellen. Dafür die Milch in einem Topf aufkochen und nach und nach den Zitronensaft hineinträufeln. Umrühren. Nun trennen sich die Käseflöckchen von der Molke. Ein Sieb mit einem Käsetuch auslegen und die Flüssigkeit hineinschütten. Die Molke auffangen und für Suppen, Brotteig oder Ähnliches verwenden. Das Käsetuch an den Enden zusammenknoten und so lange abhängen lassen, bis etwa 200 g übrig sind.
3) Den Kürbis waschen, schälen, entkernen und in kleine Würfel schneiden. Kürbis mit wenig Wasser und frisch geriebenem Ingwer in einem Topf weich dünsten. Das restliche Wasser abgießen. Es kann für Gemüsesuppe weiterverwendet werden.

4) Den Teig zwischen zwei Frischhaltefolien zu einer runden Platte ausrollen, Frischhaltefolie entfernen und die Form mit dem Teig auskleiden, dabei einen 2 cm hohen Rand bilden. Mit einer Gabel mehrmals einstechen und bei 190 – 200 °C (E) / 175 – 180 °C (H) 10 Minuten vorbacken.
5) Sojamehl mit der Sahne oder dem Wasser und dem Orangensaft in eine Rührschüssel geben und mit dem Handrührgerät verrühren. Kürbis, Frischkäse (Lopino oder cremigen Tofu) und Gewürze dazugeben und zu einer cremigen Paste rühren.
6) Nun das Kürbispüree in den Teigboden füllen. Die Tomaten waschen, in Scheiben schneiden und auf der Füllung verteilen. In weiteren 25 – 30 Minuten fertig backen.
7) Nach dem Backen mit Kräutern bestreuen und nach Wunsch mit etwas Olivenöl beträufeln.

Kürbis-Amarant-Pastete

Amarant, das einstige »Müsli der Inkas«, ist seit einigen Jahren auch in der mitteleuropäischen Küche bekannt. Dabei sind die kleinen Körnchen eigentlich gar kein Getreide, sondern Mitglieder der Fuchsschwanzfamilie.
Gesund ist Amarant allemal, im Fett 75 % herz- und gefäßfreundliche ungesättigte Fettsäuren und reichlich Vitamin C (für die Abwehrkraft) sprechen für sich. Amarant wirkt blutreinigend, leicht harntreibend und wärmend auf den Körper. Er verzögert das Altern und stärkt das Gedächtnis und die Nerven. Nach dem Ayurveda verstärkt Amarant mild das Pitta-Dosha.
Wer clever ist, kann gleich die doppelte Menge an Blätterteig vorbereiten, der Aufwand ist der gleiche. Die andere Hälfte kann dann für gefüllte Teigtaschen oder andere Leckereien verwendet werden oder in kleine Platten ausgerollt im Gefrierfach bis zu drei Monate aufbewahrt werden.

Für eine ovale Auflaufform

Für die Blätterteigpastete:
125 g fein gemahlener Dinkel oder Weizen
1 Prise Meersalz
75 g gekühlte Butter
60 ml eiskaltes Wasser

Butter für die Auflaufform

Für die Füllung:
850 g Kürbis
350 g Möhren
1 EL Butter
2 TL Currypulver
Saft einer halben Orange
5 – 6 EL Amarantkörner
2 TL frisch geriebener Ingwer
abgeriebenene Schale einer unbehandelten Orange
Meersalz
schwarzer Pfeffer
frisch geriebener Muskat
4 EL Vollkorn-Semmelbrösel oder Weizenkleie
200 g saure Sahne
2 – 3 EL Pinienkerne

So wird's gemacht:

1) Den gemahlenen Dinkel für den Blätterteig aussieben. Mit dem Meersalz in einer Schüssel mischen. Butter in vier gleich große Stücke teilen. Ein Viertel der Butter (etwa 20 g) in das Mehl reiben (wenn Sie die doppelte Menge Teig verwenden, sind es 35 – 40 g). Wasser hinzufügen und alles miteinander verkneten. Den Rest der Butter kühl stellen.
2) Teig auf eine leicht bemehlte Fläche legen und kneten, bis er glatt ist. Zu einem Rechteck formen und auf etwa 10 × 15 cm ausrollen (bei der doppelten Menge 12 × 25 cm). Am Ende ein Lineal zu Hilfe nehmen, damit die Ecken rechtwinklig und die Teigränder gerade sind.
3) Ein weiteres Viertel der Butter in dünne Scheiben schneiden und in Reihen auf den oberen zwei Drittel des Teiges verteilen (Ränder dabei freilassen). Nun das untere Drittel des Teiges (ohne Butter) zur Mitte schlagen, dann das obere Drittel ebenfalls zur Mitte schlagen, sodass drei übereinanderliegende Schichten entstehen.

4) Die Ränder mit dem Nudelholz leicht zusammendrücken. Das Teigstück mit der Schmalseite zum Körper drehen. Teig erneut, diesmal ohne Fettzugabe, ausrollen und zusammenfalten.
5) Die Schritte 3 und 4 zweimal wiederholen – jetzt ist die gesamte Buttermenge verbraucht.
6) Teig in Frischhaltefolie einschlagen und mindestens 30 Minuten kalt stellen. Dann wieder ausrollen und wie oben beschrieben, ohne Fettzugabe, zusammenfalten. Der Teig ist jetzt fertig zur Weiterverwendung.
7) Die Hälfte des Teiges zwischen zwei Frischhaltefolien in Größe der Auflaufform ausrollen und den Teig kalt stellen. Den restlichen Teig ausrollen und mit Förmchen kleine Figuren (zum Beispiel Blümchen, Sterne) ausstechen. Ebenfalls kalt stellen.
8) Kürbis waschen, schälen und Kerne entfernen. Kürbis und Möhren in feine Scheiben schneiden. Beides zusammen in einem Topf mit 1 EL Butter, dem Orangensaft und Currypulver zugedeckt weich dünsten.
9) Backofen auf 220 °C (E) / 200 °C (H) vorheizen. Die Auflaufform mit viel Butter einfetten. Mit 1 EL Amarant ausstreuen und die Hälfte des Gemüses in einer Lage hineinlegen. Etwas Ingwer, Orangenschale, Salz, Pfeffer, Muskat und 2 EL Amarant darüberstreuen. Saure Sahne mit Semmelbröseln verrühren und die Hälfte davon darübergießen.
Nun die zweite Hälfte des Gemüses darüberlegen und die letzten Schritte wiederholen. Zum Abschluss noch 2 EL Pinienkerne über die Gemüse-Sahne-Schichten streuen.
10) Den Blätterteigdeckel aus dem Kühlschrank nehmen, die Folie abziehen und den Teig auf die Gemüsemischung legen. Ein Luftloch im Deckel ausstechen. Die mit kaltem Wasser bepinselten kleinen Blätterteigformen als Verzierung auf die Teigschicht drücken.
11) Im vorgeheizten Ofen 30 Minuten goldbraun backen und noch heiß servieren.

Tipp: Je nach Saison können Sie die Gemüsefüllung der Pastete beliebig variieren.

Snacks

Palak-Panir-Puris (Spinat-Käse-Puris) mit Koriander-Chutney

Wenn einer eine Reise tut, dann kann er was erzählen – und auch neue Köstlichkeiten kochen. So erging es auch uns, als uns Saroj und Padmanabha Goswami, Mitglieder einer alten Priesterfamilie des berühmten Radha-Ramana Tempels in Vrindavana, dieses Rezept verrieten. Zu besonderen Anlässen werden dort Fladenbrote nicht nur frittiert (Puris), sondern noch mit einer besonders leckeren Füllung aus frischem Spinat und selbst gemachtem Frischkäse angeboten.
Frittierte Speisen erhöhen sehr stark Pitta und auch Kapha und sind deswegen eher für Vata-Menschen. Reicht man zu Frittiertem jedoch zwei bis drei Esslöffel frisches Koriander-Chutney, so können auch Pitta- und Kapha-Typen Frittiertes bei festlichen Anlässen in Maßen genießen.

Für etwa 10 gefüllte Puris

Für den Teig:
350 g Atta-Mehl oder gemahlener Weizen
250 – 270 g Joghurt
½ TL Salz

Für die Füllung:
selbst gemachter Frischkäse (aus 1 l Milch)
Saft einer halben Zitrone (für den Frischkäse)
1 kg frischer Spinat
½ TL Salz

Zum Beträufeln und Frittieren:
Ghee oder Pflanzenöl

So wird's gemacht:

1) Den gemahlenen Weizen aussieben. Alle Zutaten für den Teig zusammenkneten und mit einem Deckel zugedeckt etwa 30 Minuten ruhen lassen. Der Teig sollte sich geschmeidig weich anfühlen.
2) Den Frischkäse herstellen. Dafür die Milch in einem Topf zum Kochen bringen, den Zitronensaft hineinträufeln lassen und umrühren. Nun trennen sich die Käseflöckchen von der gelblich grün schimmernden Molke. Den Topfinhalt in ein mit einem Käsetuch ausgelegtes Sieb gießen (Molke anderweitig verwenden). Tuch an allen vier Enden verknotet aufhängen und Käse abtropfen lassen.
3) Spinat waschen, große Stiele entfernen, die Blätter hacken und dünsten, bis sie zusammengefallen sind. Den Spinat in ein Sieb geben und etwas ausdrücken, bis die Flüssigkeit abgetropft ist. Nun den trockenen Spinat mit Käse und Salz zu einer homogenen Masse mischen.

4) Ghee in einem Topf, einer Karhai oder einem Wok erhitzen. Teig noch einmal kräftig durchkneten und davon etwa mandarinengroße Teigbällchen abtrennen. Teigbällchen mit der Hand flach drücken, mit etwas flüssigem Ghee beträufeln und jeweils zu einem handtellergroßen Fladen ausrollen.
5) Jeweils 1 – 2 EL der Füllung in die Mitte des Fladens geben, Teigränder zur Mitte hin falten und etwas andrücken, sodass die Füllung unter dem Teig verschwindet. Nun den gefüllten Puri etwas flach drücken oder ganz vorsichtig noch etwas flacher ausrollen und in dem heißen Ghee goldbraun frittieren.

Koriander-Chutney

50 g frische Korianderblätter (ohne Stiele gewogen)
1 EL frisch geriebener Ingwer
1 frische kleine grüne Chilischote
½ TL Kreuzkümmelsamen
3 EL Zitronensaft
1 TL Salz
1 TL Vollrohrzucker
eventuell 100 – 150 g Joghurt oder etwas Wasser

So wird's gemacht:

1) Korianderblätter waschen, trockenschütteln, nur die Blätter verwenden. Ingwer und Chili waschen, schälen oder Stiel entfernen. Kreuzkümmelsamen in einer Pfanne ohne Fett rösten.
2) Alle Zutaten in einem Mörser zu einer flüssigen Paste vermahlen oder in einem Mixer pürieren. Nach Wunsch einige EL Joghurt oder Wasser hinzufügen.
3) Koriander-Chutney vor dem Servieren kalt stellen und noch am selben Tag verbrauchen.

Rahmfladen

Milch macht's möglich. Sie ist nicht nur ein ideales Lebensmittel für Jung und Alt, sondern garantiert nach dem Ayurveda zudem noch Gesundheit und ein langes Leben. Ihre mehreren Hundert Inhaltsstoffe machen sie zu einer wahren Kostbarkeit für Denker und körperlich arbeitende Menschen. Kein anderes Lebensmittel kommt ihr in dieser Hinsicht nahe. Daher setzt der Ayurveda Milch auch bei einer Vielzahl von Krankheiten ein, von Nervenleiden bis zu Verdauungsbeschwerden, vom Haarausfall bis zur allgemeinen Schwäche.
Ihre ganzen Vorzüge behält Milch allerdings nur, wenn sie weder homogenisiert noch ultrahocherhitzt ist, noch aus der Massentierhaltung kommt. Es lohnt sich also, nach Vorzugsmilch von artgerecht gehaltenen Kühen Ausschau zu halten.
Rahmfladen schmecken nicht nur als Pausenleckerbissen zum Mitnehmen, sondern auch als Mittagessen mit Salat. Die saure Sahne vermehrt das Pitta- und das Kapha-Dosha.

Für 4 Fladen

Für den Hefeteig:
20 g frische Hefe
300 ml lauwarme Milch, Buttermilch oder Wasser
500 g gemahlener Weizen
50 g weiche Butter
1 TL Meersalz

Für den Belag:
250 g saure Sahne (Rahm)
½ TL Meersalz
½ TL schwarzer Pfeffer
½ TL Asafoetida
¼ TL Kurkuma
1 EL Edel-Hefeflocken
1 Bund frisches Basilikum oder Kräuter nach Wahl

Fett für die Backbleche

So wird's gemacht:

1) Hefe in der lauwarmen Milch auflösen und mit einigen EL gemahlenem Weizen verrühren. Diesen Vorteig 15 Minuten zugedeckt an einem warmen Ort gehen lassen. Dann das restliche Weizenvollkornmehl, die Butter und das Meersalz kräftig mit dem Vorteig verkneten und erneut abgedeckt etwa 30 Minuten gehen lassen, bis sich das Teigvolumen verdoppelt hat.
2) Zimmertemperierte saure Sahne mit Gewürzen, Edel-Hefeflocken und gewaschenen und klein gehackten Kräutern verrühren.
3) Hefeteig in 4 Teile teilen und auf einer leicht bemehlten Fläche 4 runde Fladen von 3 – 4 mm Stärke ausrollen. Der Rand bleibt dabei etwas stärker.
4) Die Teigplatten auf zwei gefettete Bleche legen und mit einem Küchentuch abgedeckt 20 Minuten gehen lassen. Anschließend den Belag darauf verteilen und bei 200 °C (E) / 180 °C (H) etwa 25 Minuten backen.

Focaccia (Italienisches Fladenbrot)

Typisch italienisch ist dieses Fladenbrot. Bei unseren südlichen Nachbarn gibt es die großen und flachen Fladen (sprich: Fokadscha) in buchstäblich unzähligen Variationen. Einmal werden sie mit ganzen Kräuterbüschelchen aus Thymian, Rosmarin oder Salbei belegt gebacken, ein anderes Mal mit ganzen Oliven und wieder ein anderes Mal ... Lassen Sie sich überraschen.
Rosmarin ist in der italienischen Küche nicht wegzudenken. Und das nicht ohne Grund. Mit seinen ätherischen Ölen, Bitter- und Gerbstoffen, Saponinen und Flavonoiden wirkt er appetitanregend, verdauungsfördernd und antiseptisch. Zudem fördert er die Entwässerung und macht müde Geister wieder munter. Es ist offensichtlich: Rosmarin regt Vata und Pitta an.

Für ein Haushaltsblech

Für den Hefeteig:
250 g Kartoffeln
20 g frische Hefe
250 ml lauwarmes Wasser
450 g gemahlener Weizen
3 EL kalt gepresstes Olivenöl
2 TL Meersalz

Fett für das Backblech

Für den Belag:
3 – 4 Tomaten
etwa 20 Oliven
je 1 TL Rosmarin, Salbei, Thymian nach Belieben
etwas kalt gepresstes Olivenöl
etwas Meersalz

So wird's gemacht:
1) Pellkartoffeln kochen.
2) Hefe in das lauwarme Wasser bröseln und mit einigen EL Weizenmehl verrühren. Zugedeckt an einem warmen Ort 15 Minuten gehen lassen (Vorteig).
3) Lauwarm abgekühlte Kartoffeln schälen und mit einer Gabel zu Brei zerdrücken.
4) Restliches Mehl in eine Schüssel geben und mit Vorteig, Kartoffeln, Olivenöl und Meersalz zu einem Hefeteig kneten. Den Teig an einem warmen Ort zugedeckt 45 Minuten bis 1 Stunde gehen lassen, bis sich sein Volumen verdoppelt hat.
5) Tomaten waschen und in Scheiben schneiden. Oliven gegebenenfalls entsteinen. Hefeteig auf einer leicht bemehlten Arbeitsfläche ausrollen und auf das gefettete Blech legen. Den Teig mehrmals mit einer Gabel einstechen. Mit 9 Tomatenscheiben und den Oliven belegen und zugedeckt nochmals 15 – 20 Minuten gehen lassen.
6) Bei 200 °C (E) / 180 °C (H) etwa 30 Minuten backen. 5 Minuten vor Ende der Backzeit die Kräuter über das Fledenbrot streuen.
7) Nach dem Backen etwas Olivenöl (nach Belieben) über die fertige Focaccia geben und mit ein wenig Meersalz bestreuen. Brot in 9 Stücke teilen.

Tipp: Am besten schmeckt Focaccia noch warm zu Salat serviert.

Sesam-Spinat-Taschen

Nicht erst durch die Comicfigur Popeye wissen wir, dass Spinat gesund ist und kräftigt. Das liegt nicht nur an seinem Eisenreichtum, sondern auch an seinem hohen Folsäureanteil, der eine wichtige Rolle bei der Blutbildung spielt. Und nicht nur das: Neben Mangold und anderen grünen Blattgemüsen wird Spinat auch als krebsvorbeugendes Gemüse empfohlen. Kleine Mengen Spinat sind für alle drei Doshas förderlich, größere Mengen dagegen verstärken Vata und Pitta. Und Sesam wirkt etwas Pitta erhöhend.
Um Zeit zu sparen, machen Sie den Joghurtquark-Butter-Teig am besten schon am Vorabend, da er immerhin 8 bis 10 Stunden Kühlung braucht. Joghurtquark selbst ist einfach gemacht: Hängen Sie einfach Joghurt in einem Käsetuch so lange ab, bis er eine quarkähnliche Konsistenz bekommt.

Für 8 bis 12 Taschen

Für den Joghurtquark-Butter-Teig:
250 g selbst gemachter Joghurtquark
(aus 500 g Joghurt)
(cremig gerührter Tofu)
250 – 280 g fein gemahlener Dinkel
250 g kalte Butter
(reine Pflanzenmargarine)
½ TL Meersalz
¼ TL Natriumhydrogencarbonat
(Natron)

Für die Füllung:
500 g frischer Spinat
2 EL ungeschälter Sesam
1 EL Sesamöl
½ – 1 TL frisch geriebener Ingwer
½ TL Asafoetida
½ TL gemahlener Kreuzkümmel
1 TL gemahlener Koriander
½ TL weißer Pfeffer
½ TL Schabzigerklee
1 TL Meersalz
200 g selbst gemachter Frischkäse
(aus 1½ l Milch)
(Tofu oder Lopino)
Saft einer Zitrone (für den Frischkäse)

Zum Bestreichen und Bestreuen:
etwas Milch (Sojadrink)
etwas ungeschälter Sesam

So wird's gemacht:
1) Joghurt einige Stunden abhängen lassen, bis sich sein Gewicht um die Hälfte reduziert hat (am besten abwiegen).
2) Alle Zutaten für den Joghurtquark-Teig rasch miteinander verkneten und zugedeckt 8 – 10 Stunden kalt stellen. Bei einer kürzeren Kühlzeit kann es passieren, dass die Teigtaschen beim Backen auseinanderlaufen.
3) Spinat waschen und in feine Streifen schneiden. Sesam in einer Pfanne ohne Fett anrösten. Sesamöl in einem Topf erhitzen und geriebenen Ingwer, Asafoetida, Kreuzkümmel und Koriander kurz darin anrösten. Spinat dazugeben und für einige Minuten köcheln lassen, bis er zusammenfällt. Sesam und die restlichen Gewürze dazugeben und zum Abkühlen zur Seite stellen.

4) Den Frischkäse herstellen. Dafür die Milch in einem Topf zum Kochen bringen, den Zitronensaft hineinträufeln und umrühren, damit sich die Käseflöckchen von der gelblich grün schimmernden Molke trennen. Den Topfinhalt in ein mit einem Käsetuch ausgelegtes Sieb gießen, die Molke kann anderweitig weiterverwendet werden. Tuch an allen vier Enden verknotet aufhängen und Käse abtropfen lassen. Den Frischkäse (Tofu oder Lopino) zerbröckeln und unter den abgekühlten Spinat heben. Der Tofu bekommt einen würzigeren Geschmack, wenn Sie ihn zunächst mit etwas Sesamöl und Gewürzen, wie Asafoetida, Paprika und gemahlenem Koriander, anbraten.
5) Teig auf bemehlter Arbeitsfläche zu einem großen Quadrat ausrollen. Mit einem Teigrädchen Quadrate (etwa 12 × 12 cm) ausradeln. Jeweils 2 EL abgekühlte Füllung daraufgeben. Die Ränder mit kaltem Wasser bepinseln. Den Teig zu dreieckigen oder rechteckigen Taschen übereinanderschlagen und an den Rändern gut andrücken, damit die Füllung beim Backen nicht herauslaufen kann.
6) Die Teigtaschen auf ein mit Backpapier ausgelegtes Blech legen, mit etwas Milch (oder Sojadrink) bestreichen und mit Sesam bestreuen. Bei 200 – 220 °C (E) / 180 – 200 °C (H) 20 – 25 Minuten goldbraun backen.

Cashew-Kichererbsen-Taschen mit Spinat

In der Kichererbse steckt wirklich eine Menge drin. In Indien, Südeuropa und Südamerika ist sie nicht vom Speiseplan der Menschen wegzudenken ist. Und das hat seine guten Gründe.
Kichererbsen haben einen hohen Anteil an essentiellen Aminosäuren. Zusammen mit Dinkel, Weizen oder Reis erhält man eine Eiweißkombination von sehr hoher biologischer Wertigkeit. Nach dem Ayurveda wirken Kichererbsen kühlend und trocknend, das heißt, sie verstärken Vata und sind somit für Menschen mit Kapha- und Pitta-Dominanz hervorragend geeignet. Weicht man sie in Wasser ein und kocht sie mit erwärmenden Gewürzen, werden ihre Vata vermehrenden Eigenschaften in hohem Maße wieder ausgeglichen. So liefern Kichererbsen viel Energie und Kraft und beugen Arteriosklerose und Knochenentkalkung vor.
Auch ihr vielseitiger Einsatz in der Küche lässt keine Wünsche offen. In diesem Rezept werden sie zu einer schmackhaften Paste verarbeitet, die zusammen mit den anderen Zutaten als beliebte (tiereiweißfreie) Füllung für Teigtaschen, Pasteten oder als Brotaufstrich verwendet wird. Und das macht sie besonders für Veganer interessant.

Für 8 bis 12 Taschen

Für den Teig:

250 g Tofu
etwa 1 EL Sojadrink
250 – 280 g gemahlener Dinkel
250 g reine Pflanzenmargarine oder kalte Butter
½ TL Meersalz
¼ TL Natriumhydrogencarbonat (Natron)

Für die Füllung:

100 g Kichererbsen
Wasser zum Einweichen und Kochen der Kichererbsen
750 g frischer Spinat
100 g Cashewnüsse
2 – 3 EL kalt gepresstes Olivenöl oder Sesamöl
½ TL schwarze Senfkörner
½ – 1 TL Asafoetida
½ TL Cayennepfeffer oder 1 kleine grüne Chilischote
1 TL gemahlener Koriander
½ TL gemahlener Kreuzkümmel
½ TL Kurkuma oder Currypulver
½ TL schwarzer Pfeffer
2 TL Meersalz
frisches Basilikum nach Belieben

So wird's gemacht:

1) Für die Füllung die Kichererbsen über Nacht in Wasser einweichen. Für den Teig den Tofu mit Sojadrink cremig pürieren, sodass er eine quarkähnliche Konsistenz bekommt.
2) Anschließend alle Zutaten für den Teig rasch zusammenkneten. Diesen Teig zugedeckt am besten über Nacht (oder mindestens 8 – 10 Stunden) kalt stellen.
3) Kichererbsen am nächsten Tag in einem (Schnellkoch-)Topf weich kochen und anschließend im Mixer zu einer Paste pürieren oder durch ein Sieb streichen. Um eine cremige Konsistenz zu erreichen, eventuell ein wenig von dem (Koch-)Wasser dazugeben.

4) Spinat waschen, verlesen und grob hacken. Cashewnüsse in einer trockenen Pfanne anrösten und nach dem Erkalten fein mahlen oder mit dem Messer fein hacken.
5) Pflanzenöl in einem Topf erhitzen und die schwarzen Senfsamen bei geschlossenem Deckel anrösten. Topf von der Flamme nehmen und warten, bis die Senfsamen nicht mehr springen. Nun die restlichen Gewürze (außer dem Salz) hinzufügen, Spinat dazugeben und einige Minuten lang dünsten, bis er zusammenfällt. Kichererbsenpaste, Cashewnüsse, Salz und eventuell frisch gehacktes Basilikum darunter heben und zum Abkühlen zur Seite oder in den Kühlschrank stellen.
6) Teig auf bemehlter Arbeitsplatte ausrollen, Quadrate (etwa 12 × 12 cm) ausradeln, jeweils 1 – 2 EL der kalten Füllung darauf verteilen. Die Ränder mit etwas Wasser bepinseln, aufeinanderlegen und andrücken.
7) Kichererbsentaschen auf ein mit Backpapier belegtes Backblech legen und bei 200 – 220 °C (E) / 180 – 200 °C (H) 25 – 28 Minuten goldbraun backen.

Tipp: Wer möchte, kann den Spinat auch durch anderes Gemüse ersetzen, z. B. gedünstete Möhren, Mangold, Brokkoli oder Blumenkohl.

Möhre im Schlafrock

Gut versteckt ist sie ja schon, die Möhre im Schlafrock. Aber einer genaueren kulinarischen Entdeckungsreise kann sie dennoch nicht verborgen bleiben.
Damit sie allerdings all ihre Pluspunkte auch in punkto Gesundheit entfalten kann, lohnt es sich, nach Möhren aus ökologischem Anbau Ausschau zu halten. Denn Möhren aus konventionellem Anbau schmecken nicht nur weniger gut, sondern besitzen auch viel weniger arzneiliche Inhaltsstoffe. Möhren enthalten viel Beta-Carotin (gut für Augen, Haut und Immunsystem und als Schutz vor Krebs), wertvolle B-Vitamine, die Vitamine C, E und K und dazu ätherische Öle und Mineralien. Nach dem Ayurveda vermehren Möhren das Pitta-Element, reinigen das Blut und stärken die Nieren.

Für etwa 6 Stück

Für den Hefeteig:
400 g gemahlener Dinkel oder Weizen
300 ml lauwarmes Wasser
10 – 20 g frische Hefe
1 EL Walnussöl
1 EL Meersalz

Für die Füllung:
6 mittelgroße Möhren (etwa 500 g)

Zum Bestreichen und Würzen:
Walnussöl
schwarzer Pfeffer
Meersalz
Schabzigerklee
etwas getrockneter Thymian

Zum Bestreuen:
ungeschälter Sesam

Fett für das Backblech

So wird's gemacht:
1) Alle Zutaten für den Hefeteig in eine Schüssel geben und miteinander verkneten. Hefeteig zugedeckt an einem warmen, zugfreien Ort 30 Minuten gehen lassen.
2) Möhren waschen, abbürsten und dünsten, bis sie fast weich sind.
3) Hefeteig noch einmal kräftig durchkneten und in 6 gleich große Stücke teilen. Die Teigstücke zu kleinen Rechtecken ausrollen, mit Walnussöl bepinseln und ein wenig von den Kräutern und Gewürzen darüberstreuen. Je eine Möhre in eine Teigplatte wickeln, den Teig mit lauwarmem Wasser bepinseln und mit Sesam bestreuen.
4) Die Möhrenstangen auf ein gefettetes Backblech legen und mit einem Küchentuch abgedeckt weitere 10 – 15 Minuten gehen lassen.
5) Bei 200 °C (E) / 180 °C (H) 15 – 18 Minuten backen. Bleibt etwas Teig übrig, diesen einfach zu Brezeln oder Brötchen formen, mit Wasser bepinseln, mit Sesam bestreuen und mitbacken.

Tipp: Die noch warmen Möhren im Schlafrock mit einem Curry-Bananen-Dip servieren. Für den Dip eine zerdrückte Banane mit 150 g saurer Sahne, etwas Zitronensaft, Currypulver, schwarzem Pfeffer und Salz verrühren. Fertig!

Pfeffer-Kartoffel-Stangen

Pfeffer hat es in sich. Nach dem Ayurveda regt schwarzer Pfeffer den Appetit und das Verdauungsfeuer Agni an. Auf diese Weise beseitigt er Krankheiten, die durch ein Zuviel an Vata und Kapha verursacht wurden. Insofern ist er auch eine ideale Ergänzung zu Kartoffeln, die alleine genossen im Körper Kälte, Schwere und Trockenheit erzeugen würden. Einmal mehr ein Beispiel dafür, wie die richtige ayurvedische Kombination mit erwärmenden Gewürzen und Zutaten wieder alles in seinen harmonischen Zusammenhang rückt.

Für 30 bis 40 Stangen

Für den Teig:

150 g Kartoffeln
150 g fein gemahlener Dinkel
100 g kalte Butter
(reine Pflanzenmargarine)
1 TL Meersalz
¼ TL Asafoetida
1 Prise frisch geriebener Muskat
¼ TL schwarzer Pfeffer
1 Prise Cayennepfeffer

Zum Bestreichen und Bestreuen:

ungeschälter Sesam
Kümmel
schwarzer Pfeffer
etwas Sahne (Sojadrink, Sojasahne)

Fett für das Backblech

So wird's gemacht:

1) Kartoffeln waschen, mit Schale weich kochen, pellen und durch eine Kartoffelpresse drücken oder mit einer Gabel zerdrücken. Zum Abkühlen zur Seite stellen.
2) Das Mehl mit Butterflöckchen (reiner Pflanzenmargarine), Gewürzen und Kartoffeln zu einem Teig kneten und 30 Minuten kalt stellen. Teig in 4 Teile teilen und daraus Rollen formen. Jede Rolle in 8 – 10 Stücke schneiden und diese Stücke zu kleinen Stangen rollen.
3) Sesam und Kümmel zum Bestreuen in der Pfanne ohne Fett leicht anrösten und mit etwas frisch gemahlenem schwarzen Pfeffer mischen. Stangen mit Sahne bestreichen und in der Gewürzmischung wälzen.
4) Auf einem gefetteten Backblech bei 190 °C (E) / 175 °C (H) 15 Minuten backen. Dann 5 Minuten auf dem Blech abkühlen lassen.

Tipp: Wer Abwechslung liebt, kann, statt Stangen zu formen, auch Förmchen ausstechen.

Fenchel-Käse-Schnecken

So unwiderstehlich kann Herzhaftes aus dem Backofen sein. Kein Wunder, denn Fenchel ist ein Powergemüse: Er besitzt doppelt so viel Vitamin C wie Orangen, reichlich B-Vitamine, Kalium, Calcium, Phosphor und nahezu den höchsten Eisengehalt unter allen Gemüsen. Auch sein Gehalt an ätherischen Ölen schlägt fast alle Gemüserekorde. Fenchel regt die Durchblutung des Verdauungstrakts und der Atmungsorgane an und hilft bei Erkältungen und Husten. Er stimuliert die Leber- und Nierentätigkeit und beruhigt einen nervösen Magen. Im Winter kann er – roh als Salat verwendet – teure Treibhaussalate ersetzen.

Für etwa 25 Schnecken

Für den Hefeteig:

400 g fein gemahlener Dinkel oder Weizen
250 ml lauwarmes Wasser
20 g frische Hefe
4 EL Walnussöl
1½ TL Meersalz

Für die Füllung:

300 g Kartoffeln
selbst gemachter Frischkäse (aus 2 l Milch)
Saft einer Zitrone (für den Frischkäse)
1 frischer Fenchel (etwa 300 g)
2 EL Ghee oder Sonnenblumenöl
1 TL Asafoetida
¼ TL Cayennepfeffer
½ TL Kurkuma
½ TL gemahlener Koriander
1 TL frisch geriebener Ingwer
1 TL Meersalz
½ TL weißer Pfeffer
1 Prise frisch geriebener Muskat
4 – 5 EL Joghurt

Zum Bestreuen:

ungeschälter Sesam oder Kümmel

Fett für das Backblech

So wird's gemacht:

1) Alle Teigzutaten zu einem Hefeteig kneten und zugedeckt 40 Minuten bis 1 Stunde an einem warmen Ort gehen lassen, bis sich sein Volumen verdoppelt hat.
2) Kartoffeln mit Schale weich kochen.
3) Frischkäse aus 2 l Milch zubereiten. Dafür die Milch in einem Topf zum Kochen bringen, den Zitronensaft hineinträufeln und umrühren, damit sich die Käseflöckchen von der gelblich grün schimmernden Molke trennen. Den Topfinhalt in ein mit einem Käsetuch ausgelegtes Sieb gießen, die Molke kann anderweitig weiterverwendet werden. Tuch an allen vier Enden verknotet aufhängen und Käse abtropfen lassen.
4) Fenchel waschen, von den holzigen Stielen befreien, in dünne Scheiben und diese in sehr kleine Würfel schneiden.
5) Ghee oder Pflanzenöl in einer Pfanne erhitzen und Asafoetida, Cayennepfeffer, Kurkuma und Koriander kurz darin anrösten. Sofort den geriebenen Ingwer und den Fenchel dazugeben und rösten, bis die Fenchelwürfelchen weich sind. Pfanne von der Herdplatte nehmen und abkühlen lassen.

6) Kartoffeln pellen und durch eine Kartoffelpresse drücken oder mit einer Gabel zerdrücken. Den abgetropften Frischkäse zerbröckeln, mit der Kartoffelpaste und Salz, Pfeffer, Muskat und Joghurt unter den Fenchel mischen.
7) Hefeteig noch einmal kräftig durchkneten und auf einer leicht bemehlten Fläche zu einem Rechteck ausrollen. Füllung auf der Teigplatte verteilen und zu einer Rolle aufrollen.
8) 25 Scheiben von der Rolle abschneiden und auf ein gefettetes Backblech legen, mit lauwarmem Wasser bepinseln und mit Sesam oder Kümmel bestreuen.
9) Die Schnecken nochmals zugedeckt 15 – 20 Min gehen lassen und anschließend bei 200 °C (E) / 180 °C (H) 25 – 30 Minuten backen.

Tipp: Ofenfrisch schmecken diese würzigen Gemüseschnecken am allerbesten!

Pizza

Eigentlich ist die Pizza gar nicht in Italien entstanden, sondern in den europäischen Restaurants italienischer Auswanderer. Doch selbst das Mutterland stört dies nicht, Hauptsache sie schmeckt.

Unverzichtbarer Bestandteil jeder Pizza sind natürlich die Tomaten. Auch sie sind Auswanderer, die man inzwischen auf der ganzen Welt kennt: Sie stammen aus Südamerika. Sind sie auf guter Erde gewachsen (und nicht in einer Nährlösung) und haben die Sonne lange genug gesehen, dann sind sie randvoll mit Carotinoiden, B-Vitaminen und den Vitaminen C und E. Eine Vielzahl an Mineralien, die Spurenelemente Kobalt, Zink und Nickel, natürliche Hormone, ätherische Öle und organische Säuren geben der Tomate ein ganzes Spektrum an arzneilichen Wirkungen. Nach dem Ayurveda vermehren Tomaten das Pitta-Element. Sie regen Verdauung, Abwehr und Blutbildung an, helfen der Leber und lockern bei Erkältungskrankheiten und Bronchitis zähen Schleim. Und sie bringen sogar eine angeschlagene oder gestresste Psyche wieder auf Vordermann.

Für ein Haushaltsblech

Für den Joghurtquark-Öl-Teig:

200 g selbst gemachter Joghurtquark (aus 400 g Joghurt)
125 ml kalt gepresstes Olivenöl
90 ml Wasser
1 TL Meersalz
400 g fein gemahlener Weizen oder Dinkel
5 TL selbst gemachtes Backpulver aus:
1 TL Natriumhydrogencarbonat (Natron)
2 TL Wildpfeilwurzelmehl oder Maisstärke
2 TL Ascorbinsäure (Vitamin-C-Pulver)
(= 1 Päckchen herkömmliches Backpulver, siehe Seite 44)

Für den Belag:

selbst gemachter Frischkäse (aus 2 l Milch)
Saft einer Zitrone (für den Frischkäse)
8 mittelgroße Tomaten (etwa 850 g)
3 EL kalt gepresstes Olivenöl
½ TL Asafoetida
1 – 2 TL frisch geriebener Ingwer
¼ TL Cayennepfeffer
½ TL schwarzer Pfeffer
1 TL Thymian
1 TL Majoran
1 TL Basilikum
1 TL Meersalz
1 kleine Aubergine (etwa 350 g)
1 kleiner Zucchino (etwa 230 g)
1 kleine gelbe Paprika (etwa 140 g)
100 g Oliven

Zum Bestreichen und Bestreuen:

6 EL frisch gehacktes Basilikum
etwas kalt gepresstes Olivenöl

Zum Frittieren und für das Backblech:

etwas Ghee (Pflanzenöl)

So wird's gemacht:

1) Für den Joghurtquark den Joghurt in einem Käsetuch abhängen lassen (3 – 5 Stunden), bis er sein Gewicht um die Hälfte reduziert hat.
2) Frischkäse aus 2 l Milch herstellen. Dafür die Milch in einem Topf zum Kochen bringen, den Zitronensaft hineinträufeln und umrühren, damit sich die Käseflöckchen von der Molke trennen. Den Topfinhalt in ein mit einem Käsetuch ausgelegtes Sieb gießen, die Molke kann anderweitig weiterverwendet werden. Tuch an allen vier Enden verknotet aufhängen und den Käse abtropfen lassen.
3) Tomaten blanchieren, enthäuten und klein schneiden.
4) In einem Topf 2 EL Olivenöl erhitzen und Asafoetida für einige Sekunden anrösten, nun den Ingwer hinzufügen und nach einigen Sekunden die Tomaten. Restliche Gewürze (außer Salz) hinzugeben und alles auf kleiner Flamme köcheln lassen, bis die Tomatensauce genügend eingedickt ist. Zum Schluss das Salz zugeben.
5) Joghurtquark mit Olivenöl, Wasser und Salz in einer Rührschüssel (mit dem Knethaken des Handrührgeräts) zu einer cremigen Masse rühren. Nach und nach Mehl hinzugeben. Unter das letzte Drittel des Mehles das Backpulver mischen und mit der Hand zu einem elastischen Teig kneten.
6) Backofen auf 200 – 220 °C (E) / 180 – 200 °C (H) vorheizen. Backblech mit Olivenöl einfetten. Teigkugel erneut kurz auf der Arbeitsfläche kneten und ausrollen. Den Teigfladen dünn auf dem Blech ausbreiten und dabei einen kleinen Rand bilden. Teigboden 15 Minuten vorbacken.
7) Aubergine in kleine Würfel schneiden und in Ghee oder Pflanzenöl frittieren. Zucchino raspeln, Paprika in feine Ringe schneiden und Oliven halbieren.
8) Vorgebackenen Teigboden mit Tomatensauce bestreichen und mit dem Gemüse belegen. Den Käse aus dem Käsetuch nehmen, mit 1 EL Olivenöl verkneten und auf der Pizza verteilen. Mit frischem Basilikum bestreuen und mit etwas Olivenöl beträufeln. Pizza 35 – 40 Minuten goldbraun backen.

Tipp: Wer Pizza lieber mit einem Vollkorn-Hefeteigboden backen möchte, findet die Mengenangaben für den Teig im Rezept Pizzaschnecken (siehe Seite 134).

Pizzaschnecken

Pizzaschnecken sind der Renner bei Jung und Alt, bei Partys, beim Picknick, auf Reisen, im Büro oder zu Hause.
Und was wären Pizzaschnecken ohne Oliven und Olivenöl? Die kleinen grünen oder schwarzen Oliven schmecken nicht nur gut, sondern haben es auch in gesundheitlicher Hinsicht in sich: 13 % Fett, Beta-Carotin, B-Vitamine und reichlich Vitamin C, viele Mineralien, Oleosid und cholinähnliche Substanzen, die Leber- und Galleschutzwirkung besitzen. Nach dem Ayurveda verstärkt Olivenöl Kapha und Pitta.
Am besten schmecken Pizzaschnecken natürlich frisch aus dem Backofen mit knackigen Salaten und einer Gemüsesuppe. Doch selbst kalt werden sie einem aus den Händen gerissen.

Für 18 Pizzaschnecken

Für den Teig:

500 g fein gemahlener Weizen
20 g frische Hefe
275 ml lauwarmes Wasser
6 EL kalt gepresstes Olivenöl
1 ½ TL Meersalz

Für die Füllung:

selbst gemachter Frischkäse (aus 2 l Milch)
Saft einer Zitrone (für den Frischkäse)
5 mittelgroße Tomaten (etwa 500 g)
4 EL kalt gepresstes Olivenöl
½ TL Asafoetida
1 TL frisch geriebener Ingwer
½ TL schwarzer Pfeffer
1 TL Thymian
1 EL getrocknetes Basilikum
1 kleiner Zweig frischer Rosmarin
½ TL Meersalz
100 g schwarze Oliven
240 g eingelegte Artischockenherzen (Abtropfgewicht)
1 – 2 EL Kapern in Olivenöl
3 EL frisch gehacktes Basilikum

Zum Beträufeln und Bestreuen:

etwas kalt gepresstes Olivenöl
Thymian

So wird's gemacht:

1) Das Mehl in eine Schüssel geben. Hefe mit lauwarmem Wasser verrühren und unter das Mehl kneten. Zugedeckt etwa 15 Minuten stehen lassen. Nun das Olivenöl und das Salz unter den Vorteig kneten. Den Teig kräftig kneten, bis er sich von der Schüssel löst. Den Teig zugedeckt an einem warmen Ort 30 – 40 Minuten gehen lassen.
2) Den Frischkäse herstellen. Dafür die Milch in einem Topf zum Kochen bringen, den Zitronensaft hineinträufeln und umrühren, damit sich die Käseflöckchen von der Molke trennen. Den Topfinhalt in ein mit einem Käsetuch ausgelegtes Sieb gießen, die Molke kann anderweitig weiterverwendet werden. Tuch an allen vier Enden verknoten und den Frischkäse abtropfen lassen.

3) Tomaten waschen und in kochendem Wasser einige Minuten lang blanchieren. Anschließend enthäuten und in kleine Stücke schneiden. 1 – 2 EL Olivenöl im Topf erhitzen, Asafoetida einige Sekunden anrösten. Ingwer und nach einigen Sekunden auch die Tomaten, die restlichen Gewürze und die Trockenkräuter dazugeben. Die Tomatensauce bei mittlerer Hitze köcheln lassen, bis sie etwas eingedickt und die Flüssigkeit verdampft ist. Tomatensauce lauwarm abkühlen lassen.
4) Oliven halbieren. Artischocken klein schneiden. Den abgehangenen Frischkäse in eine Schüssel geben und mit 1 – 2 EL Olivenöl zu einer geschmeidigen Masse kneten. Backblech großzügig mit Olivenöl einfetten.
5) Hefeteig noch einmal kräftig durchkneten. Arbeitsfläche mit Olivenöl einfetten und Teig zu einem Rechteck von etwa 30 × 50 cm ausrollen. Backofen auf 250 °C (E) / 210 °C (H) vorheizen. Die Teigplatte mit etwas Olivenöl bestreichen und die Tomatensauce darauf verteilen (die Ränder etwa 3 cm breit frei lassen). Oliven, Kapern, Artischocken, fein gehacktes Basilikum und Käse gleichmäßig darauf verteilen. Nun den belegten Teigboden von der Längsseite her aufrollen.
6) Teigrolle in 18 Scheiben schneiden, diese auf das gefettete Backblech legen und 20 – 25 Minuten backen. Nach dem Backen mit etwas Olivenöl beträufeln und mit Thymian bestreuen.

Calzone (Pizzataschen)

Gemüse in einer essbaren Verpackung? Die italienische Calzone macht's möglich. Ob unterwegs, im Büro oder zu Hause, Calzone schmeckt immer gut.
Ihr Inhalt lässt sich nicht lumpen: Auberginen besitzen nach dem Ayurveda blutbildende, entwässernde und entzündungshemmende Eigenschaften. Außerdem fördern sie die Verdauung, verflüssigen zähen Schleim bei chronischem Asthma und Bronchitis und werden allen leber-, nieren- und zuckerkranken Menschen empfohlen. Ihre Bitterstoffe und ätherischen Öle erfrischen müde Geister und stärken die Nerven.

Für 12 Pizzataschen

Für den Hefeteig:

500 g gemahlener Dinkel oder Weizen
250 – 275 ml lauwarmes Wasser
20 g frische Hefe
6 EL kalt gepresstes Olivenöl
1 ½ TL Meersalz

Für die Füllung:

250 g Zucchini
250 g Auberginen
150 g rote Paprika
125 g Mozzarella
oder selbst gemachter Frischkäse (siehe Seite 156) (Tofu)
4 EL kalt gepresstes Olivenöl
½ TL Asafoetida
1 TL Meersalz
¼ TL schwarzer Pfeffer
1 – 2 EL frisches Basilikum
oder 1 – 2 TL getrocknetes Basilikum
1 TL Thymian
½ TL Oregano
1 EL Kapern in Olivenöl
100 g schwarze Oliven

Fett für das Backblech

So wird's gemacht:

1) Alle Zutaten für den Teig verkneten und zugedeckt 30 – 40 Minuten an einem warmen Ort gehen lassen.
2) In der Zwischenzeit die Füllung zubereiten. Dazu Gemüse waschen und in kleine Würfel schneiden. Mozzarella oder Frischkäse (Herstellung siehe Seite 156) oder Tofu in kleine Würfel schneiden. Olivenöl in einer Pfanne erhitzen und Asafoetida kurz darin rösten, dann das Gemüse (und eventuell die Tofuwürfel) darin anbraten. Meersalz, Pfeffer, Kräuter, Kapern und klein gehackte Oliven dazugeben. Wenn das Gemüse gar ist, von der Herdplatte nehmen und abkühlen lassen.
3) Den Hefeteig noch einmal kräftig durchkneten und in 12 gleich große Teile schneiden. Die Teile zu runden Fladen ausrollen und jeweils 2 EL Füllung und etwas Mozzarella in die Mitte geben. Nun jeden Fladen zu einem Halbmond über die Füllung zusammenklappen. Ränder fest andrücken und mit den Spitzen einer Gabel eindrücken, sodass ein schönes Muster entsteht.
4) Pizzataschen auf ein gefettetes Backblech legen. 5 – 10 Minuten gehen lassen und bei 200 °C (E) / 180 °C (H) 25 – 30 Minuten backen.

Olivenschnecken

Wer hätte das gedacht? Bis zu zweitausend Jahre alt kann ein Olivenbaum werden. Langsam wächst er heran und erst im Alter von etwa dreißig Jahren bringt er den vollen Ertrag von etwa siebzig Kilogramm Oliven im Jahr.
Alles, was der Olivenbaum uns schenkt, ist heilbringend: die schmackhaften Oliven, das cholesterin- und blutdrucksenkende Olivenöl – welches nicht nur in der Küche, sondern auch für Naturmedizin und -kosmetik verwendet wird – sowie das Holz als Schnitz- und Drechslerholz. Und als besonderes Geschenk der Natur hat Dr. Edward Bach die Olivenblüte als eine der 38 heilkräftigen Blüten entdeckt, die all denen hilft, die sowohl körperlich als auch geistig restlos erschöpft sind.

Für 20 bis 24 Schnecken

Für den Hefeteig:

10 g frische Hefe
200 ml lauwarmes Wasser
300 g gemahlener Dinkel
1 TL Meersalz
4 EL kalt gepresstes Olivenöl

Für die Füllung:

250 g selbst gemachter Joghurtquark (aus 500 g Joghurt) (cremig pürierter Tofu)
150 g Oliven
100 g Mandeln
2 EL Olivenöl
1 TL Thymian
2 TL getrocknetes Basilikum oder 1 Bund frisch gehacktes Basilikum
1 TL Meersalz
½ TL weißer Pfeffer
1 TL Asafoetida

Fett für das Backblech

So wird's gemacht:

1) Joghurt in einem Käsetuch einige Stunden lang abhängen, bis sich sein Gewicht auf die Hälfte reduziert hat (Joghurtquark abwiegen).
2) Hefe im lauwarmen Wasser auflösen und mit einigen EL Dinkelmehl verrühren. Diesen Vorteig zugedeckt 15 Minuten lang gehen lassen.
3) Den restlichen gemahlenen Dinkel in eine Schüssel geben. In die Mitte eine Mulde drücken. Meersalz und Olivenöl am äußeren Rand verteilen. Vorteig in die Mulde gießen und alles so lange geschmeidig kneten, bis der Teig nicht mehr klebt. Schüsselinneres leicht mit Mehl bestäuben. Hefeteig darin zugedeckt etwa 40 Minuten bis 1 Stunde gehen lassen, bis sich sein Volumen verdoppelt hat.
4) Oliven entsteinen und fein hacken, Mandeln ebenfalls hacken und beides mit den restlichen Zutaten für die Füllung verrühren.
5) Den Hefeteig 40 × 40 cm groß ausrollen. Mandel-Oliven-Masse daraufstreichen. Einen Rand von 2 cm Breite frei lassen. Den Teig fest aufrollen und mit einem scharfen Messer in 20 – 24 Scheiben schneiden.
6) Schnecken auf ein gefettetes Backblech legen und nochmals 15 – 20 Minuten zugedeckt gehen lassen. Bei 200 °C (E) / 180 °C (H) 25 – 30 Minuten backen.

Samosa (Gefüllte Gemüsetaschen)

Wenn man Sie nach dem beliebtesten indischen Snack fragt, sagen Sie einfach: Samosa. Samosas kennt man in Indien überall, mit vielen verschiedenen Füllungen. Kosten Sie selbst eine dieser Gemüsetaschen, dann werden Sie sofort wissen, warum man in jedem Bazar Indiens Samosa-Imbissstände findet.

Unter allen Kohlarten ist der Blumenkohl die zarteste und bekömmlichste. Er enthält Beta-Carotin, B-Vitamine und Vitamin C und neben etlichen Mineralien auch so seltene Spurenelemente wie Zink, Kupfer, Jod und Fluor. Nach dem Ayurveda verstärkt Blumenkohl das Vata-Element. Er ist ein guter Blutreiniger und hilft bei Asthma, Nieren- und Blasenleiden.

Erbsen kennt man schon lange in unserer Küche. Sie haben einen hohen Gehalt an B-Vitaminen, Beta-Carotin, den Vitaminen C und E und sind selbst für Magenkranke leicht bekömmlich. Nach dem Ayurveda vermehren die »grünen Perlen« ebenfalls Vata, sind also ideal für Kapha- und Pitta-Typen. Bei gut gewürzten frischen Erbsen können jedoch auch Vata-Menschen zugreifen.

Für 24 Gemüsetaschen

Für den Teig:

300 g fein gemahlener Weizen
½ TL Salz
6 TL Ghee oder Butter (Pflanzenöl)
175 ml Wasser

Für die Füllung:

1 kleiner Blumenkohl (etwa 450 g)
300 g frische oder tiefgefrorene Erbsen (Bruttogewicht bei ungeschälten Erbsen: etwa 600 g)
½ TL Vollrohrzucker
½ TL Kreuzkümmelsamen
1 TL Koriandersamensamen
½ TL Fenchelsamen
3 Gewürznelken
eine Zimtstange (etwa 2 cm lang) oder ½ TL Zimtpulver
2 EL Ghee (Pflanzenöl)
½ TL Asafoetida
½ TL Kurkuma
2 TL frisch geriebener Ingwer
1 TL Salz

Zum Frittieren oder zum Bepinseln und für das Backblech:

Ghee (Pflanzenöl)

So wird's gemacht:

1) Den gemahlenen Weizen aussieben und mit Salz mischen. Das Fett mit dem Mehl zwischen den Fingerspitzen zu Krümeln verreiben. Nach und nach Wasser dazugießen und alles zu einem elastisch weichen Teig kneten. Teigkugel in einer Schüssel zugedeckt 30 Minuten ruhen lassen.
2) Blumenkohl in kleine Röschen teilen, waschen und in etwas Wasser dünsten. Frische Erbsen schälen (oder gefrorene Erbsen auftauen) und in etwas Wasser mit Vollrohrzucker dünsten.
3) Kreuzkümmel, Koriander, Fenchel, Nelken und zerkleinerte Zimtstange in einer Pfanne trocken rösten, bis sie eine leichte Tönung annehmen, und anschließend im Mörser zu feinem Pulver zerstoßen oder in der Kaffeemühle fein mahlen. (Oder Gewürzpulver anrösten, wenn Sie Pulver

statt ganzer Gewürze verwenden. Falls Sie Zimtpulver verwenden, dieses nicht anrösten.)

4) Ghee oder Pflanzenöl in der Pfanne zerlassen und Asafoetida und Ingwer darin anrösten. Sodann den gekochten und abgetropften Blumenkohl, die Erbsen mit Kurkuma, die Gewürzmischung und das Salz dazugeben und unter ständigem Rühren 2 – 3 Minuten anbraten. Füllung zum Abkühlen auf die Seite stellen und in 24 Portionen teilen.

5) Teig noch einmal kräftig durchkneten, zu einer Rolle von 30 cm Länge formen, in 12 Stücke teilen und daraus Bällchen formen. Teigbällchen so auf eine Platte oder ein Blech legen, dass sie sich gegenseitig nicht berühren, und mit einem feuchten Tuch abdecken. Eine Tasse mit etwas Wasser, ein scharfes Messer und ein Nudelholz bereitlegen.

6) Einen Teigball auf der Arbeitsfläche zu einem Fladen von etwa 15 cm Durchmesser (ohne Mehl) ausrollen. Fladen mit dem Messer halbieren, den Rand der Schnittfläche mit den Fingerspitzen befeuchten. Den halbkreisförmigen Fladen in die Hand nehmen und die beiden Enden der geraden Seite so übereinanderklappen, dass der Halbkreis die Form eines Kegels erhält. Dabei die trockene Seite auf die befeuchtete Seite pressen, damit die Kante gut verschlossen ist. Zwei Drittel des Kegels mit Gemüse füllen, den entstehenden Saum plisseeartig fälteln oder zusammendrücken (eventuell durch Andrücken einer Gabel verzieren). Den Samosa auf ein gefettetes Backblech legen und kühl stellen. Mit dem restlichen Teig ebenso verfahren.

7) *Wenn Sie die Samosas frittieren möchten:* In einer Karhai, einem Wok oder einem flachen Topf mit schwerem Boden Ghee oder Pflanzenöl erhitzen und die Samosas 4 – 5 Minuten frittieren, bis sie gar sind.

Falls Sie die Backmethode vorziehen: Samosas auf ein gefettetes Backblech legen und im vorgeheizten Backofen bei 200 °C (E) / 180 °C (H) 18 – 20 Minuten goldbraun backen. Damit die Samosas beim Backen nicht austrocknen, vor und nach dem Backen mit etwas Ghee (Pflanzenöl) bepinseln.

Variationen:

Frischkäse-Samosa

Der Füllung selbst gemachten Frischkäse aus 1 – 2 l Milch (siehe Seite 156) hinzufügen.

Kartoffel-Samosa

Der Füllung eine gekochte und zerdrückte Kartoffel hinzufügen.

Gemüsespieße im Teigmantel

Frittiertes vermehrt Pitta und Kapha sehr. Eine Wirkung, die der Ayurveda mit bestimmten Gewürzen sowie mit frischem Koriander-Chutney (siehe Seite 121) ausgleicht. Kreuzkümmel beispielsweise wirkt appetitanregend, aromatisch, entgiftend und unterstützt das Verdauungsfeuer. Doch das ist noch lange nicht alles. Kreuzkümmel stärkt die Gewebe, senkt Fieber und hilft bei Mittelohrentzündung und Krankheiten, die durch zu viel Vata erzeugt wurden. Auch Koriander darf in der Ayurveda-Medizin nicht fehlen: Er fördert zwar das Verdauungsfeuer, aber nicht Pitta. Aus diesem Grund regt er nicht nur den Appetit an, sondern stillt auch Durst und hilft beim Entwässern und bei Fieber.

Für etwa 12 Spieße

Zum Aufspießen:

250 g selbst gemachter gepresster Frischkäse (aus 2 l Milch) oder Tofu
Saft von 1 – 2 Zitronen (für den Frischkäse)
700 g Gemüse (z. B. Zucchini, Paprika, Kürbis, Blumenkohl, Kartoffeln, Tomaten)

Für den Teigmantel:

250 g Kichererbsenmehl oder Channa Dal
½ TL Cayennepfeffer
2 TL gemahlener Koriander
2 TL gemahlener Kreuzkümmel
2 TL Kurkuma
½ TL Asafoetida
2 TL Meersalz
3 EL ungeschälter Sesam
¼ TL Natron
300 ml Wasser (bei selbst gemahlenem Channa Dal sind eventuell 320 ml nötig)

Zum Frittieren:

Ghee oder Pflanzenöl

So wird's gemacht:

1) Wenn Sie Ihr Kichererbsenmehl selbst herstellen wollen, den Channa Dal in einer trockenen, fettfreien Pfanne rösten, bis ein nussartiger Geruch entströmt. Die abgekühlten, kleinen, gespaltenen Kichererbsen in der Getreidemühle staubfein mahlen.
2) Frischkäse herstellen. Dafür die Milch in einem Topf zum Kochen bringen, den Zitronensaft hineinträufeln und umrühren, damit sich die Käseflöckchen von der Molke trennen. Den Topfinhalt in ein mit einem Käsetuch ausgelegtes Sieb gießen, die Molke kann anderweitig weiterverwendet werden. Tuch an allen vier Enden verknotet aufhängen und Käse 2 – 3 Minuten abtropfen lassen. Den Käse mit dem Tuch anschließend in ein Sieb legen, darauf ein Gewicht (z. B. einen mit Wasser gefüllten Topf) legen und den Käse pressen, bis er schnittfest ist.
3) Frischkäse oder Tofu würfeln.
4) Das Gemüse waschen, putzen, in kleine Stücke schneiden und im Wechsel mit Käse- oder Tofustückchen auf Spieße stecken.

5) Kichererbsenmehl mit Gewürzen, Salz und Natron in eine Rührschüssel geben und mit Wasser zu einem dickflüssigen Pfannkuchenteig verrühren. Wenn der Teig nach einiger Zeit etwas zu dick geworden sein sollte – das kommt vor allem bei Verwendung von selbst gemahlenem Dal vor – noch ein wenig Wasser hinzufügen.

6) Nun die Spieße in den Kichererbsenmehlteig tauchen und in heißem Ghee oder Pflanzenöl goldbraun frittieren. Anschließend abtropfen lassen und auf ein Küchenkrepp legen.

Tipp: Das klein geschnittene Gemüse können Sie auch einzeln (ohne Holzspießchen) im Teigmantel frittieren. In Indien heißen diese frittierten Gemüsekrapfen Pakoras.

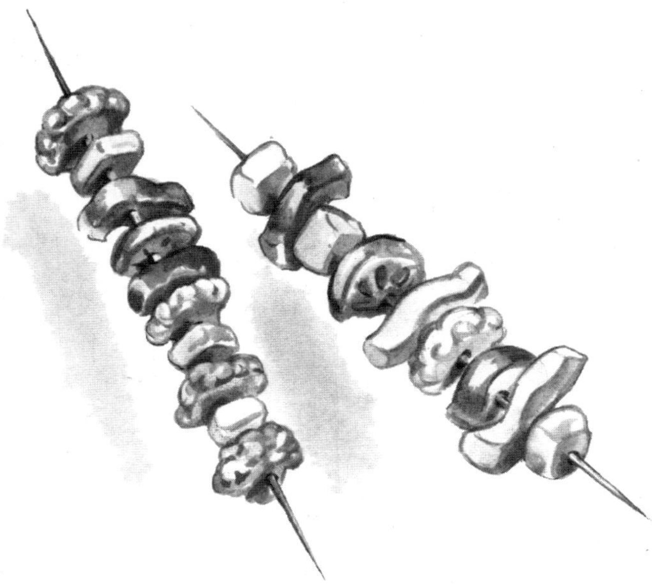

Khandvi (Indische Joghurtschnecken)

Wenn es schnell gehen muss: Indische Joghurtschnecken machen's möglich – sie gehen fix und das sogar ohne Backofen. Für die heißen Sommermonate sind Joghurtschnecken genau das Richtige, denn Joghurt regt die im Sommer ohnehin etwas verhaltene Verdauungstätigkeit im Magen an, kühlt jedoch gleichzeitig den restlichen Körper. Und nicht nur das. Joghurt hilft dem Darm bei der Nährstoffaufnahme und tötet zudem unerwünschte Bakterien ab. Seine medizinische Wirkung kann Joghurt allerdings nur dann entfalten, wenn er weder homogenisiert noch hocherhitzt wurde. Achten Sie außerdem darauf, dass er rechtsdrehende Milchsäurebakterien enthält; sie fördern die Gesundheit.

Servieren Sie die Joghurtschnecken bei Ihrer nächsten Sommerparty doch einmal mit frischen Salaten, Kokosnuss-Chutney (siehe Seite 145) und gegrillten Zucchini.

Für etwa 16 kleine Schnecken

Für den Teig:

100 g Kichererbsenmehl
¾ TL Kurkuma
2 TL Salz
2 frische grüne Chilisschoten
1 EL frisch geriebener Ingwer
750 g Joghurt

Zum Würzen und Bestreuen:

1 – 2 EL Ghee
1 ½ TL schwarze Senfkörner
½ TL Asafoetida
4 TL Kokosflocken
3 EL fein gehackte frische Korianderblätter, Petersilie oder Basilikum

So wird's gemacht:

1) Kichererbsenmehl in eine Schüssel sieben und mit Kurkuma und Salz mischen. Chilis waschen, entkernen und klein schneiden. Chilis, Ingwer und Joghurt zu der Mehlmischung geben und einen glatten Teig rühren.
2) Die flüssige Teigmasse in einen Topf füllen und unter ständigem Rühren mit einem Schneebesen zum Kochen bringen. Auf kleinerer Flamme etwa 10 Minuten köcheln lassen, bis die Mischung eindickt und sich von den Seiten des Topfes löst. Gut umrühren, damit sich keine Klümpchen bilden und der Teig nicht anbrennt.
3) Rasch die eingedickte Teigmasse mit einem Metallteigschaber möglichst dünn und gleichmäßig auf einer großen Platte oder einem Blech zu einem großen Rechteck (etwa 25 × 45 cm) ausstreichen. Keine Zeit verlieren, da die Masse schnell fest wird!
4) Nach nur wenigen Minuten ist die Masse fest geworden. Nun das Rechteck in Streifen (etwa 2,5 × 25 cm) schneiden. Dann jeden Streifen zu einer Schnecke aufrollen und auf eine Servierplatte legen.

5) Ghee in einem Topf erhitzen, die Senfkörner bei geschlossenem Deckel darin rösten, bis die Samen zu springen beginnen. Topf von der Flamme nehmen und warten, bis sich die Senfsamen beruhigt haben. Topf wieder auf die Flamme stellen, zuerst Asafoetida und nach einigen Sekunden die Kokosflocken hinzugeben, alles etwa 1 Minute unter Rühren rösten. Anschließend Gewürzmischung mit einem Teelöffel auf den Schnecken verteilen und die gehackten frischen Korianderblätter darüberstreuen.

6) Joghurtschnecken warm oder auf Zimmertemperatur abgekühlt servieren.

Dosa (Südindische Pfannkuchen) mit Kokosnuss-Chutney

Was Pasta für den Italiener sind, das sind Dosas für den Südinder. Vom Frühstück bis zum späten Abendessen, die dünnen Knusperpfannkuchen aus Reis und Urad Dal (einer Linsenart) sind dort überall gern gesehen – und werden gern gegessen.
Dünn mögen sie ja sein, doch Dosas haben es dennoch in sich. Reis enthält neben allen essentiellen Aminosäuren viele Mineralstoffe, dazu Spurenelemente und Kohlenhydrate. Auch mit Vitamin A, Vitaminen des B-Komplexes, Niacin und Pantothensäure geizt er nicht – allerdings nur, wenn es sich um unpolierten Naturreis handelt. Zusammen mit Dal ist Reis eines der Nahrungsmittel mit sehr hoher biologischer Wertigkeit. Als Dosa besänftigen Reis und Dal Vata, steigern Pitta und vermehren sanft Kapha. Selbst Pitta und Kapha-Typen dürfen also gelegentlich zu diesen Dosas greifen.
Dosas sollten heiß serviert werden, am besten direkt aus der Pfanne und mit Kokosnuss-Chutney.

Für 16 bis 18 Stück

150 g Urad Dal (kleine weiße geschälte Linsen aus dem indischen Lebensmittelgeschäft)
350 g Vollkorn-Basmatireis oder anderer Reis nach Wahl
Wasser zum Einweichen und Pürieren von Dal und Reis
1 TL Vollrohrzucker
2 TL Meersalz
Ghee oder Pflanzenöl zum Braten

So wird's gemacht:

1) Urad Dal verlesen, waschen und in der doppelten Menge Wasser 6 Stunden oder über Nacht einweichen. Reis ebenfalls waschen und in einer zweiten Schüssel mit der doppelten Menge Wasser ebenso lange einweichen.
2) Dal erneut waschen, abtropfen lassen und in einem Mixer pürieren. Nur so viel Wasser dazugeben, dass ein feiner Brei entsteht. Reis ebenso waschen und mit etwas Wasser fein pürieren. Die beiden Pürees in einer großen Schüssel mit Vollrohrzucker und Salz kräftig verrühren. Schüssel abgedeckt an einem warmen Ort mindestens 3 – 4 Stunden (oder besser über Nacht) stehen lassen, damit der Teig Zeit zum Fermentieren hat. Wenn auf der Oberfläche viele kleine Bläschen zu sehen sind, ist der Teig fertig. In einer warmen Küche oder im Sommer geht es schneller.
3) Eventuell noch etwas Wasser unter die Teigmasse schlagen, damit ein sehr flüssiger Pfannkuchenteig entsteht. Eine indische flache Tava (Gusseisenpfanne) oder eine Pfanne mit Anti-Haft-Beschichtung auf mittlere Hitze vorwärmen und mit ½ TL Ghee oder Pflanzenöl einfetten. Es ist heiß genug, wenn ein auf die Pfanne gespritzter Wassertropfen tanzt und zischt.
4) 4 EL des dünnflüssigen Teiges in die Pfanne gießen und mit dem Löffelrücken von der Mitte her schnell kreisförmig und dünn ausstreichen. Diese Menge ergibt einen großen dünnen Dosa von etwa 20 cm Durchmes-

ser. Die Kunst besteht darin, den Teig möglichst flink und dünn auszustreichen, bevor die Hitze ihn erstarren lässt. Den Dosa 2 – 3 Minuten backen, bis er goldbraun ist, dann einmal umwenden. Die zweite Seite benötigt nur noch die Hälfte der Zeit.
5) Alle Dosas nacheinander backen, bis der Teig aufgebraucht ist. Pfanne nur einfetten, wenn die Dosas anzukleben beginnen. Dosas am besten heiß aus der Pfanne servieren oder auf einem Teller im Backofen warm halten.

Variation:

Nach Wunsch können Sie der Dosa-Teigmasse auch 1 gehackte grüne Chilischote oder 1 TL gemahlene Bockshornkleesamen hinzufügen.

Kokosnuss-Chutney

200 g frische oder
100 g getrocknete Kokosnussraspel
2 frische grüne Chilisschoten
1 EL Vollrohrzucker
1 EL gehackte Korianderblätter oder Petersilie
1 EL frisch geriebener Ingwer
2 EL Zitronensaft
1 TL Salz
etwas Wasser oder frische Kokosmilch

1) Falls Sie frische Kokosnuss verwenden, das Fruchtfleisch von der harten Schale und der braunen Haut befreien. Die Chilis entkernen und klein schneiden.
2) Alle Zutaten in einem Mixer mit etwas Wasser oder frischer Kokosmilch zu einer Masse mit cremiger Konsistenz pürieren. Wenn Sie anstatt Wasser oder Kokosmilch Joghurt verwenden, wird das Chutney noch cremiger.

Variation:

Uthappam (Südindische »Pizza«)

Falls Ihr übrig gebliebener Dosa-Teig sauer geworden ist, können Sie damit Uthappam (Gemüsedosas) machen. Dazu geben Sie einfach klein geschnittenes Gemüse (wie Tomaten, Paprika oder Zucchini) in den Teig und backen etwas dickere Dosas aus.

Pudla (Pfannkuchen aus Kichererbsenmehl)

Klein, aber oho! Das Geheimnis dieser Pfannkuchen liegt im Kichererbsenmehl. Gemahlen wird es in Indien aus geröstetem runden Channa Dal, einem kleineren Mitglied der Kichererbsenfamilie. In Indien macht man aus dem leicht nussartigen Mehl (auch Besan genannt) nicht nur pikante Gerichte, sondern auch vorzügliches Konfekt. Kichererbsen haben Power: essentielle Aminosäuren, ein überdurchschnittlich hoher Gehalt an Kalium, Magnesium, Phosphor, Calcium und Eisen, nicht zu vergessen das Beta-Carotin, B-Vitamine und die Vitamine C und E sowie Enzyme und Hormone. Kichererbsen regen Vata an. In wenig Fett oder noch besser als Waffeln gebacken, eignen sich diese Pfannkuchen damit nicht nur für Kapha-, sondern auch für Pitta-Typen. Es ist Zeit, dass Kichererbsen auch in unserer Küche den Stellenwert bekommen, der ihnen gebührt.

Für 8 bis 9 Pfannkuchen

200 g Kichererbsenmehl oder Channa Dal
1 TL frisch geriebener Ingwer
1 frische kleine grüne Chilischote oder ¼ TL Cayennepfeffer
2 EL frisch gehackte Kräuter (z. B. Petersilie)
1 mittelgroße Tomate
1 grüne Paprika, 1 geraspelte Möhre oder Mungbohnensprossen
50 g Weizenvollkornmehl
1 TL Kreuzkümmelsamen
½ TL Asafoetida
¼ TL schwarzer Pfeffer
¾ TL Kurkuma
1 ½ TL Meersalz
1 TL gemahlener Koriander
300 – 325 ml Mineralwasser
Ghee oder Pflanzenöl zum Ausbacken

So wird's gemacht:

1) Channa Dal in einer Pfanne trocken rösten. Abkühlen lassen und in der Getreidemühle staubfein mahlen. Oder das gekaufte Kichererbsenmehl in eine Schüssel sieben.
2) Ingwer raspeln. Chili waschen, entkernen und klein schneiden. Kräuter waschen, trockenschütteln und fein hacken. Tomate und Paprika waschen und in kleine Würfel schneiden. Alle Gewürze und Kräuter mit dem Mehl in der Schüssel mischen. Mineralwasser langsam dazugießen und alles zu einem dickflüssigen Pfannkuchenteig verrühren. Das Gemüse hinzufügen und den Teig 5 – 10 Minuten ruhen lassen.
3) Falls der Teig etwas zu dickflüssig ist, was bei Verwendung von selbst gemahlenem Channa Dal passieren kann, noch etwas Mineralwasser unterrühren. In einer heißen Pfanne mit etwas Ghee (oder Pflanzenöl) kleine Pfannkuchen ausbacken.

Tipp: Wenn Sie weniger Fett verwenden wollen, backen Sie den Teig doch einfach mal als pikante Waffeln! Dazu dem Teig noch ¼ TL Natron zugeben.

Alu Patra (Indische Kartoffelschnecken)

Andere Länder, andere Sitten. Zum Glück, kann man da nur sagen, wenn man diese Kartoffelschnecken in ihrem indischen Gewand kennenlernt. Auch in Indien werden Kartoffeln vielseitig verwendet. Alu Patras können Sie entweder wie in Indien in heißem Ghee goldgelb frittieren (dies steigert Pitta und Kapha), in der Pfanne knusprig ausbraten oder im Backofen backen (steigert eher das Vata-Dosha).
Die »dolle Knolle« ist ein ideales Grundnahrungsmittel – dafür sorgen essentielle Aminosäuren, viel Vitamin C, B-Vitamine, Magnesium, Eisen und andere Mineralien. Nach dem Ayurveda sind Kartoffeln gerade für Pitta-Typen ideal, da sie in erster Linie Kapha und auch etwas Vata vermehren.

Für 25 Schnecken

Für den Teig:
2 TL Ghee (Pflanzenöl)
200 g fein gemahlener Weizen
½ TL Kurkuma
¼ TL Cayennepfeffer
2 EL Zitronensaft
100 – 120 ml Wasser
½ TL Meersalz

Für die Füllung:
500 g Kartoffeln (etwa 4 Stück)
2 EL ungeschälter Sesam
1 frische grüne Chilischote oder ½ TL Cayennepfeffer
1 EL frisch gehackte Korianderblätter oder Petersilie
2 EL Kokosflocken
2 TL frisch geriebener Ingwer
1 ½ TL Meersalz
2 EL Zitronensaft
½ TL schwarzer Pfeffer

Zum Bestreichen:
Ghee oder Butter (Pflanzenöl)

So wird's gemacht:
1) Kartoffeln mit Schale weich kochen.
2) Das Ghee zerlassen, alle Zutaten für den Teig geschmeidig kneten – je nach Mehl kann die Wassermenge variieren – und auf einer Arbeitsfläche kräftig durchkneten, bis der Teig elastisch ist. Teig in einer Schüssel zugedeckt ruhen lassen.
3) Sesam in der Pfanne ohne Fett anrösten. Chili waschen und klein schneiden. Korianderblätter hacken.
4) Kartoffeln pellen und durch eine Kartoffelpresse drücken oder mit der Gabel fein zerdrücken. Dann alle Zutaten für die Füllung unter die Kartoffeln mengen und abkühlen lassen.
5) Teig erneut durchkneten und auf einer Arbeitsfläche zu einem Rechteck von etwa 25 × 40 cm Größe ausrollen. Die Teigplatte mit zerlassenem Ghee, Butter oder Pflanzenöl bestreichen. Die Füllung darauf verteilen und zu einer festen Rolle aufrollen.
6) Mit einem Messer 25 Scheiben von der Rolle abschneiden und nach Wunsch frittieren (3 – 5 Minuten), in der Pfanne ausbraten oder im Backofen bei 200 °C (E) / 180 °C (H) 20 – 25 Minuten backen. Vor und nach dem Backen mit etwas Ghee, Butter oder Pflanzenöl bestreichen. Die Alu Patra am besten heiß zu Gemüsegerichten oder als Snack mit einem Dip servieren.

Kräuterplätzchen

Gegen alles ist ein Kraut gewachsen. Stimmt, man muss nur wissen, welches. Majoran zum Beispiel erleichtert die Fettverdauung und stärkt die Nerven. Salbei hat entzündungshemmende sowie Pilz und Bakterien tötende Eigenschaften und wirkt krampflösend im Magen-Darm-Bereich. Kerbel wird Menschen empfohlen, die zu Krampfadern oder Thrombosen neigen.
Und alle frischen Kräuter miteinander sind eine ideale Kur gegen die bekannte Frühjahrsmüdigkeit – allerdings nur, wenn sie mindestens ein bis zwei Wochen lang täglich gegessen werden.

Für etwa 24 Plätzchen

Für den Mürbteig:
200 g fein gemahlener Dinkel
75 g kalte Butter (reine Pflanzenmargarine)
1 TL Meersalz
1 TL Asafoetida
3 EL saure Sahne oder Joghurt (Wasser)
3 EL fein gehackte frische Kräuter (z. B. Kerbel, Majoran, Salbei, Basilikum)

Außerdem:
Fett für das Backblech

So wird's gemacht:

1) Alle Zutaten für den Mürbteig rasch zu einem Teig kneten und zugedeckt 30 Minuten kalt stellen.
2) Den Teig anschließend zwischen zwei Frischhaltefolien ausrollen und mit einem Teigrädchen zu Rauten oder Streifen ausradeln.
3) Die Plätzchen auf ein gefettetes Backblech legen und im Backofen bei 200 °C (E) / 180 °C (H) 12 – 15 Minuten backen.

Tipp: Ersetzen Sie die Kräuter ruhig auch einmal durch Wildkräuter (z. B. durch fein gehackte Kapuzinerkresse, gehackten Sauerampfer, Löwenzahn oder gehackte Brennnessel). Die Natur bewirtet uns festlich.

Die Natur-Apotheke von A – Z

Ziel des Ayurveda (wörtlich: Wissenschaft des langen Lebens) ist nicht nur einfach die Behandlung von Krankheiten. Eine individuell abgestimmte Ernährung und ein sattvisch ausgewogener Lebensstil sollen das Leben verlängern und die Lebensqualität verbessern – damit jede(r) Einzelne ungestört von Krankheiten die einzigartige Möglichkeit seines/ihres menschlichen Lebens wahrnehmen kann: Selbstverwirklichung und Gottesverwirklichung. Nur wer die Kunst kennt, im Einklang mit seinen Mitgeschöpfen (Mensch und Tier) und den göttlichen Naturgesetzen zu leben, kann sich spirituell weiterentwickeln.
Unsere Gesundheit steht und fällt mit dem, was wir zu uns nehmen. Die folgenden Stichworte verschaffen Ihnen einen kurzen Überblick über die Inhaltsstoffe und Heilwirkungen der wichtigsten Lebensmittel und Gewürze des Ayurveda.

Ahornsirup

Heilwirkung:

Ahornsirup wirkt kühl, frisch, leicht und feucht und ähnelt damit den nordamerikanischen Wäldern, aus denen er stammt. Nach dem Ayurveda besänftigt er Vata und Pitta, im Übermaß jedoch verstärkt er Kapha. Ayurveda-Therapeuten empfehlen ihn, um Pitta zu beruhigen. Anders als bei Honig schadet es nicht, Ahornsirup zu erhitzen und zum Backen zu verwenden.

Amarant

(Fuchsschwanz)

Inhaltsstoffe:

Herausragend bei Amarant sind der hohe Eiweißgehalt von fast 20 % mit hoher biologischer Wertigkeit und die wichtigen essentiellen Aminosäuren, wie z. B. Lysin. Damit übertrifft das Pseudogetreide Amarant alle »echten« Getreidearten. Außerdem enthält er viel Vitamin C, im Fett 75 % ungesättigte Fettsäuren und viel Eisen, Kalium, Calcium und Phosphor. In Kombination mit Weizen, Dinkel, Reis oder Mais kann Amarant eine biologische Wertigkeit von fast 100 % erzielen.
In Indien ist Amarant als *Rajgira, Rajogra* oder *Ramdana* bekannt. Man verwendet ihn für Fladenbrote, Dosas (Pfannkuchen) und für viele Zubereitungen an Getreidefastentagen *(Ekadashi).* Besonders lecker sind *Rajgira Laddus* (süße Bällchen aus gepopptem Amarant, Ghee und Jaggery). Amarant kann in Broten und Kuchen teilweise das Mehl ersetzen und schmeckt leicht nussig.

Heilwirkung:

Nach dem Ayurveda verstärkt Amarant in erster Linie Pitta, aber auch sanft Vata und Kapha. Durch seinen hohen Anteil an Lysin, einem wichtigen Eiweißbaustein, aktiviert er den Stoffwechsel und mobilisiert die Abwehrkräfte. Er reinigt das Blut, hilft bei Hämorrhoiden und wirkt leicht abführend. Amarant stärkt das Gedächtnis und die Nervenkraft und verzögert das Altern. Außerdem hilft er bei Erkältungen und Tuberkulose.

Anissamen

Inhaltsstoffe:

Neben 2 – 3 % ätherischen Ölen findet man in Anis noch Fett, Eiweiß und Fruchtzucker.

Heilwirkung:

Die grünlich grauen Anissamen regen den Appetit, die Verdauungsenzyme, Agni und das Pitta-Dosha an. Das erklärt ihre verdauungsfördernde, magenstärkende, entgiftende und harntreibende Wirkung. Ebenso fördert Anis die Milchbildung bei stillenden Müttern. Und über die Muttermilch überträgt sich seine beruhigende Wirkung auch auf den Säugling. Außerdem hilft Anis bei Beschwerden, die durch zu viel Kapha und Vata verursacht wurden, wie Blähungen und Darmverkrampfungen.
In Indien gibt man im Sommer Anissamen in Getränke und gekochte Speisen. Vor allem nach üppigen Mahlzeiten kaut man gerne *Mukhwas,* Anissamen, gemischt mit Kardamom-, Koriander-, Fenchelsamen und Kokosraspeln. Das erfrischt den Atem, reinigt die Zähne und regt die Verdauung an.

Asafoetida

(Stinkasant; englisch: Hing)

Heilwirkung:

Der Ayurveda schätzt das aromatische Gummiharz Asafoetida aus dem Milchsaft der Asantpflanze *Ferula asafoetida* schon seit Jahrtausenden als segenbringendes Heilmittel und vielseitiges Gewürz. Während des Kochens verliert sich sein unangenehmer Geruch, der ihm die Namen Stinkasant oder Teufelsdreck eingebracht hat, und es entwickelt sich das typische Aroma, das an Zwiebeln und Lauch erinnert. Es ist eines der besten Gewürze, um das Vata-Dosha auszugleichen. Asafoetida vermehrt Pitta und hilft bei Krankheiten, die durch zu viel Kapha und zu viel Vata verursacht wurden. Asafoetida wirkt nicht nur verdauungsfördernd, schmerzstillend, appetitanregend und abführend, sondern stärkt auch Gehirn und Gedächtniskraft. Auch bei Magenverstimmungen, Koliken und Schwellungen wird Asafoetida eingesetzt. In der Frauenheilkunde nimmt sie ebenfalls einen wichtigen Platz ein, da sie den Menstruationszyklus reguliert.
Sparsam dosiert, ist Asafoetida ideal für stärkehaltige Gemüse, Hülsenfrüchte, Suppen, Pickles und Relishes.

Erhältlich:

Sie bekommen das Gewürz im asiatischen Lebensmittelladen oder beim Gewürzversand als Pulver oder Harz (das wie Muskat gerieben wird). In diesem Buch haben wir das Pulver verwendet, das je nach Hersteller mit Weizenmehl oder Bockshornkleesamenpulver vermischt und dadurch leichter zu dosieren ist.

Birnendicksaft und Apfeldicksaft

Heilwirkung:

Dicksäfte vermehren Kapha und auch etwas Vata. Neben Honig sind sie alternative Süßungsmittel für Kapha-Typen, da sie etwas leichter und trockener sind als andere Süßungsmittel. Wegen ihrer kühlenden Eigenschaften vertragen auch Pitta-Menschen Dicksäfte sehr gut (→ Süßungsmittel).

Black Salt

(schwefelhaltiges Salz; hindi: Kala Namak)

Heilwirkung:

Nach dem Ayurveda vermehrt Black Salt Pitta und reduziert Vata und Kapha. Aus diesem Grund setzen Therapeuten es gern bei Blähungen und zur Blut- und Darmreinigung ein.

Bockshornkleesamen

(hindi: Methi)

Inhaltsstoffe:

Die viereckigen, flachen, beige-bräunlichen Samen haben es in sich: Eiweiß (fast 30 %), viele Vitamine des B-Komplexes, Carotin, Eisen und Phosphor. Die ätherischen Öle und Bitterstoffe verleihen den Samen den charakteristischen, leicht nussigen Geschmack.

Heilwirkung:

Bockshornkleesamen vermehren Vata und sehr mild Pitta. Sie wirken leicht abführend, appetitanregend, verdauungsfördernd und schmerzstillend. Weiterhin helfen sie bei Magersucht, allgemeiner Entkräftung, Husten, Hämorrhoiden, Arteriosklerose und verhindern frühzeitiges Ergrauen der Haare. Nicht zuletzt stimulieren sie das Nervensystem und reinigen Leber, Nieren und Schleimhäute. Aus den Samen bereitetes Gurgelwasser hilft gegen Hals- und Mandelentzündungen sowie bei Diphterie.

In Indien essen Frauen nach der Entbindung gemahlene Bockshornkleesamen zusammen mit Jaggery oder Gur (unraffiniertem Rohrzucker oder Palmzucker). Das stärkt den Rücken, gibt neue Kraft und regt die Sekretion der Muttermilch an. Als Tonikum nimmt man täglich einen Esslöffel gemahlenen Bockshornkleesamen in einer Tasse erwärmter Milch ein.

Tee: Zwei bis drei Tassen Bockshornkleesamen-Tee am Tag schlückchenweise getrunken, reinigen die Brust von zähem Schleim, vertreiben Appetitlosigkeit und beseitigen Schwäche und den sogenannten »Krankengeruch«, der bei längerer Krankheit durch die Haut ausdünstet. Dazu die Samen am besten kalt ansetzen, den Sud einige Stunden ziehen lassen, nach kurzem Aufkochen gleich abseihen und mit Honig süßen.

Naturkosmetik:

Wer die Geschmeidigkeit und den gesunden Glanz der Haut bewahren möchte, trägt pulverisierten Bockshornkleesamen in Form einer Paste zusammen mit etwas Kichererbsenmehl, Kurkumapulver (Turmerik) und Senföl (oder Sesamöl für empfindliche Haut) wie eine Maske auf die Haut auf.

Buchweizen

(Heidkorn, Welschkorn)

Inhaltsstoffe:

Buchweizen ist eigentlich gar kein Getreide, sondern ein Knöterichgewächs. Er glänzt mit beträchtlichen Mengen an den lebenswichtigen Eiweißbausteinen Tryptophan und Lysin (die in den meisten Getreidearten kaum vorkommen) und im Fett mit 70 % ungesättigten Fettsäuren.

Daneben enthält Buchweizen auch Vitamine der B-Gruppe, Niacin, Kalium, Eisen, Phosphor, Magnesium, Kieselsäure und Lecithin.

Heilwirkung:
Buchweizen ist ideal für Menschen mit Glutenunverträglicheit, da er völlig frei von Gluten (Klebereiweiß) ist. Nach dem Ayurveda vermehrt Buchweizen durch seine heißen, leichten und trockenen Eigenschaften Pitta und Vata. Vor allem in der kalten Jahreszeit ist er von Bedeutung, da er dem Körper Wärme spendet. Buchweizen ist genau wie Roggen und Hirse ideal für Kapha-Typen. Interessanterweise werden Buchweizen oder Roggen (beide leicht und trocken) traditionell immer mit Weizen (kühlend und feucht) verarbeitet. Diese Kombination ist dann auch Pitta- und Vata-Typen zu empfehlen.
Buchweizen ist eine wertvolle Gehirn- und Nervennahrung und verbessert die Lernfähigkeit. Außerdem sorgt er für einen guten und erholsamen Schlaf. Als Salat oder Tee setzt man ihn erfolgreich bei Krampfadern ein, und als Grütze hilft er bei Bauchschmerzen.

Butter

Sauerrahmbutter entsteht aus mit natürlicher Milchsäure gesäuerter Sahne (Rahm). **Süßrahmbutter** wird aus frischer Sahne ohne weitere Zusätze gewonnen. **Mildgesäuerte Butter** ist eine Erfindung konventioneller Molkereien, die Zeit sparen wollen. Hierbei wird nach Abtrennung der Buttermilch nachträglich mit Buttersäureweckern oder (beim NIZO-Verfahren) mit Konzentraten von Milchsäure und Aromastoffen gesäuert. Für Allergiker (z. B. bei Neurodermitis) ist diese Butter nicht geeignet. In biologisch arbeitenden Molkereien ist das NIZO-Verfahren verboten, dort wird nur Süßrahmbutter oder Sauerrahmbutter hergestellt.

Inhaltsstoffe:
Dass Butter so geschätzt wird, hat gute Gründe, denn sie enthält 33 – 43 % ungesättigte und mehrfach ungesättigte Fettsäuren. Das macht Butter so gut bekömmlich, sogar für Magen-, Darm- und Gallenkranke. 76 verschiedene Fettsäuren identifizierte man bisher in Butter – mehr als bei jedem anderen Fett. Neuere Untersuchungen brachten eine weitere Überraschung: Ähnlich wie das Cholesterin der Muttermilch kann das Cholesterin von Butter und Milch vor Herzinfarkt und Arteriosklerose schützen, wenn die Milch nicht homogenisiert wurde.

Heilwirkung:
Schon lange bevor die westliche Heilkunde existierte, setzte der Ayurveda Butter als Heilmittel ein. Aus Joghurt hergestellte Butter vermehrt Pitta, wohingegen Süßrahmbutter eher Kapha steigert. Sauerrahmbutter vermehrt Pitta und Kapha.
Körper, Gedächtnis und Augen werden durch Butter gestärkt. Auch vermehrt sie Agni, das Verdauungsfeuer, hilft bei Magersucht, Schwäche, Tuberkulose, Appetitlosigkeit, Gesichtslähmung, Milzvergrößerung, Absorptionsstörungen, Schwellungen und Hämorrhoiden. Sie gilt als lebensspendend, macht munter und stärkt das Gehirn.

Buttermilch

Inhaltsstoffe:
Neben den vielen Inhaltsstoffen ihrer Ausgangsprodukte Sahne oder Joghurt ist bei Buttermilch vor allem der hohe Lecithingehalt hervorzuheben. Reine Buttermilch enthält maximal 1 % Fett.

Heilwirkung:
Buttermilch besänftigt und erdet Vata. Für Pitta-Menschen ist sie empfehlenswert, wenn sie leicht mit Vollrohrzucker oder Ahornsirup gesüßt ist. Und wenn es nicht gerade jeden Tag ist, können auch Kapha-Menschen Buttermilch – mit Ingwer, schwarzem Pfeffer und / oder Honig gewürzt – genießen.
Gekaufte Buttermilch ist saurer und schwerer als selbst gemachte (ayurvedische) Buttermilch. Aus diesem Grund sollte sie insbesondere von Pitta- und Kapha-Typen mit der gleichen Menge Wasser verdünnt werden.
In der Ayurveda-Diätetik wird Buttermilch aus Kuhmilch gerne als regelmäßiger Bestandteil der Ernährung über lange Zeit empfohlen. Sie regt den Appetit an, stärkt und ist gut für das Herz. Bei Magenbeschwerden und Hämorrhoiden kann man sie ohne Bedenken trinken. Und Buttermilch mit einer Prise Muskatnuss verbessert die Absorption, besonders im Dünndarm, und stoppt Durchfall.

Buttermilch selbst gemacht:
Frischen, selbst gemachten → Joghurt zu gleichen Teilen mit Wasser verdünnen und im Mixer so lange schlagen, bis eine feine Schicht Butterfett auf der Oberfläche schwimmt. Butterfett abschöpfen, weitermixen und weiterabschöpfen, bis kein Butterfett mehr auf der Oberfläche zu sehen ist. Was übrig bleibt, ist die Buttermilch. Wenn sie zu dick geworden sein sollte, mit einem Viertel Wasser verdünnen. (Ist der verwendete Joghurt recht sauer, ebenfalls noch etwas Wasser dazugeben.) Fertig ist die Ayurveda-Buttermilch.

Tipp: Das abgeschöpfte Butterfett können sie noch am selben Tag für Gemüsegerichte oder Suppen verwenden.
Die in ayurvedischen Heilbüchern gepriesene Buttermilch wird auf Grundlage von Joghurt hergestellt. Bei uns wird Buttermilch üblicherweise bei der Verbutterung von Sahne gewonnen und nachträglich mit Starterkulturen gesäuert. Wenn Sie Buttermilch kaufen, entscheiden Sie sich beim Einkauf lieber für reine Buttermilch, denn nur ihr darf weder Wasser, Magermilch noch Milchpulver beigefügt werden.

Butterreinfett und Butterschmalz

→ Ghee

Cayennepfeffer

(Chilipulver)
Cayennepfeffer besteht aus gemahlenem Chili. Rote Chilis sind die reifen Schoten der Pflanze. Getrocknete Chilis sind in der Regel schärfer als frische, es gibt sie in verschiedenen Sorten von rötlich bis schwarzbraun. Grüne Chilis sind die unreifen Schoten verschiedener Chilisorten. Sie sind in der Regel weniger scharf als die roten Chilis.

Heilwirkung:
»Frucht der Sonne« heißt Cayennepfeffer im Ayurveda, weil er genau wie der schwarze Pfeffer große Mengen solarer Energie enthält. Er vermehrt stark Pitta und auch etwas Vata, regt die Verdauung und den Kreislauf stark an und ist ein hervorragendes Mittel, um innere und äußere Kälte zu vertreiben. Allerdings sollte man ihn nur in Maßen verwenden.

Tipp für verfrorene Zeitgenossen: Bei kaltem Wetter und kalten Füßen wirkt etwas Cayennepfeffer, in die Strümpfe gestreut, wahre Wunder, denn er regt die Durchblutung an. So werden die Füße wieder warm.

Chili

(Peperoni, Chilischoten)

Inhaltsstoffe:
Chilis enthalten die Vitamine A und C, Citrin, Aroma- und andere Wirkstoffe.

Heilwirkung:
Wer einmal Chilis gegessen hat, weiß, warum der Ayurveda sie dem Pitta-Dosha zuordnet. Chilis helfen nicht nur, fette Speisen leichter zu verdauen, sondern sie helfen auch bei allen Krankheiten mit zu viel Kapha, wie Erkältungen, Husten und Nebenhöhlenbeschwerden. Nicht verwenden sollten Sie Chili jedoch bei Magengeschwüren, Gastritis und allgemein entzündlichen Zuständen des Magen-Darm-Traktes, denn Chili reizt die Schleimhäute zu sehr. Auch Vata-Typen sollten vorsichtig mit Chili sein und lieber mit schwarzem Pfeffer und Ingwer würzen.

Cumin

→ Kreuzkümmel

Dinkel

(Spelt, Spelz, Schwabenkorn)

»Das Getreide für den Menschen«, so nannte Hildegard von Bingen, die große Naturkundlerin und Mystikerin des 12. Jahrhunderts, den Dinkel. Selbst heute ist Dinkel, der Urweizen, im Gegensatz zu den meisten gezüchteten Getreidesorten genetisch intakt. Das macht ihn für eine gesunde Ernährung so wertvoll, vor allem für Allergiker. Grünkern ist unreif geernteter Dinkel, der über dem Feuer gedarrt (getrocknet) wird, was ihm einen rauchig würzigen Geschmack verleiht. Er ist nicht ganz so gut bekömmlich wie reifer Dinkel.

Inhaltsstoffe:
Dinkel enthält so gut wie alle Nährstoffe, die der Mensch braucht, in einem harmonisch ausgewogenen Verhältnis. Mit 13 % Eiweiß und allen essentiellen Aminosäuren, seinem Mineralstoffgehalt (Eisen, Magnesium) und seinen Vitaminen (insbesondere Vitamine der B-Gruppe) übertrifft er jedes andere Getreide. Doch auch seine Spurenelemente, Kohlenhydrate, ungesättigten Fettsäuren und zahlreichen Ballaststoffe können sich sehen lassen.

Heilwirkung:
Dinkel vermehrt Kapha und Pitta und ist das verträglichste Lebensmittel, das man sich vorstellen kann (er baut auf, stärkt und energetisiert). Eigentlich sollte er – in welcher Form auch immer – Grundlage jeder Krankenkost sein, egal, ob bei Magen-Darm-Störungen, Blähungen, Stoffwechselerkrankungen oder Allergien. Selbst bei psychischen Erkrankungen kann man Dinkel als Basistherapie anwenden, da er die Vorstufe des psychischen Aufhellers Serotonin, das L-Tryptophan, enthält. Daneben stärkt er das Bindegewebe und die Haare, hilft bei Erkrankungen der Atemwege, wärmt, stabilisiert den Kreislauf und gleicht zu hohen oder zu niedrigen Blutdruck aus. Und schließlich wirkt Dinkel entgiftend und stärkt die Abwehrkraft.

Mit all seinen guten Eigenschaften lässt er sogar den Weizen um einiges hinter sich. Das gilt auch in der Backstube: Kein anderes Getreide besitzt einen so hohen Kleberanteil und damit so gute Backeigenschaften wie Dinkel.

Fenchelsamen

(hindi: Sauf)

Inhaltsstoffe:

Fenchelsamen enthalten 2 – 3 % ätherische Öle und Fette.

Heilwirkung:

Schon vor unserer Zeitrechnung wurden Fenchelsamen in der indischen Heilkunde gegen Augen-, Magen- und Darmerkrankungen sowie bei Husten, Halsweh und Heiserkeit eingesetzt. Im Ayurveda nimmt Fenchel eine besondere Stellung ein: Er stärkt Agni, das Verdauungsfeuer, ohne Pitta aus dem Gleichgewicht zu bringen. Auf diese Weise wirkt er auch harmonisierend auf Vata und Kapha. Fenchelsamen beruhigen den Darm, lösen Krämpfe und vertreiben Blähungen. Sie helfen bei erschwertem oder brennendem Harnlassen und kräftigen Magen, Leber und Milz. Gleichzeitig beruhigen sie die Nerven, fördern die Menstruation und die Milchbildung stillender Mütter. Fenchelsamen-Tee hilft Neugeborenen, die Anfangsschwierigkeiten ihrer Verdauungsfunktionen in den Griff zu bekommen. Das Kauen von gerösteten Fenchelsamen reinigt auf angenehme Weise den Atem und unterstützt nach dem Essen die Verdauung. Aus diesem Grund serviert man in Indien nach dem Mittagessen einen Teelöffel trocken geröstete Fenchelsamen und Kokosflocken mit etwas Kandiszucker.

Frischkäse, selbst gemacht

(hindi: Panir)

Da zur Herstellung von Hartkäse, herkömmlichem Weichkäse und Quark meist tierisches → Lab verwendet wird, steigen Vegetarier auf Panir (und Veganer auf → Tofu) um. Panir ist kinderleicht und schnell selbst herzustellen.

Heilwirkung:

Frischkäse vermehrt zwar Kapha, ist aber von allen Käsesorten der bekömmlichste.
Von Hartkäse rät der Ayurveda generell für alle drei Doshas ab. Für Vata und Kapha ist Hartkäse viel zu schwer, und für Pitta-Menschen ist er zu salzig.

Herstellung:

Rohmilch oder Vorzugsmilch direkt vom Erzeuger ergibt den besten Panir. Je naturbelassener die Milch ist, desto besser wird der Käse. Frischkäse aus Milch mit niedrigem Fettgehalt wird krümelig und hart. Aus H-Milch gelingt er erst gar nicht.

Wie viel Frischkäse erhalte ich aus der Milch?

1 l Milch → 150 g Frischkäse
(10 Minuten gepresst: 115 g)
2 l Milch → 285 g Frischkäse
(10 Minuten gepresst: 250 g)
(Zum Vergleich: 1 l Milch ergibt
40 – 70 g Hartkäse oder
100 – 130 g Weichkäse.)

Wie viel Zitronensaft brauche ich?

Milch	frischer Zitronensaft
1 l	2 EL (30 ml)
1½ l	3 EL (45 ml)
2 l	4 EL (60 ml)
2½ l	5 EL (75 ml)
4 l	8 EL (120 ml)

Benötigte Utensilien:
Ein (Edelstahl-)Topf mit schwerem Boden, ein Käsetuch (Baumwollwindel aus der Babyabteilung) und ein Sieb.

So wird's gemacht:
1) Den sauberen Topf mit kaltem Wasser ausspülen (damit die Milch nicht anbrennt!) und die Milch darin zum Kochen bringen. In der Zwischenzeit eine Zitrone auspressen (benötigte Menge siehe Tabelle).
2) Wenn die Milch zu steigen beginnt, den Zitronensaft nach und nach hineingießen und mit einem Holzlöffel umrühren. Jetzt trennen sich die weißen, kleinen Käsestückchen von der gelbgrün schimmernden Molke. Wenn die Molke noch nicht klar ist, noch einmal leicht aufkochen lassen und – falls nötig – noch ein paar Tropfen Zitronensaft hineinträufeln.
3) Käsetuch über das Sieb legen und das Sieb in eine Schüssel stellen, um die wertvolle Molke aufzufangen. Jetzt den Topfinhalt durch das Sieb gießen.
4) Den Frischkäse mit dem Käsetuch kurz unter fließend kaltes Wasser halten, das Käsetuch an den vier Enden zusammenknoten, aufhängen und etwas abtropfen lassen, bis keine Molke mehr tröpfelt (= weicher Frischkäse z. B. für Spinatkuchen oder Ähnliches), oder Käsetuch in das Sieb legen und mit einem schweren Gewicht (Stein oder gefüllter Topf) 10 – 15 Minuten pressen (= fester Frischkäse z. B. für Gemüsespieße im Teigmantel). Die Zeit des Abtropfens oder -pressens variiert je nach Menge des Panirs.

Verschiedene Gerinnungsmittel:
Zitronensaft verleiht dem Käse einen leicht säuerlichen Geschmack. 2 EL reichen aus, um 1 l Milch gerinnen zu lassen. **Joghurt** ist der Favorit unter den Gerinnungsmitteln für manche Köche, weil der Käse dann voll und weich wird. Bevor Sie jedoch den Joghurt in die kochende Milch geben, verrühren Sie ihn in etwas warmer Milch. Für 1 l Milch benötigt man 8 – 9 EL Joghurt. **Saure Molke** ist ebenfalls ein gutes Gerinnungsmittel. Man kann sie schon einen Tag nach ihrer Gewinnung zur Käseherstellung verwenden. Lässt man die Molke 2 Tage stehen, wird sie sauer und so noch wirksamer. Man kann auch die Molke von abgehängtem Joghurt (Joghurtquark) für diesen Zweck verwenden. Für 1 l Milch benötigen Sie mindestens 300 ml saure Molke. **Verwenden Sie keine synthetisch hergestellte Zitronensäure (Citrat)!** Sie beeinträchtigt nicht nur die Knochen- und Blutbildung, sondern fördert auch die Aufnahme von Giftstoffen.

Noch ein paar praktische Tipps:
Milch nicht anbrennen lassen, dies verdirbt den Geschmack des Frischkäses. Nicht unnötig viel **Gerinnungsmittel** verwenden, sonst wird der Frischkäse zu säuerlich. Sobald sich die Käsestückchen von der **Molke** trennen, ist es genug (siehe auch → Molke).

Gelbwurz

(→ Kurkuma)

Gerste

(Gemeine Gerste, Sommergerste)

Inhaltsstoffe:
Die widerstandsfähige Gerste enthält 9 – 16 % Eiweiß, 57 % Kohlenhydrate, beachtliche Mengen Kieselsäure, B-Vitamine und andere Vitamine, dazu Mineralien wie Calcium, Kalium, Magnesium, Eisen, Phosphor und Enzyme. Ihr pflanzliches Fett mit bis zu 35 % ungesättigten Fettsäuren kann eine Senkung des Cholesterins im Blut bewirken.

Heilwirkung:
Gerste wirkt kühl, leicht und trocken, das heißt mild Vata vermehrend. Also ein ideales Getreide für Kapha- und Pitta-Menschen. Rollgerstenkörner (Rollgerste, Graupen) bilden beim Kochen den sogenannten Gerstenschleim, der dem Körper einiges an Flüssigkeit zuführt, ihm aber eine noch größere Menge wieder entzieht. All dies macht Gerstenschleim zu einer leicht verdaulichen und stärkenden Heildiät bei Magen-, Darm- und Halsbeschwerden. Weiterhin hilft Gerste bei fieberhaften Erkrankungen, Erkältungen und Entzündungen der Harnwege.

Gewürznelken

(hindi: Lavang)

Inhaltsstoffe:
Mit rund 25 % haben Gewürznelken einen hohen Anteil an ätherischem Öl. Sie schmecken brennend scharf und sollten sparsam verwendet werden.

Heilwirkung:
Der Ayurveda beschreibt Gewürznelken als stark Pitta vermehrend. Die Blütenknospe wirkt keimtötend, beruhigt, lindert Zahnschmerzen, stärkt das Zahnfleisch und beseitigt schlechten Mundgeruch. Nelken haben entgiftende, appetitanregende, harntreibende, verdauungsfördernde, schmerzstillende, verjüngende, blutreinigende und durststillende Eigenschaften. Sie stimulieren das Nervensystem und stärken Atmungsorgane, Herz und Blutkreislauf. Sie sind gut für die Augen, helfen bei Erbrechen und vernichten Würmer. Nelken vermehren die Zahl der weißen Blutkörperchen und stärken dadurch die Abwehrkraft im Körper gegen Infekte und Krankheiten.
Nelkenöl-Inhalationen haben sich bei Schnupfen und chronischen Nebenhöhlenentzündungen bewährt: Ein bis zwei Tropfen in zwei Liter heißes Wasser geben; beim Inhalieren über Behälter und Kopf ein Tuch decken.
Nelken im Reis mitgekocht, verleihen diesem ein vorzügliches Aroma und reduzieren gleichzeitig dessen Kapha vermehrende Eigenschaft.

Ghee

(Butterreinfett, Butterschmalz)
Ohne Ghee (sprich: Gie) wäre die altindische, vedische Küche und Medizin so unvollständig wie ein Wagen ohne Räder. Zum Kochen, Braten und Frittieren, aber auch in vielen ayurvedischen Arzneimitteln schlägt Ghee alle anderen Speisefette oder -öle um Längen.

Heilwirkung:
Ghee (aus Kuhmilchbutter) entfacht Agni (das Verdauungsfeuer) und regt damit Appetit und Verdauung an. Es belastet die Leber nicht wie andere Öle oder Fette, sondern kräftigt sie. Und es gleicht die drei Doshas aus. Kein Wunder, dass Ghee im Ayurveda einen hohen Stellenwert einnimmt, denn es hilft bei chronischem Fieber, Anämie, Störungen des Blutes und wirkt entgiftend. Ghee wird auch Menschen empfohlen, die an Husten, Auszehrung oder Schwindsucht leiden. Es hilft gegen Magen- und Darmgeschwüre, hält die Gelenke geschmeidig und stärkt Augen, Nase und Haut. Ghee fungiert im Ayurveda als Trägersubstanz für verschiedenste Heilkräuter, damit deren Wirkstoffe besser in die entsprechenden Gewebe gelangen können. Nicht zuletzt stärkt und steigert Ghee Gedächtnis, Intelligenz und Auffassungsgabe. Etwas Ghee, mit warmer Milch getrunken, beseitigt Verstopfung.

Das bei uns übliche Butterreinfett wird durch Ausschmelzen und Zentrifugieren von Butter gewonnen. Der Ayurveda dagegen bevorzugt Ghee aus Butter, die beim Quirlen von Joghurt entsteht. Der dabei stattfindende bakterielle Gärungsprozess intensiviert die Heilwirkung von derartigem Ghee und macht es darüber hinaus jahrzehntelang haltbar.

Ghee selbst gemacht:

Butter	Kochzeit	Ghee-Ertrag
0,5 kg	1 ¼ Std.	0,43 l
1 kg	1 ¾ Std.	0,87 l
1,5 kg	2 Std.	1,40 l
3 kg	3 ¼ – 3 ½ Std.	2,80 l
5 kg	5 ½ – 6 Std.	4,75 l

So wird's gemacht:
1) 500 g ungesalzene Butter bei mittlerer Hitze in einem schweren Topf erwärmen, bis kleine Schaumbläschen an die Oberfläche steigen. (Diese kleinen Schaumbläschen sind die festen Milchbestandteile der Butter, die das Ranzigwerden verursachen und beim Kochen verbrennen.) Butterschaum mit einem Löffel vorsichtig abschöpfen und in einem Gefäß sammeln.
2) Butter auf niedrigster Flamme weiterköcheln lassen und den aufsteigenden Schaum fortwährend abschöpfen. (Ghee auf keinen Fall anbrennen lassen; wenn es überhitzt wird oder zu lange siedet, nimmt es eine dunkle Färbung und einen beißenden Geruch an. Bei richtiger Temperatur geköchelt, ist es goldfarben, riecht puffmaisähnlich und ist so klar, dass man den Topfboden deutlich sehen kann.)
3) Abschließend fertiges Ghee abschöpfen (ohne den Bodensatz aufzuwirbeln) und durch ein feines, mit Küchenpapier oder Filtertüten ausgelegtes Sieb filtern. In einem Krug oder anderem Behälter (unbedeckt) abkühlen lassen.

Tipp: Der abgeschöpfte Schaum und der Bodensatz sind gekühlt 3 – 4 Tage haltbar und können in Brotteigen, Gemüsegerichten, Suppen oder als Brotaufstrich mit Kräutern und Gewürzen verwendet werden. Richtig zubereitetes Ghee – in einem geschlossenen Behälter aufbewahrt – ist ungekühlt monatelang haltbar, gekühlt mindestens ein halbes Jahr und eingefroren über ein Jahr.

Gur

→ Jaggery; → Süßungsmittel

Hafer

Inhaltsstoffe:

Hafer hat etwa 7 % Fett mit vielen ungesättigten Fettsäuren und besitzt 12 – 20 % Protein mit einer höheren biologischen Wertigkeit als viele andere Getreidearten. Zu bieten hat Hafer allerdings noch viel mehr: besonders leicht verdauliche Kohlenhydrate, zahlreiche Mineralien und Spurenelemente und eine große Palette an Vitaminen, wie Provitamin A, Vitamin B_1 (das Energie- oder Nervenvitamin), weitere B-Vitamine (für den Eiweiß- und Fettstoffwechsel unerlässlich), Vitamin E (z. B. sehr wichtig für die werdende Mutter) und schließlich Vitamin K.
Nur das Klebereiweiß, das man zum Brotbacken braucht, fehlt dem Hafer. Kein Problem, wenn man ihn mit anderen kleberreichen Getreidearten (Dinkel, Weizen) mischt.

Heilwirkungen:

Hafer ist reine Naturmedizin. Nach dem Ayurveda ist Hafer süß, warm, schwer, feucht und zusammenziehend: Das heißt, er vermehrt Kapha und gleicht Vata und Pitta aus. Bei den Haferflocken gibt es allerdings eine Besonderheit: Stellt man sie mit der Flockenquetsche selbst her, so wirken sie Kapha erhöhend, industriell hergestellte Haferflocken dagegen verstärken Vata.
Damit auch Kapha-Menschen nicht auf Haferflocken verzichten müssen, brauchen sie nur handgequetschte Flocken trocken zu rösten. Damit Vata-Typen von trocken gerösteten Flocken keine Blähungen bekommen, sollten sie sie vorher in Milch einweichen.
Hafer unterstützt die Arbeit von Bauchspeicheldrüse und Leber und senkt den Blutdruck und den Cholesterinspiegel. Hafer hilft bei Magen-Darm-Störungen, steigert die körperliche Leistungsfähigkeit, ermöglicht ein besseres Durchhaltevermögen und vermindert das Schlafbedürfnis. Er fördert das Wachstum von Kindern, den Aufbau von Drüsen, Muskeln und Sehnen, die Blutbildung, die Zellatmung und die Leistung von Nerven und Gehirn. Neben den Nervenvitaminen B_1 und B_6 finden sich auch Botenstoffe, die im Gehirn gute Laune erzeugen. »Dich sticht der Hafer«, heißt es nicht umsonst. Wer Hafer verzehrt, ist fröhlicher, konzentrierter, vitaler und weniger müde. Haferbrei ist durch seine leichte Verdaulichkeit eine ideale Krankenkost. Kein anderes Getreide kommt als Energiespender auch nur annähernd an Hafer heran.
Bei der industriellen Herstellung von **Haferflocken** wird das Getreide zuerst gedarrt (erhitzt), dann gedämpft, gequetscht und getrocknet – wodurch etliche Inhaltsstoffe auf der Strecke bleiben. Wer alle Vorteile von Hafer genießen möchte, kann ihn einfach selbst mit einer Flockenquetsche zu Flocken pressen.

Hirse

Inhaltsstoffe:

Das leicht verdauliche Korn hat es in sich. Bei fast allen Mineralien und Spurenelementen ist Hirse Spitzenklasse (vor allem Eisen, Phosphor, Kieselsäure und Magnesium). Daneben hat sie reichlich Lecithin, den wichtigen Eiweißbaustein Lysin sowie Vitamine der B-Gruppe zu bieten. Da Hirse kein Klebereiweiß enthält, ist sie bei Glutenunverträglichkeit geeignet. Ihr Fluorgehalt wirkt sich günstig auf die Zahngesundheit aus.

Heilwirkung:

Hirse wirkt heiß, leicht und trocken und verstärkt somit Vata und Pitta. Für Kapha-Menschen ist Hirse ideal. Ihre leichten und trockenen Eigenschaften sind für Vata-Menschen eher ungünstig, solange sie allein verzehrt wird. Daneben ist sie eine beliebte Heildiät, besonders wenn die Darmflora durch Antibiotika oder säureüberschüssige Ernährung (z. B. durch raffinierten Fabrikzucker und Weißmehl) angeschlagen oder ganz zerstört ist. Hirse hilft bei chronischer Müdigkeit, Asthma, Schwindel, Ohrensausen, Schlaflosigkeit und Vergesslichkeit. Ihren Blutreinigungseffekt macht man sich bei Gicht und Rheuma zunutze sowie als »Kosmetik von innen« bei unreinem Teint. Nicht zuletzt führt Hirse dem ganzen Organismus vitale Aufbaustoffe zu. Auch Psyche und Intellekt bringt Hirse auf Vordermann: Sie macht lustig, beschwingt, wach und schlau.

Kapha-Hirse-Diät: Hirse waschen. Einen Teil Hirse in fünf Teilen Wasser fünf Stunden einweichen, wobei die Hirse aufquillt. Dann die Hirse im Einweichwasser erhitzen und, wenn nötig, noch mehr Wasser hinzufügen. Eine Hand voll geraspelte Möhren dazugeben und am Schluss, wenn alles gar ist, Petersilie und andere frische Kräuter, einen Esslöffel Joghurt und eine Prise Salz hinzufügen. Als Beilage können frische Salate serviert werden.

Honig

(Nektar; hindi: Madhur)

Nach dem Ayurveda sollte Honig unter keinen Umständen erhitzt werden, da er sonst Ama (siehe Seite 16) hervorruft. Außerdem werden beim Kochen oder Backen nicht nur sein natürliches, lösliches Wachs, sondern auch zahlreiche Inhaltsstoffe und Enzyme zerstört oder verändert. Wird Honig über 40 °C erhitzt, werden die in ihm enthaltenen Enzyme Diastase und Invertase bereits teilweise zerstört. Über die veränderten Wachsubstanzen bekommt Honig auch leicht toxische Eigenschaften, unter anderem fermentiert er im Magen und erzeugt Blähungen.
Honig eignet sich hervorragend zum Süßen von nicht erhitztem Konfekt, wie z. B. Honigmarzipan. Will man gekochte Speisen oder Getränke mit Honig süßen, so sollte man ihn erst nach dem Kochprozess in die handwarmen Speisen oder Getränke geben.

Inhaltsstoffe:

Die bisher 115 bekannten Wirkstoffe haben kalt abgefülltem Honig den Ruf eines großen Heilmittels eingebracht – und viele Inhaltsstoffe sind heute noch gar nicht identifiziert. Neben 70 – 80 % Trauben- und Fruchtzucker (50 – 60 % bei Honigtau) enthält er Malz- und Rohrzucker, Dextrine, geringe Mengen Mineralstoffe wie Eisen, Phosphor, Calcium, Natrium, Kalium, Schwefel und Mangan, Enzyme (Invertase, Diastase), Vitamine, organische Säuren (wie Ameisensäure), Aromastoffe, ätherische Öle, Inhibine (im Bienenspeichel vorkommende Substanzen, die bestimmte Bakterien hemmen) und andere Wirkstoffe. All diese Substanzen machen es dem Körper sehr leicht, Honig aufzunehmen, ohne die Verdauungsorgane zu belasten.

Heilwirkung:
Wurde Honig vor mehr als sechs Monaten abgefüllt (alter Honig), so vermehrt er Pitta und wirkt energetisierend auf den ganzen Körper. Junger Honig, der vor weniger als sechs Monaten abgefüllt wurde, vermehrt dagegen das Kapha-Dosha.
Alter Honig wirkt wärmend, trocknend und zusammenziehend. Er ist ideal für Kapha und (in Maßen) auch für Vata-Menschen. Er liefert Energie für Jung und Alt, Kranke und Schwangere. Honig stärkt und hilft bei Krankheiten von Herz, Hals, Brust, Lungen, Leber und Augen, senkt das Fieber und fördert den Schlaf. Wegen seiner basischen Natur reinigt er das Blut. Eine drei- bis sechstägige Fastenkur ausschließlich mit Honig und Zitronenwasser kann den Körper von unerwünschten Bakterien reinigen.
Honig mit warmem Wasser oder in größeren Mengen genommen, wirkt abführend. **Honig mit Ingwerpulver** regt den Appetit an und fördert die Verdauung. **Honig mit schwarzem Pfeffer** ist ein bewährtes Hausmittel bei Husten und Erkältungskrankheiten. **Honig mit frisch geriebener Mandelpaste** – als erstes Frühstück am Morgen – stärkt Herz und Gehirn. Dafür werden bis zu sieben Mandeln über Nacht in Wasser einweicht. Am nächsten Morgen werden sie geschält und mit einigen Tropfen Wasser im Mixer püriert oder im Mörser zu Paste fein zerrieben.

Ingwer (Ingber)

Inhaltsstoffe:
Die Natur hat Ingwer eine geballte Ladung von Bitterstoffen und ätherischen Ölen mitgegeben.

Heilwirkung:
Nach der ayurvedischen Heilkunde nimmt Ingwer eine Sonderstellung unter den Gewürzen ein, da er die Verdauungskraft Agni stark anregt, ohne das Pitta-Dosha im Körper zu stören. Ingwer baut Ama (toxische Stoffwechselprodukte) ab und unterstützt die Ausleitung von Giftstoffen über den Darm. Er wirkt entblähend, pflegt die Darmflora und hilft bei Übelkeit, Brechreiz und verdorbenem Magen. Ingwer hemmt die Blutgerinnung und schützt damit vor Herzinfarkt. Auch senkt er den Cholesterinspiegel und den Blutdruck und wirkt krebsvorbeugend.
Je nachdem, wie viel Ingwer man zu sich nimmt, wirkt er abführend (bis zu 10 g während einer Mahlzeit) oder verstopfend (mehr als 10 g). Da Ingwer den Brustbereich von Schleim befreit, ist er bei Husten und der dadurch verursachten Atemnot sehr hilfreich (5 g frischer Ingwersaft mit 15 g Honig).
Frischer Ingwer wirkt sanfter als getrockneter und eignet sich besser für Vata-Typen. Getrockneter Ingwer ist für Kapha-Menschen ideal. Ein Teelöffel getrockneter Ingwer entspricht einem Esslöffel frischen Ingwer.
Ingwertee ist im Winter ein unschätzbarer Helfer, vor allem bei Fieber- und Erkältungskrankheiten. Der aus frischen Ingwerscheiben zubereitete Tee, mit Honig gesüßt, kann in seiner Wirkung noch verstärkt werden, indem man ein paar

schwarze Pfefferkörner mitkocht. Probieren Sie Ingwertee auch einmal im Sommer, dann allerdings kalt mit Zitronensaft als Erfrischung und als Verdauungshilfe.

Jaggery und Gur

(eingekochter Zuckerrohrsaft und eingekochter Palmsaft)

Unter den gesunden Süßungsmitteln stehen Jaggery (eingekochter Zuckerrohrsaft) und Gur (eingekochter Palmsaft) neben Honig gleich an erster Stelle. Zum Kochen und Backen sind sie sogar die Süßungsmittel der Wahl, da Honig nach dem Ayurveda nicht erhitzt werden sollte.

Inhaltsstoffe:

Jaggery enthält alle Nährstoffe des Zuckerrohrs wie Eiweiß, Kohlenhydrate und Mineralstoffe. Er gilt auch als gute Vitamin-A-Quelle und ist reich an Vitaminen des B-Komplexes.

Heilwirkung:

Jaggery und Gur sind Nahrung für Herz und Leber, regen den Stoffwechsel an und stärken den Körper allgemein. Nach dem Ayurveda vermehren sie Kapha und Pitta, sie sind also ideal für Vata-Menschen. Sie reinigen den Urin und werden bei Tumoren, Furunkeln, Husten, Anämie, Blasenerkrankungen, Hämorrhoiden, Gelbsucht und Appetitlosigkeit eingesetzt. Ein kleines Stück Jaggery/Gur nach einer üppigen Mahlzeit bringt auch die Verdauung wieder in Schwung. Jaggery und Gur bekommen Sie in asiatischen Lebensmittelgeschäften oder im Gewürzversand.

Tipp: Um Jaggery, der in festen oder pastenartigen Blöcken erhältlich ist, in der Küche schneller parat zu haben, gehen Sie folgendermaßen vor: Jaggery mit etwas Wasser in einem Topf bei schwacher Hitze auflösen. So viel Wasser dazugeben, bis Sie eine flüssige Masse erhalten. Einige Minuten köcheln lassen und dann durch ein feines Sieb sieben (manchmal befinden sich noch kleine Steinchen oder Ähnliches darin). Er hat nun die Konsistenz von sehr flüssigem Honig. In einem Schraubglas aufbewahrt, können Sie ihn jederzeit zum Backen verwenden. Nach dem Abkühlen dickt Jaggery noch etwas nach (wenn Sie jedoch genug Wasser dazugegeben haben, bleibt er wie flüssiger Honig). Kühl aufbewahren und bald verbrauchen.

Joghurt

(hindi: Dahi)

Seine heilenden Eigenschaften kann Joghurt nur dann entfalten, wenn er aus qualitativ hochwertiger (nicht hocherhitzt) Milch mit rechtsdrehenden Milchsäurebakterien (nicht wärmebehandelt) hergestellt wurde. Auch sollte er als Bindemittel keine Produkte vom toten Tier wie Gelatine enthalten.

Inhaltsstoffe:

Bis auf den Milchzucker besitzt Joghurt etwa die gleichen wertvollen Inhaltsstoffe der Milch. Hervorzuheben sind reichlich Proteine, Calcium, die Vitamine B_2 und B_1. Und natürlich die Milchsäurebakterien. 500 – 800 Millionen dieser natürlichen und erwünschten Mikroorganismen finden sich in 1 ml Joghurt.

Heilwirkung:
Joghurt kann als natürliches Antibiotikum wirken. Wie neuere Untersuchungen ergaben, kann Joghurt sogar bestimmte Amöben und Bakterien wie Staphylokokken, Streptokokken und Thyphuserreger töten, die Ursachen für Krankheiten und vorzeitiges Altern sind. Laut Ayurveda hat Joghurt saure, schwere, feuchte und zusammenziehende Eigenschaften. Er vermehrt Pitta und Kapha. Damit ist er ideal für Vata-Menschen und für die Sommerzeit. Denn obwohl Joghurt Agni, die Verdauungstätigkeit im Magen, anregt, kühlt er gleichzeitig den restlichen Körper. Das ist auch der Grund, warum man im sommerlichen Indien Joghurt so gerne hat – zu einer Zeit, in der die Verdauungskraft im Magen herabgesetzt ist und der restliche Körper nach Kühlung verlangt. Im Winter sollte man Joghurt allerdings – wenn überhaupt – nur mit hitzeerzeugenden Gewürzen (z. B. mit schwarzem Pfeffer, Ingwer, Muskat, Zimt, Gewürznelken) zu sich nehmen. Joghurt hilft bei leichtem Durchfall und baut die Darmflora wieder auf, wenn diese durch Antibiotikaeinnahmen oder durch Krankheiten vernichtet wurde. All dies erklärt, weshalb Joghurt den Körper auch allgemein stärkt, das Leben verlängert und das Wachstum von Tumoren und sogar Krebs hemmen kann. Am besten isst man Joghurt zusammen mit anderen Nahrungsmitteln, nicht abends und nicht jeden Tag, sonst kann er die Doshas stören. Damit Pitta-Menschen nicht ganz auf Joghurt verzichten müssen, sollten sie ihn mindestens 1:1 mit Wasser verdünnen und mit Ahornsirup, etwas Zitronensaft und Korianderpulver oder Zimt zu sich nehmen. Auch Kapha-Menschen sollten Joghurt stets verdünnt in Form von Saucen oder Currys zu sich nehmen oder als Getränk (Lassi) mit Honig, Zimt, Ingwer, schwarzem Pfeffer und Kardamom.

Joghurt selbst gemacht:
1) 1 l Milch (Roh-, Vorzugs- oder nurpasteurisierte Milch, nicht homogenisiert) aufkochen und die Temperatur auf 35 – 40 °C absinken lassen.
2) Dann 1 EL guten Naturjoghurt oder die entsprechende Menge Joghurtkultur aus dem Reformhaus oder Naturkostladen in einer Tasse warmer Milch auflösen und diese in den Milchtopf rühren. (Bei 2 l Milch benötigt man 50 ml Naturjoghurt.)
3) Joghurtansatz in saubere Schraubgläser füllen oder im Edelstahltopf lassen. Eine Thermosflasche eignet sich besonders gut. Der Ansatz sollte eine gleichbleibende Temperatur von 35 – 40 °C behalten und nicht bewegt oder erschüttert werden. Dann ist er nach 4 – 8 Stunden fertig. (Am besten, Sie wickeln Topf oder Gläser in Handtücher und Wolldecken ein.)

Eine andere Möglichkeit, Joghurt selbst herzustellen, besteht mit Hilfe eines Joghurtbereiters. Entsprechende Geräte sind im Fachhandel erhältlich. Darunter gibt es auch solche, die ohne zusätzliche Stromzufuhr arbeiten.
Im Kühlschrank ist selbst gemachter Joghurt etwa 1 Woche haltbar. Denken Sie daran, einen Rest Joghurt für die nächste Kultur aufzuheben. Wenn die Anfangskultur nach einigen Malen schwächer wird, ersetzen Sie diese wieder mit frisch gekauftem Joghurt.

Früchtejoghurt: Ihrem hausgemachten Joghurt können Sie Honig oder andere gesunde → Süßungsmittel und frische Früchte (pürierte Bananen, Erdbeeren ...) je nach Geschmack zugeben. Wer den Joghurt noch etwas andicken will, kann z. B. Johannisbrotkernmehl unterrühren.

Joghurtquark

(Shrikhand)

Heilwirkung:

Joghurtquark verstärkt Pitta und Kapha.

Joghurtquark selbst gemacht:

Joghurt in einem Käsetuch abhängen, bis keine Molke mehr heraustritt. 1 ½ l Joghurt benötigen 5 – 8 Stunden und ergeben etwa 750 g.

Verwendung:

Joghurtquark ist ein idealer Quarkersatz zum Beispiel für Käsekuchen, Quark-Öl-Teig oder Teigfüllungen, macht sich mit frischen Kräutern und Gewürzen gemischt aber auch gut als Brotaufstrich. Der Renner aber ist Shrikhand, ein leckeres indisches Dessert: Joghurtquark mit einem → Süßungsmittel, einer pürierten Fruchtart (wie Erdbeere, Himbeere, Mango) oder Safran oder Carob mischen. Wer es gerne reichhaltig mag, kann noch geschlagene Sahne unter den Joghurtquark heben (→ Joghurt; → Quark).

Käse

→ Frischkäse selbst gemacht; → Milch

Kardamom

(hindi: Elaichi)

Inhaltsstoffe:

Die Samen enthalten 2 – 8 % ätherisches Öl und essentielle Fette.

Heilwirkung:

Kardamom stammt aus der Ingwerfamilie. Ähnlich wie der Ingwer wirkt auch Kardamom auf alle drei Doshas besänftigend, da er in der Lage ist, die Verdauungskraft Agni anzuregen, ohne Pitta zu stören. Wegen seiner leicht antibiotischen Wirkung wird Kardamom bei Übelkeit, Erbrechen, Husten, Ohren- und Zahnschmerzen, Hämorrhoiden und Vergiftungen eingesetzt. Kardamom regt nicht nur den gesamten Stoffwechsel an, sondern auch das Gehirn, er verleiht geistige Klarheit, ein gutes Gedächtnis und hellt die Stimmung auf. Auch bei Beschwerden durch Nieren- und Blasensteine und Hautausschlag hilft er. Ferner wirkt Kardamom herzstärkend, harntreibend, verdauungsfördernd, appetitanregend, erfrischend und allgemein stärkend.
Gemahlener Kardamom mit Anis und zerstoßenem Kandiszucker lindert Magenbeschwerden und -brennen. Außerdem dient gemahlener Kardamom in Milch- und Joghurtspeisen, z. B. Milchreis oder Joghurtquark, als Verdauungshilfe, da er die Kapha vermehrende Wirkung dieser Speisen neutralisiert. Als Getränk am Abend empfiehlt der Ayurveda zerstoßene Samen aus 1 – 2 Kardamomkapseln, zusammen mit Milch gekocht und heiß getrunken.

Kichererbsen

(Kickerling; hindi: Kabuli channa)

Inhaltsstoffe:

Kichererbsen strotzen vor Nährstoffen. Sie sind reich an Eiweiß (20 %), Carotin, B-Vitaminen, Vitamin E, Kalium, Magnesium, Calcium und Phosphor. Nicht zu vergessen der Fettgehalt von 6 – 10 %. Der Eisen- und Vitamin-C-Gehalt ist doppelt so hoch wie bei anderen Hülsenfrüchten. Lässt man Kichererbsen keimen, steigen der Carotin- und der Vitamin-C-Gehalt noch weiter.

Heilwirkung:

Nach dem Ayurveda verstärken Kichererbsen Vata. Das macht sie ideal für Kapha-Menschen oder -Krankheiten wie Husten und Erkältung sowie für Pitta-Typen. Im Übermaß gegessen, wirken sie leicht verstopfend. Die ungesättigten Fettsäuren der Kichererbse senken den Cholesterinspiegel und beugen damit auch der Arteriosklerose vor. Daneben aktivieren Kichererbsen die Funktionen von Herz, Knochen, Muskeln und Gewebe. Überhaupt können sie uns viel Energie und Kraft verleihen, weswegen schon einige Kichererbsen pro Tag für die menschliche Ernährung ausreichen.

Vorsicht: Vor dem Verzehr sollte man die Keimlinge 5 Minuten erhitzen oder blanchieren, damit die gesundheitsschädlichen Hämagglutinine zerstört werden!

Kichererbsenmehl

(englisch: gram flour; hindi: Besan flour)

Heilwirkung:

In der Ayurveda-Medizin werden Breiumschläge aus Kichererbsenmehl und Honig auf Geschwüre aufgelegt (→ Kichererbsen).

Naturkosmetik:

Das Geheimrezept der Inderinnen für geschmeidige und gesund glänzende Haut ist eine Paste aus Kichererbsenmehl, Kurkumapulver (Turmerik), gemahlenen Bockshornkleesamen (Methi) und etwas Sesamöl. Diese Paste wird wie eine Maske auf die Haut aufgetragen und nach einigen Minuten mit Wasser abgewaschen.

Kokosnuss und Kokosflocken

(hindi: Nariyal)

Inhaltsstoffe:

Kokosnüsse sind reich an B-Vitaminen, Vitamin E und Niacin.

Heilwirkung:

Laut Ayurveda vermehren frische Kokosnüsse Kapha, getrocknete Kokosraspel hingegen Vata. Frische Kokosnüsse wirken kühlend, leicht harntreibend und mild abführend. Sie helfen bei Sodbrennen, Gastritis und sogar bei Magengeschwüren. Roh gegessen, stärken sie das Zahnfleisch.

Koriander
(hindi: Dhania)

Inhaltsstoffe:
Koriandersamen und -blätter enthalten ätherische Öle, Tannin, essentielle Fettsäuren und Vitamin C.

Heilwirkung:
Koriander ist etwas Besonderes im Ayurveda, da er alle drei Doshas ausgleichen kann. Er stärkt Körper und Herz und vermehrt die Verdauungskraft Agni. Außerdem hat er verdauungsfördernde, entwässernde, geschmacksverbessernde, fiebersenkende, entkrampfende und durststillende Eigenschaften. Ayurveda-Therapeuten empfehlen ihn zudem bei Erbrechen, Asthma, Husten, Rheuma, allgemeiner Schwäche und Wurmkrankheiten. Koriandersamen helfen bei der Verdauung von stärkehaltigen Speisen (z. B. Brot) und Wurzelgemüse.

Korianderblätter
(hindi: Har Dhania)

Heilwirkung:
Frische Korianderblätter wirken kühlend und zusammenziehend. Sie sind ideal für Pitta- und Kapha-Menschen, in Maßen können sie jedoch auch von Vata-Typen verzehrt werden. Ayurveda-Ärzte empfehlen Korianderblätter bei Fieber, Erbrechen und Augenentzündungen. Zudem wirken sie harntreibend, verdauungsfördernd und appetitanregend.

Kreuzkümmel
(Mutterkümmel; englisch: Cumin; hindi: Jeera)

Heilwirkung:
Ebenso wie Koriander regt auch Kreuzkümmel Agni, die Verdauungskraft, an, ohne das Pitta-Element zu stören. Auf diese Weise wirkt er auf alle drei Doshas harmonisierend. Kreuzkümmel reguliert die Darmflora und stärkt Augen, Herz, Leber, Nieren und Gebärmutter. Außerdem wirkt er appetitanregend, verdauungsfördernd, entgiftend, blutreinigend, entwässernd, schmerzstillend und fiebersenkend. Auch bei Hämorrhoiden, Hautausschlag, Blähungen, Nieren- und Blasensteinen und Genitalbeschwerden setzt man ihn gern ein. Sogar die Milchsekretion beim Stillen kann Kreuzkümmel fördern.
Gerösteter Kreuzkümmel mit Joghurt wird gegen Durchfall eingesetzt. Vor allem in Kombination mit Koriander gleicht Kreuzkümmel stark erhitzende Lebensmittel wie Tomaten, Chilis und Paprika aus.

Kümmel

Inhaltsstoffe:
Der stark würzige Geschmack des Kümmels ist auf seine ätherischen Öle zurückzuführen.

Heilwirkung:
Kümmel vermehrt Pitta im Körper. Ayurveda-Ärzte schätzen seine verdauungsfördernden, appetitanregenden, magenstärkenden und harntreibenden Eigenschaften. Kümmel ähnelt sehr den Anissamen und Fenchelsamen und wird von Kneipp als blähungsvertreibendes Mittel

empfohlen. Auch für Frauen zeigt er seine heilenden Kräfte, indem er bei Menstruationsbeschwerden hilft, Gebärmutterkrämpfe löst und die Milchsekretion in der Stillzeit steigert.
Ungesüßter Kümmeltee ist eines der verlässlichsten Heilmittel bei Brechreiz, Blähungen, Magenbrennen, -kolik und -schmerzen: Einen Teelöffel Kümmel kurz aufkochen und danach 10 Minuten zugedeckt ziehen lassen.

Kürbiskerne

Inhaltsstoffe:

Kürbiskerne enthalten bis zu 50 % Fett mit einem hohen Anteil an ungesättigten Fettsäuren. Ferner sind zu nennen: Vitamin E, Vitamine des B-Komplexes, Carotin, Lecithin, Phytosterin, Phytin, Enzyme und viele Mineralstoffe wie Phosphor, Eisen, Zink und Kieselsäure.

Heilwirkung:

Nach dem Ayurveda erhöhen Kürbiskerne Kapha und leicht Pitta. Kürbisgemüse hat stärkende und energetisierende Eigenschaften und vermehrt Kapha und Pitta. Kürbis ist ideal für Vata-Menschen, in Maßen wird er aber auch von Pitta- und Kapha-Typen vertragen. Regelmäßiges Kauen von grünen Kürbiskernen hilft bei Blasen- und Prostataleiden. Kürbiskerne in Verbindung mit Rizinusöl gelten von alters her als ein hervorragendes Wurm- und Parasitenmittel.

Kurkuma

(Gelbwurz; hindi: Haldi; englisch: Turmerik)

Inhaltsstoffe:

Für die antiseptischen Eigenschaften von Kurkuma sind neben Jod auch 6 % ätherische Öle verantwortlich.

Heilwirkung:

Nach dem Ayurveda wirkt Kurkuma leicht Pitta und Vata erhöhend. Kurkuma ist ein natürliches Antibiotikum, das die Verdauung stärkt und die Darmflora verbessert. Gleichzeitig verleiht sie Energie und Wärme, regt die Leberfunktion an und wirkt stark blutreinigend, harntreibend und nervenstärkend. Außerdem regt sie den Appetit an, stillt Schmerzen und hilft bei Entzündungen, Juckreiz, Hautkrankheiten und -ausschlägen. Sogar bei Gebärmutterbeschwerden und zur Reinigung der Muttermilch kann Kurkuma erfolgreich eingesetzt werden. Ihre desinfizierende Wirkung kommt sowohl bei der innerlichen als auch bei der äußerlichen Anwendung zum Tragen.
Diejenigen, die Hatha-Yoga praktizieren, schätzen an Kurkuma, dass sie die Energiekanäle und Chakras *(Nadi-shodhana)* reinigt und die Elastizität der Bänder fördert. Sogar bei Zahnschmerzen und Zahnfleischentzündungen kann sie helfen. Zusammen mit einer Prise Salz und einigen Tropfen Senföl ergibt sie ein hervorragendes Zahnputzpulver.
Äußerlich lindert Kurkuma, zusammen mit Honig angewandt, Verstauchungen, Zerrungen, Prellungen und Juckreiz. Bei Quetschung und Prellung: Drei Esslöffel Senföl erhitzen, mit je einem Esslöffel Kurkuma und Ingwerpulver schwarz

rösten und auf die erkrankte Stelle (so warm wie möglich) auftragen. Das lindert die Schwellung.
Eine Paste aus Kurkuma, Kichererbsenmehl und Senföl (Sesamöl für empfindliche Haut) kann Seife ersetzen. Diese Mischung reinigt die Haut schonend und verleiht ihr Glanz, Geschmeidigkeit und einen schönen Teint.

Leinsamen

Inhaltsstoffe:

Die kleinen goldbraunen Leinsamen mit dem nussartigen Geschmack enthalten Eiweiß, Lecithin, Enzyme, Sterine, Linamarin, einen hohen Anteil an ungesättigten Fettsäuren und insbesondere die wertvolle Linolsäure.

Heilwirkung:

Leinsamen wirken erwärmend und vermehren Pitta und Kapha im Körper. Sie sind ein hervorragendes Tonikum für Vata-Menschen. Auf der Oberhaut der Samen sind viele Schleimstoffe konzentriert, die in Verbindung mit Flüssigkeit aufquellen. So verwendet man aufgekochten Leinsamen bei gereiztem Magen und Darm sowie bei Störungen der Darmflora. Als mildes Abführmittel gibt man die Samen auch in Müsli, Joghurt, Brotteig oder verziert Brötchen damit. Leinsamen helfen bei chronischen und degenerativen Lungenleiden. Sie kräftigen die Knochen und lindern Entzündungen der Haut und Gelenke.

Lopino

→ Süßlupine

Macis (Muskatblüte)

→ Muskat

Mais

(Türkischer Weizen, Kukuruz, Welschkorn)

Inhaltsstoffe:

Maismehl enthält kein Gluten, was es zu einer interessanten Abwechslung auf dem Speisezettel für Menschen mit Glutenunverträglichkeit macht. Mit seinen Inhaltsstoffen allerdings rangiert Mais unter allen anderen Getreiden. Ihm fehlen wesentliche Aminosäuren und das Vitamin Niacin, weshalb man sich nicht ausschließlich von Mais ernähren sollte. Erst in Kombination mit anderen Nahrungsmitteln wird Mais zu einer vollwertigen Speise. Nicht ohne Grund bauten die frühen Völker Amerikas ihre Grundnahrungsmittel Mais, Bohnen und Tomaten meist zusammen auf einem Feld an und verzehrten sie auch gemeinsam.

Heilwirkung:

Nach dem Ayurveda besitzt Mais leichte, warme und trockene Eigenschaften. Pitta- und Vata-Typen sollten ihn deswegen nur gelegentlich zu sich nehmen. Kapha-Menschen dagegen können getrost zugreifen. Günstig ist Mais für alle, die abnehmen möchten, und für Zuckerkranke, da er lange zur Verdauung braucht, sehr satt macht und seine Kohlenhydrate nur langsam ins Blut übertreten. Außerdem hilft Mais bei vielen Kapha-Beschwerden wie Erkältungen. Vata- und Pitta-Menschen werden frische, gekochte Maiskolben weitaus besser vertragen als Maismehl.

Mandeln

Inhaltsstoffe:

Mandeln besitzen über 50 % Fett mit vielen ungesättigten Fettsäuren, außerdem 20 % Eiweiß, Provitamin A, die Vitamin B_1, B_2 und C, Kohlenhydrate, Enzyme mit Hormoncharakter und Mineralstoffe wie Calcium, Kalium, Magnesium, Phosphor, Schwefel und Eisen.

Heilwirkung:

Im Ayurveda kommt es darauf an, in welcher Form man Mandeln zu sich nimmt. Mandelpaste oder Mandeln, die über Nacht eingeweicht und enthäutet wurden, vermehren das Kapha- und Pitta-Dosha. (In heißem Wasser blanchierte Mandeln sind nicht so wohltuend für Vata-Typen wie über Nacht eingeweichte.) Trockene und nicht enthäutete Mandeln dagegen verstärken eher das Vata-Element.
Ob Jung oder Alt, Denker, Arbeiter oder Sportler, Mandeln stärken jeden. Sie schenken Lebenskraft, sind gut für die Augen und kräftigen Nerven, Gehirn und Körper. Auch in der Schwangerschaft, nach der Geburt und bei Menstruationsbeschwerden schätzt man sie als Kraftquelle. Und in Nordindien gibt man Kindern morgens gerne frische Mandelpaste mit Honig.
Damit der Körper die Inhaltsstoffe der Mandeln aufnehmen kann, müssen Mandeln zerkleinert oder sorgfältig gekaut werden, sonst können sie von Magen und Darm nicht aufgespalten werden und verlassen praktisch unverdaut den Organismus. Am besten werden sie in Form von Paste resorbiert. Aber alles in Maßen: Eine knappe Handvoll Mandeln täglich reicht.

Mandelpaste selbst gemacht: Mandeln über Nacht in wenig Wasser einweichen. Am nächsten Morgen enthäuten und im Mixer pürieren oder noch besser im Mörser mit einigen Tropfen Einweichwasser zerreiben. Ein wenig Honig dazugeben. Fertig!
Sieben Mandeln als Paste liefern mehr Energie als 50 g geröstete, gesalzene oder gesüßte und gut gekaute Mandeln.

Milch und Milchprodukte

Roh-, Vorzugs- oder nur-pasteurisierte Milch aus artgerechter Tierhaltung ist ein vollwertiges und gesundes Lebensmittel.

Heilwirkung:

Milch vermehrt Kapha und besänftigt Vata und Pitta. Frisch gemolkene, euterwarme Milch ist am besten (aber wohl für die meisten von uns nicht zu bekommen). Bereits drei Stunden nach dem Melken wird ungekochte Milch schwerer verdaulich, verursacht Blähungen und vermehrt Kapha. Wer keine frisch gemolkene Milch bekommt, sollte folgende Dinge beachten: Der Ayurveda akzeptiert nur Rohmilch oder nur-pasteurisierte Milch. (Homogenisieren verändert das Milchfett, macht Milch schwer verdaulich und führt zu Ama.) Um kalte, Kapha vermehrende Rohmilch wieder besser verträglich zu machen, werden ihr die Elemente Feuer (aufkochen lassen) und Luft (mehrere Male umgießen oder mit dem Schneebesen umrühren) hinzugefügt. Auch erwärmende Gewürze wie Zimt, Kardamom, Ingwer oder Safran sind für die Bekömmlichkeit von Milch wichtig. Serviert werden sollte Milch so heiß, dass man sie nur schlückchenweise zu sich nehmen kann. In die-

ser Form ist sie für alle drei Doshas am bekömmlichsten. Selbst Kapha-Typen können bei Milch (in Maßen) zugreifen, wenn sie mit Honig gesüßt ist.
Heiße Milch, gesüßt und mit wärmenden Gewürzen als einziger Bestandteil der Mahlzeit wird im Ayurveda als Nektar beschrieben. In vedischen Zeiten gab es Weise, die nur von ein bis zwei Gläsern Milch am Tag lebten.
Täglich ein bis zwei Gläser heiße Milch sind ideal für Jung und Alt, für Kranke und Gesunde, Denker und körperlich Arbeitende und garantieren Gesundheit und ein langes Leben.
Rohmilch und nur-pasteurisierte Milch setzen Ayurveda-Therapeuten bei zahlreichen Krankheiten und Beschwerden ein wie Gicht, Nieren- und Blasenkrankheiten, Tuberkulose, Frauenbeschwerden, Kindererkrankungen, Blutarmut, Lähmungen, Altersschwäche, bestimmten Magen- und Darmbeschwerden, Magersucht, Hauterkrankungen, Haarausfall, Kopfschmerzen, Schlaflosigkeit, Lebererkrankungen (auch Gelbsucht), Drüsenstörungen (z. B. Zuckerkrankheit), Vergiftungen und allgemeiner Schwäche. Selbst bei psychischen Beschwerden, Angst und Nervosität hilft Milch wieder auf die Sprünge – ideal also für alle Vata-Beschwerden.

Mohn

Heilwirkung:

Ayurveda-Ärzte empfehlen Mohn bei nervösen Verdauungsstörungen bei Kindern und bei Menschen mit übermäßigem Vata. Doch sollte man Mohn nur ab und zu genießen, denn bei längerem Gebrauch kann er abstumpfend wirken und die Aufmerksamkeit herabsetzen.

Empfehlung:

Mohn sollte vor der Verwendung im Kuchen, Strudel oder Stollen immer gemahlen und in Milch aufgekocht werden. Dadurch verliert er seine leicht dämpfende Wirkung.

Molke

Molke ist die gelbgrüne Flüssigkeit, die bei Herstellung von Frischkäse (Panir) und beim Abhängen von Joghurt (→ Joghurtquark) anfällt.

Inhaltsstoffe:

Molke enthält die wasserlöslichen Bestandteile der Milch wie Milchzucker, Milchsäure, wasserlösliche Vitamine, Mineralstoffe und Eiweiß.

Heilwirkung:

Im Ayurveda gilt Molke als natürliches und gesundes Nahrungs- und Heilmittel. Bis heute wird sie für Trinkkuren und als Nahrungsergänzung verwendet (→ Milch).
Selbst gemachte Molke ist billiger als gekaufte Molke, die auch häufig unter Zusatz von tierischem → Lab gewonnen wird.

Mungbohnen

(grüne Sojabohnen, Mung Dal)

Inhaltsstoffe:

Die Mungbohne ist nicht nur eine großzügige Lieferantin von wertvollem Eiweiß und Fett, sondern auch von Provitamin A, Vitaminen des B-Komplexes, Vitamin E sowie den Mineralstoffen Eisen, Phosphor, Kalium, Magnesium und Calcium.

Heilwirkung:
Mung Dal genießt im Ayurveda ein hohes Ansehen, insbesondere wenn es um Stärkung, Rekonvaleszenz und Reinigung geht. Er ist ideal für Pitta-Menschen, und wenn er angemessen gewürzt ist, dürfen selbst Kapha- und Vata-Typen getrost zugreifen. Zusammen mit Reis (Kichari) ist er nicht nur ein indisches Nationalgericht, sondern auch aus dem Ayurveda-Diätplan nicht wegzudenken. Kichari gleicht nicht nur die Doshas aus, sondern unterstützt den Körper auch bei der Ausscheidung von Toxinen, verleiht viel Energie und ist dennoch leicht verdaulich. Wer möchte, kann die ganze olivgrüne Mungbohne auch zum Keimen bringen oder sie fertig gekeimt als Sojasprossen kaufen. Die gespaltenen Mungbohnen werden für Linsensuppen (Dal) und viele Gemüsegerichte verwendet.

Muskat
(Muskatnuss)

Inhaltsstoffe:
Neben Stärke enthalten die Nüsse 7 – 16 % ätherisches Öl, das Myristicin.

Heilwirkung:
Nach dem Ayurveda vermehrt Muskatnuss Pitta und reduziert im Gegenzug Vata und Kapha. Muskat wirkt antiseptisch, fördert die Verdauung, vertreibt Blähungen, beruhigt und löst Muskelkrämpfe, insbesondere im Bauchbereich. Die Muskatnuss ist eines der besten Gewürze, um die Absorption von Nahrungsbestandteilen vor allem im Dünndarm zu verbessern. Diese Wirkung wird im Verbund mit anderen Gewürzen wie Kardamom und Ingwer noch verstärkt.
In Buttermilch gerieben, verbessert Muskat die Nährstoffaufnahme und stoppt Durchfall.

Empfehlung:
Muskatnuss sollte man in Maßen verwenden, da sie sonst abstumpfend wirkt.

Macis (auch Muskatblüte genannt) ist der orangefarbene, getrocknete Samenmantel des Muskatnussbaums. Macis dient ebenfalls als Gewürz, vor allem für Weihnachtsgebäck und andere Backwaren, wie z. B. Gewürzkuchen.

Nüsse

Inhaltsstoffe:
Nüsse sind kleine Kraftpakete par excellence. Mit 40 – 70 % besitzen sie einen hohen Fettgehalt mit vielen ungesättigten Fettsäuren. Ferner enthalten sie Eiweiß, Mineralien (Phosphor, Eisen, Natrium, Kalium, Magnesium, Calcium), Vitamine (Provitamin A, die Vitamine B_1, B_2 und C), Kohlenhydrate, Enzyme mit Hormoncharakter und Zellulose.

Heilwirkung:
Der Ayurveda beschreibt Nüsse als süß, schwer und ölig. Je mehr Fett enthalten ist, desto mehr verstärken sie die Elemente Kapha und Pitta, gute Beispiele dafür sind Walnüsse, Macadamianüsse, Pekannüsse, Pistazien, eingeweichte und enthäutete Mandeln, Cashewnüsse und Ähnliches. Am bekömmlichsten sind sie daher für Vata-Menschen – eine Handvoll täglich reicht. Ob Jung oder Alt, Denker, Arbeiter oder Sportler, Nüsse stärken jeden. Sie schenken Lebenskraft, sind gut für die Augen und kräftigen

Nerven, Gehirn und Körper. Außerdem sind sie wichtig für das Wachstum und einen guten Appetit.
Damit sie nicht so schnell ranzig werden, kaufen Sie Nüsse am besten mit Schale und knacken sie selbst. Doch auch eine ungeschälte Nuss wird spätestens nach einem Jahr ranzig.

Nussmilch: Für Kuhmilchallergiker gibt es mit Nussmilch eine ähnlich wertvolle Alternative. Dazu weicht man Nüsse über Nacht in Wasser ein (mitunter genügen auch wenige Stunden). Dann werden sie im Mixer zu einer feinen Nusspaste püriert (oder in einem Mörser zerrieben), wobei man so viel Wasser zufügt, bis die Nussmilch die Konsistenz von Kuhmilch erhält. Am Ende passiert man die Nussmilch durch ein Sieb. Fertig! Jetzt können Sie die Nussmilch ungekocht (eventuell mit etwas Honig gesüßt) trinken.

Nussbutter: Frische Nussbutter ist leicht verdaulich. Sie sollte stets frisch aus gerösteten Nüssen zubereitet und nie lange gelagert werden. Nussbutter mit Honig ist sehr nahrhaft und reinigend. Nussmus aus Mandeln, Haselnüssen und Cashewnüssen ist ein beliebter Brotaufstrich.

Nussöl wird auch äußerlich zur Massage oder als Sonnenschutz verwendet.

Olivenöl

Inhaltsstoffe:

Von allen Ölpflanzen besitzt Olivenöl den höchsten Anteil an einfach ungesättigten Fettsäuren. Durch den geringen Anteil an mehrfach ungesättigten Fettsäuren ist es länger haltbar. Da es nur 4 – 12 % Linolsäure enthält, kann es höher erhitzt werden als andere kalt gepresste Öle.

Heilwirkung:

Am wertvollsten ist Olivenöl als kalt gepresstes Jungfernöl (natives Olivenöl extra). Nach dem Ayurveda vermehrt es Kapha und Pitta. So ist es ein mildes, reizloses Abführmittel, fördert die Leber- und Gallensekretion und wird auch als Gallenstein-Gleitmittel bei der sogenannten Ölkur verwendet. Außerdem hilft Olivenöl bei Verstopfung, Blähungen sowie bei Vergiftungen durch ätzende Flüssigkeiten.
In der Naturheilkunde und -kosmetik ist Olivenöl ein wichtiger Träger für Salben und Einreibungen. Interessant für Vata-Typen und im Herbst und Winter, der Vata-Jahreszeit: Wer seine Haut (z. B. vor dem Duschen) damit einreibt, wird schnell merken, dass man gar keine teuren Körperlotions braucht.

Orangen

Inhaltsstoffe:

Die exotischen Zitrusfrüchte tragen einen Hindi-Namen. Schon legendär ist ihr hoher Vitamin-C-Gehalt, doch enthalten Orangen auch reichlich Kalium, Magnesium, Calcium, Eisen, Phosphor und Selen.

Heilwirkung:

Orangen sind nach dem Ayurveda feucht und süß, d. h., sie vermehren Kapha. Saure Orangen vermehren in erster Linie Pitta. Für Vata-Menschen sind Orangen ideal. Pitta-Menschen sollten sie lieber meiden, es sei denn, sie sind sehr süß und damit Kapha vermehrend. Orangen sind leicht verdaulich, appetitanregend und ideal in der Rekonvaleszenz, vor allem nach Fieber- und Durchfallerkrankungen. Darüber hinaus bringen sie die Abwehr auf Vordermann, reinigen das Blut, helfen bei Magen- und Darmbeschwerden, stärken die Leber und wirken antidepressiv.

Paprika

(Roter Pfeffer, Spanischer Pfeffer, Peperone)

Inhaltsstoffe:
Paprika, die milde Verwandte der Chili, enthält neben dem Scharfstoff Capsaicin ätherische Öle, reichlich Vitamin C, Carotin und Kalium, Calcium, Magnesium, Phosphor und Eisen.

Heilwirkung:
Nach der Ayurveda-Heilkunde vermehrt **Paprikapulver** das Pitta-Dosha. Es regt die Verdauung an, fördert die Durchblutung von Herz, Magen und Haut und kann gegen Thrombosen helfen. Darüber hinaus wirkt es harntreibend und kann die Abwehr gegen Infektionen steigern. **Gemüsepaprikas** sind süß, leicht, ölig und warm. Dadurch vermehren sie Pitta und etwas Vata. Für Kapha-Menschen sind sie ideal, gekocht werden sie auch von vielen Vata-Typen vertragen.

Pfeffer

(hindi: Kali mirch)
Schwarzer Pfeffer besteht aus den ganzen, unreif getrockneten Beerenfrüchten. Von Pippali, dem indischen Langen Pfeffer, abgesehen, ist er die schärfste Pfeffersorte. Weißer Pfeffer dagegen ist milder. Er wird gewonnen, indem die reifen Früchte von der äußeren roten Schale und vom Fruchtfleisch getrennt werden. Grüner Pfeffer wird aus den unreifen weichen Beeren, die gefriergetrocknet oder in Salz- oder Essiglake eingelegt werden, gewonnen.

Heilwirkung:
Schwarzer Pfeffer wirkt stark appetitanregend, schmerzstillend, wurmvernichtend und steigert das Verdauungsfeuer. Er vermehrt Pitta und beseitigt Krankheiten, die durch zu viel Vata und Kapha verursacht wurden, wie z. B. Husten, Asthma, Erkältungen, übermäßiges Schlafbedürfnis und Verstopfung. Ein Tee aus schwarzen Pfefferkörnern und Honig öffnet die Poren von Magen und Darm, verstärkt die Verdauungsaktivität und scheidet alte Ablagerungen an den Darmwänden aus. Weiter regt er den Kreislauf an und befreit Lungen und Luftröhre von übermäßigem Schleim. Nicht zuletzt ist er hilfreich bei Unterleibsschwierigkeiten.

Quark, selbst gemacht

Ein großer Teil des angebotenen Quarks und Käses wird mit tierischem Lab hergestellt (siehe Seite 36). Da Lab nicht deklariert werden muss, fragen Sie am besten direkt bei der Molkerei nach.

Heilwirkung:
Quark vermehrt Kapha und Pitta.

Gesunder Quarkersatz: Wer Lab-Quark ersetzen will, kann selbst gemachten → Joghurtquark verwenden. Veganer oder Allergiker, die tierisches Eiweiß meiden möchten, können Quark durch weichen → Tofu, Seidentofu oder Lopino (→ Süßlupinen) ersetzen.

Selbst gemachter Quark aus Sauermilch:

1) Sauermilchherstellung: Rohe Milch (Vorzugsmilch) entrahmen, um Magermilch zu erhalten. Dazu die Milch in eine flache Auflaufform gießen und Rahm mit Löffel abschöpfen. Den Rahm aufbewahren und kühlen, er wird noch gebraucht. Die Magermilch mit einem sauberen Tuch abdecken und an einem warmen, aber nicht sonnigen Ort zwei bis drei Tage der Selbstsäuerung überlassen. Die Sauermilch ist fertig, wenn sie durch und durch gallertartig fest geworden ist. Nicht völlig gesäuerte Milch ist unbekömmlich, ebenso zu alte Sauermilch, die aufgrund von Schimmelbildung bitter schmeckt.

Tipp: Damit die Säuerung der Milch schneller vor sich geht und in der Zwischenzeit keine unerwünschten Bakterien den Geschmack verändern, verwenden Molkereien sogenannte Säurewecker. Man kann aber auch drei Esslöffel Buttermilch oder Dickmilch dazugeben.

2) Sauermilch handwarm (auf 37 °C) erwärmen (nicht kochen), damit sich die Molke absetzt. Wird die Sauermilch zu stark erwärmt, wird der Quark hart, bröselig und trocken. (Sichere Methode: Sie können dafür auch die angesäuerte Milch in den auf 50 °C angewärmten und wieder abgeschalteten Backofen stellen und 30 Minuten darin stehen lassen.) Die Masse dann in ein mit einem Käsetuch ausgelegtes Sieb schöpfen und etwa 2 Stunden abtropfen lassen. Die anfangs abgeschöpfte gekühlte Sahne (Rahm) wieder unter den fertigen Quark geben. 4 l Magermilch ergeben etwa 500 g Quark.

Selbst gemachter Quark aus Frischmilch oder pasteurisierter Milch:

Wenn Sie nur pasteurisierte Milch zur Hand haben oder den Säuerungsvorgang beschleunigen wollen, impfen Sie die Milch mit 3 EL Buttermilch oder Dickmilch. Mit einem Tuch abgedeckt, ist sie bei Zimmertemperatur (20 – 22 °C) in 18 – 24 Stunden gesäuert.
Nun die eingedickte Sauermilch wie oben beschrieben 30 Minuten auf 35 °C erwärmen (im abgeschalteten Ofen, der auf 50 °C erwärmt war). Dabei trennt sich die Molke vom Milcheiweiß. Nach 30 – 45 Minuten Quarkmasse vorsichtig in ein Käsetuch schöpfen und 2 Stunden abhängen lassen.
1 l Milch ergibt 200 – 300 g Quark (→ Joghurtquark; → Joghurt; → Tofu; → Lopino).

Reis

(hindi: Javal)

Für die meisten Menschen auf der Erde gehört Reis zu den Grundnahrungsmitteln. Kein Wunder, ist er doch das ertragreichste und bekömmlichste Getreide überhaupt.

Inhaltsstoffe:

Neben allen essentiellen Aminosäuren hat Reis viele Mineralstoffe (wie Phosphor, Calcium, Magnesium, Kalium, Natrium), Kohlenhydrate und Spurenelemente zu bieten. Auch mit Provitamin A, Vitaminen des B-Komplexes, Vitamin E und Niacin geizt er nicht – allerdings nur, wenn es sich um nichtpolierten Naturreis handelt. Durch das Polieren von

Reis, der Entfernung des Silberhäutchens und des Keimlings mit Schutzschicht, gehen viele Inhaltsstoffe verloren. Ernährt man sich überwiegend von weißem Reis, kann es zu Mangelerscheinungen kommen.

Heilwirkung:

Alter Reis, der vor mehr als sechs Monaten geerntet wurde, wirkt leicht Pitta erhöhend. Junger Reis vermehrt Kapha und weißer (polierter) Reis vermehrt das Vata-Dosha. Kocht man weißen Reis zusammen mit grünem Kardamom (eine Kapsel auf 150 g Reis), so kann man dessen Vata erhöhende Eigenschaft reduzieren. (Die Heilwirkungen beziehen sich größtenteils auf nichtpolierten Vollkornreis und Basmatireis.)

Reis stärkt Haare, Zähne, Nägel, Muskeln und Knochen. Außerdem schützt er vor Hautkrankheiten und versorgt das Gehirn mit Energie. Eine indische Weisheit besagt, dass Reis viel Wasser beim Wachsen, viel Wasser beim Kochen und viel Wasser beim Verdauen braucht. Wegen seiner entwässernden Eigenschaften und dem geringen Fettgehalt (2,2 %) ist er ein hochgeschätztes Diätetikum: ideal für Menschen mit Nierenkrankheiten, hohem Blutdruck und Übergewicht. Auch Menschen mit Glutenunverträglichkeit liegen bei Reis richtig. Für Säuglinge und Magen-Darm-Kranke sind seine Schleimstoffe eine wahre Wohltat. Und bei Durchfall ist Reis mit Joghurt die Heilnahrung der Wahl.

Basmatireis, der König der Reissorten, besitzt die meisten Heilwirkungen und ist gut für alle drei Doshas (das gilt sogar für weißen Basmatireis). Er ist sanft kühlend, süß, leicht und feucht. Da er leichter als alle anderen Getreide ist, kann er selbst von Kapha-Menschen in kleinen Mengen gegessen werden. Kühl und süß besänftigt er Pitta, und seine süßen und feuchten Eigenschaften gleichen Vata aus.

Vollkornreis erdet von allen Getreiden am meisten, jedoch ohne die Schwere von Weizen zu besitzen. Er gleicht Vata aus und vermehrt sanft Kapha und Pitta.

Wildreis ist der Samen einer wild wachsenden Grasart mit langem, dünnem, dunklem Korn. Sein hoher Nährwert wurde bereits früh von der Bevölkerung Nordamerikas geschätzt. Wildreis kommt braunem Reis recht nahe, wirkt allerdings etwas mehr erwärmend. (Vor dem 40-minütigen Kochen muss Wildreis eingeweicht werden!)

Parboiled Reis ist vorgekochter und polierter Reis. Um Fertig- oder Kochbeutelreis dieser Art sollte man lieber einen Bogen machen, auch wenn es sich um vorgekochen Naturreis handelt – zu viele seiner Inhaltsstoffe sind auf der Strecke geblieben.

Roggen

Inhaltsstoffe:

Roggen liefert uns essentielle Aminosäuren von immenser biologischer Wertigkeit. Dazu noch Beta-Carotin, Vitamine des B-Komplexes, Vitamin E, reichlich Spurenelemente sowie Kalium, Calcium, Phosphor, Eisen, Mangan, Magnesium, Fluor und Zink.

Heilwirkung:

Mit seinen heißen, leichten und trockenen Eigenschaften vermehrt Roggen Pitta und Vata. Genau wie Buchweizen, Hirse und Gerste ist er ideal für Kapha-Menschen. Während Kapha-Typen am

zufriedensten mit reinem Roggenbrot, Roggenchapatis oder Roggenknäckebrot sind, sollten Pitta- und Vata-Menschen Kapha vermehrende Brote (z. B. Weizen) oder Mischbrote (Roggen mit Weizen, Hafer oder Dinkel) wählen.
Aufgrund seines hohen Mineralstoffgehalts stärkt Roggen alle Organe, die Zähne und die Knochen und fördert die Blutbildung. Stärkearten wie Stachyose und Raffinose machen Roggen etwas schwerer verdaulich, was eventuell zu Blähungen führen kann. Bei entsprechender Gewöhnung jedoch wirkt er sehr kräftigend auf die Verdauungsorgane.
Der Sauerteig im reinen Roggenbrot verstärkt Kapha und Pitta und hilft, die Roggen-Mineralstoffe noch besser zu verwerten.

Vorsicht Mutterkorn: Vor dem Vermahlen sollte man Roggen immer auf ein kleines Tablett streuen und eventuell darin befindliche schwärzliche, meist stark vergrößerte »Getreidekörner« entfernen. Dies sind Mutterkörner, heute seltene, aber giftige Pilzparasiten. In größeren Mengen mitgegessen, rufen sie lebensgefährliche Vergiftungserscheinungen hervor.

Safran
(hindi: Kesar)

Heilwirkung:
Safran ist eines der seltenen Küchengewürze, das alle drei Doshas harmonisieren kann. Er regt Agni, die Verdauungskraft, besonders gut an und eignet sich hervorragend bei kaltem Klima. Ayurveda-Ärzte schätzen seinen schmerzstillenden, krampflösenden, antiseptischen, wurmvernichtenden, leicht abführenden und harntreibenden Einfluss. Safran hilft bei Kopfschmerzen und stärkt Leber und Milz. Er verleiht Liebe, Hingabe und Mitgefühl. Und auch bei psychischen Beschwerden und körperlicher wie psychischer Überanstrengung ist er ein willkommener Helfer. Daneben wirkt Safran vitalisierend, auch auf Blutbildung, Kreislauf und die weiblichen Unterleibsorgane.
Werden einige Safranfäden in der Milch mitgekocht, wirken sie besonders bei Kindern mit Darmkrämpfen beruhigend. Bei Krampf- und Keuchhusten lindert ein halbes Gramm Safranpulver in einer Tasse Anistee, löffelweise eingenommen, die Beschwerden. Als Paste auf die Brust aufgetragen, vermehrt er die Muttermilch.

Sahne
(Rahm)

Inhaltsstoffe:
Als Milchprodukt besitzt Sahne alle Inhaltsstoffe der Milch, wobei vor allem der Fettgehalt hervorsticht.

Heilwirkung:
Sahne vermehrt Kapha und besänftigt Pitta und Vata. Saure Sahne ist heiß, sauer und schwer und wirkt Pitta und Kapha vermehrend – also ideal für Vata-Typen.

Schwarze Senfkörner
(hindi: Rai; englisch: mustard)

Inhaltsstoffe:
Senfsamen erhalten ihren charakteristisch scharfen Geschmack durch die schwefelhaltigen Senfölglykoside, Linol-

säure, verschiedene Bitterstoffe und ätherische Öle. Außerdem enthalten sie 25 % Fettsäuren.

Heilwirkung:

Laut Ayurveda vermehren schwarze Senfsamen Pitta und gleichen ein Zuviel an Vata und Kapha aus. Sie haben hervorragende antibakterielle und verdauungsfördernde Eigenschaften, regen den Appetit und die Magensäfte an und stärken durch die Verbesserung der Durchblutung einen schlaffen Darm und eine überanstrengte Leber. Senfsamen helfen bei Atembeschwerden, Husten, Blähungen, Verstopfung und Herzschmerzen. Senfteig-Auflagen (gelber Senf) kennt man auch in der europäischen Volksmedizin zur Durchblutungs- und Stoffwechselanregung. Sie wirken harntreibend und beseitigen Würmer.

Sesam

(hindi: Til)

Inhaltsstoffe:

Der Ölgehalt des Sesams beträgt 50 % (und davon fast vorwiegend ungesättigte Fettsäuren). Das aus ihm gewonnene Sesamöl wird in der indischen Küche und Medizin sehr geschätzt. Daneben enthält Sesam 20 – 40 % Eiweiß und reichlich Eisen, Phosphor, die Vitamine E, B_1 und B_2, Niacin, Carotin und Kieselsäure. Zudem ist er ein hervorragender Calciumlieferant, 40 g ungeschälter Sesam kann so viel Calcium wie ein halber Liter Milch enthalten. Der besonders hohe Lecithingehalt wirkt sich bei nervöser Erschöpfung positiv aus. Verwenden Sie ungeschälten Sesam. Bei geschältem Sesam, der ebenfalls im Handel erhältlich ist, hat vielfach ein chemisches Lösungsmittel das Schälen übernommen. Neben der chemischen Belastung kommt es dabei auch zu einer Verminderung des Gehalts an Eiweißen, Mineralien und Vitaminen.

Heilwirkung:

Sesam wirkt mild Pitta und Kapha vermehrend. Ayurveda-Therapeuten setzen ihn ein bei Zahnfleischschwund, Osteoporose, Menstruationsbeschwerden, Abmagerung und in der Rekonvaleszenzphase. Bei Ohrenschmerzen und Einschlafstörungen empfiehlt der Ayurveda, einige Tropfen Sesamöl ins Ohr zu träufeln und mit etwas Watte im Ohr über Nacht zu Bett zu gehen. Sesam gilt auch als nährendes und verjüngendes Tonikum für Vata-Konstitutionen. Bei Vata-Beschwerden ist Seamöl das Öl der Wahl, sowohl innerlich als auch äußerlich.

Sojabohnen

Sojabohnen benötigen lange Einweich- und Kochzeiten, will man sie als ganze Bohnen in der Küche verwenden. Neben den klassischen asiatischen Sojaprodukten wie → Tofu, → Sojadrink, Miso und Sojasauce gewinnt die Sojabohne als → Sojafleisch und Nahrungsmittelzusatz in der Foodindustrie immer mehr an Bedeutung. Sehr viele Foodindustrieprodukte enthalten Soja und unter Umständen auch Gen-Soja – selbst wenn dies für den Verbraucher nicht nur überflüssig, sondern auch gesundheitlich und ökologisch äußerst bedenklich ist. Auf der Zutatenliste steht in diesen Fällen meist nur: Pflanzenöl, Öl pflanzlich, gehärtetes Pflanzenfett, Sojalecithin (E 322), pflanzliches Eiweiß, Emulgator, Stabilisator oder Ähnliches.

Die Sojabohne ist auch billige Futterpflanze in der Massentierhaltung. Für die riesigen Sojamonokulturen werden die Regenwälder Südamerikas gerodet und die Böden durch Agrarchemie vergiftet. Dabei ist die »Umwandlung« von Soja in Fleisch sehr ineffektiv: Für 1 kg Fleisch braucht man 7 – 16 kg Getreide oder Sojabohnen beziehungsweise etwa 12 kg Sojaschrot. Ein trauriges Beispiel gedankenloser Ressourcen- und Nahrungsverschwendung, die das Gleichgewicht unseres Planeten bedroht.
Auch Soja aus kontrolliert biologischem Anbau hat häufig lange Transportwege hinter sich, da es bisher nur wenig einheimisches Soja gibt. Wer dies nicht unterstützen will oder allergisch auf die Bestandteile der Sojabohne reagiert, dem stehen heimische Produkte (z. B. → Süßlupine, Lopino oder → Milchprodukte) zur Verfügung. Auch andere Hülsenfrüchte und Samen, wie Kichererbsen, Mungbohnen, Sesam und Nüsse, enthalten qualitativ so hochwertiges Eiweiß, dass es selbst für Schwerarbeiter ausreicht.

Inhaltsstoffe:

Neben dem hohen Anteil an Eiweiß (40 %) enthält Soja auch andere Nährstoffe – Kohlenhydrate (25 %), Fett (20 %) mit allen essentiellen Fettsäuren, Phosphor, Eisen, die Vitamine B_1, B_2, Niacin und Vitamin E.

Ayurveda-Wirkung:

Nach dem Ayurveda vermehren Sojabohnen Kapha und Vata.

Sojadrink

Sojadrink kann als tierisch-eiweißfreier Milchersatz von Allergikern und Veganern verwendet werden. Er lässt sich relativ unkompliziert im Haushalt aus den ganzen Bohnen selbst herstellen. Hierfür gibt es im Fachhandel verschiedene Geräte, mit deren Hilfe sich teilweise außerdem Getreidedrinks selbst herstellen lassen. Mit Kochtopf, Mixer oder Pürierstab sowie Seihtuch gelingt selbst gemachter Sojadrink aber auch ohne Spezielgerät.
Gekaufter Sojadrink ist vielfach ein Erzeugnis der Lebensmittelindustrie. Im Falle industrieller Herstellung wird vor dem Mahlen der Bohne deren äußere Schale maschinell entfernt. Die für den bohnigen Geschmack verantwortlichen Enzyme werden durch Desodorieren unter hohen Temperaturen inaktiviert. Die in Kartons oder Flaschen abgefüllte »Milch« wird anschließend sterilisiert, um sie für Monate auch ohne Kühlung haltbar zu machen. Auch Sojadrink aus biologischen Bohnen ist nicht gerade ein ökologisches Musterbeispiel, wenn die Bohnen dafür zum Beispiel aus den USA oder Südamerika stammen und um den halben Erdball verschifft werden, um hierzulande verarbeitet und verkauft zu werden.

Ayurveda-Wirkung:

Sojadrink wirkt schwer und kühlend, also Kapha vermehrend.

Sojafleisch

Soja-»Fleisch« ist eine Erfindung der Lebensmitteltechnologie aus den USA. Es ist ein industriell hergestelltes, denaturiertes Sojaprodukt, das mit gesunder Ernährung häufig wenig zu tun hat. Es kann jedoch den Übergang zu einer konsequent vegetarischen Ernährung erleichern.

Tipp: Versuchen Sie ruhig auch einmal Seitan. **Seitan** ist ein rein pflanzlicher Fleischersatz aus Weizengluten. Der Vorteil gegenüber Sojafleisch besteht darin, dass man es ohne großen Aufwand auch selbst herstellen kann.

Sojasahne, pflanzlicher Sahneersatz

Sojasahne, ein Sahneersatz auf Sojabasis, oder Reissahne, Dinkelsahne, Mandelsahne (pflanzlicher Sahneersatz auf Basis von Reis, Dinkel oder Mandeln) – es gibt eine große Auswahl an milchfreiem Sahneersatz. Nur der Begriff »Sahne« darf in den Produktbezeichnungen nicht vorkommen, weil er nur für das bekannte Kuhmilchprodukt verwendet werden darf.
Wie Sahne werden die veganen, rein pflanzlichen Alternativen zum Beispiel zum Verfeinern von Saucen, Suppen, Dressings und Desserts eingesetzt oder zum Bestreichen von Backgut vor dem Backen anstelle von Ei oder Sahne verwendet. Unter den erhältlichen Produkten gibt es auch Sorten, die sich wie Schlagsahne aufschlagen lassen. Erhältlich ist pflanzlicher Sahneersatz zum Beispiel im Naturkosthandel.

Sonnenblumenkerne

Inhaltsstoffe:

Sonnenblumenkerne sind wahre Schatztruhen für die menschliche Ernährung: Sie enthalten im Fett über 90 % ungesättigte Fettsäuren, insbesondere Linolsäure, aber auch Vitamin E, Vitamine des B-Komplexes und Mineralien wie Eisen, Calcium, Phosphor, Magnesium, Fluor und Lecithin.

Heilwirkung:

Sonnenblumenkerne werden von allen drei Doshas gut vertragen. Da sie allerdings mild Kapha vermehren, sollten Kapha-Menschen sie nur in Maßen zu sich nehmen. Sonnenblumenkerne wirken allgemein stärkend auf den Organismus, halten die Blutgefäße frei und nähren das Gehirn.

Süßlupine

(Wolfsbohne; Handelsname: Lopino)
Die Süßlupine und Süßlupinenprodukte können eine Alternative zu Sojaprodukten sein. Kein Wunder, sind Lupinen und Sojabohnen doch auch botanisch gesehen enge Verwandte: Beide gehören zu den Hülsenfrüchten. Im Gegensatz zur Sojabohne kann die Süßlupine auch in unseren Breiten überall angebaut werden – lange Transportwege fallen in diesem Fall weg.
Süßlupinenmehl und -schrot sind ideal im Müsli, aber auch in Kuchen, Brot, Pfannkuchenteig und Ähnlichem. Verrührt in Fruchtsaft oder Milch, ergibt sich ein guter eiweißreicher Sportshake. Reiner Süßlupinenquark (Handelsname Lopino), der eine ähnliche Konsistenz wie Tofu hat, ähnlich wie dieser aussieht und verpackt auch ähnlich wie Tofu angeboten wird, ist noch relativ unbekannt. Lopino wird von manchen Herstellern auch zusammen mit Tofu oder Seitan in Form von vegetarischen Fleisch- und Wurstzubereitungen und für Aufstriche verwendet. Eigentlich schade, denn Lopino bietet so viel mehr Verwendungsmöglichkeiten.

Inhaltsstoffe:

Mit ihrem Eiweißanteil von bis zu 48 % und dessen hoher biologischer Wertigkeit übertreffen Süßlupinen die meisten tierischen und pflanzlichen Eiweißträger. Sie enthalten alle essentiellen Aminosäuren, sind frei von Cholesterin und bitteren oder blähenden Inhaltsstoffen, jedoch reich an Mineralien (Calcium, Kalium, Magnesium, Eisen), ungesättigten Fettsäuren und Vitaminen.

Herstellung:
Die Herstellung von Süßlupinenquark ist einfach. Die Samen werden gemahlen und mit Wasser versetzt. Die Masse wird gekocht, damit das Eiweiß gerinnt. Das Eiweiß wird abgeschöpft und gepresst – und fertig ist ein eierstichartiger »Lupinentofu«.

Süßungsmittel
Weißer Zucker ist ungesund. Das weiß inzwischen fast schon jedes Kind. Die schwarze Liste reicht von Karies bis hin zu schweren Stoffwechselkrankheiten. Weißer Zucker bringt alle drei Doshas aus dem Gleichgewicht. Er vermehrt Ama, toxische Stoffwechselprodukte, und lässt wie kein anderes Nahrungsmittel Vata in die Höhe schnellen. Seine konzentrierte Süße ist auch für Kapha-Menschen zu viel. Und selbst bei Pitta-Menschen bringt weißer Zucker das Vata-Dosha durcheinander.
Wer Süßes mag, braucht jedoch nicht den Kopf hängen zu lassen. Es gibt genug gesunde und ebenso süße Alternativen. Steigen Sie Schritt für Schritt auf diese Süßungsmittel um. Bald werden Sie merken, wie selbst abgestumpfte Geschmacksnerven so sensibel werden, dass auch frisches Obst, wie Birne oder Banane, zufriedenstellend süß schmeckt. Doch vergessen Sie auch bei gesunden Alternativen nicht: Zuviel tut selten gut.

Heilwirkung:
Die meisten Süßungsmittel vermehren Kapha. Zu ihnen gehören zum Beispiel Jaggery/Gur, Vollrohrzucker, Roh-Rohrzucker, Palmzucker, Ahornsirup und Malzsirup. Mit ihren kühlen, schweren und feuchten Eigenschaften besänftigen sie Vata und Pitta. Ähnlich wirkt auch junger Honig, der vor weniger als sechs Monaten abgefüllt wurde. Älterer Honig (vor mehr als sechs Monaten abgefüllt) dagegen vermehrt Pitta (→ Honig). Wenn Honig in Maßen und nicht zum Kochen oder Backen verwendet wird, ist er hilfreich für Kapha- und Vata-Typen. Eine weitere Alternative für Kapha-Menschen sind Trockenfrüchte und in Maßen Apfeldicksaft, der leichter und »trockener« ist als die meisten anderen Süßungsmittel.

Empfehlenswert:
Jaggery/Gur: Jaggery ist der eingekochte Saft des Zuckerrohrs. Gur besteht aus dem eingekochten Saft von verschiedenen Palmenarten, wie z. B. Dattel- oder Kokospalme. → Jaggery / Gur bekommen Sie im Gewürzversand oder im Asialaden.
Honig: Honig ist der von Bienen gesammelte Blütennektar. Um seine wertvollen Inhalts- und Heilstoffe nicht zu zerstören, sollte Honig niemals erhitzt werden (also auch nicht zum Backen verwenden!). Aus diesem Grund verwenden wir Honig nur für nicht erhitzte Konfekte (z. B. Honigmarzipan). Außerdem könnten die Bienen gar nicht so viel Honig produzieren, wäre der Honigkonsum jedes einzelnen so hoch wie der Zuckerverbrauch (→ Honig).
Trockenfrüchte wie Rosinen, Datteln, Feigen und andere sind ebenfalls eine

empfehlenswerte Alternative zum Süßen, vor allem in Backwaren, Konfekt, Obstsalaten oder zum Knabbern.
Vollrohrzucker besteht aus dem eingedickten Saft des Zuckerrohres. Man erhält ihn im Naturkostladen und Reformhaus. Es gibt ihn dort aus kontrolliert biologischem Anbau. Achten Sie auch auf Produkte aus fairem Handel, durch deren Kauf Genossenschaften von Kleinbauern unterstützt werden (Fair Trade).
Palmzucker: In Weltläden (Fachgeschäften für Fairen Handel) gibt es unraffinierten Vollpalmzucker, der aus Palmblüten gewonnen wird. Palmzucker ist als feinkörniges Granulat erhältlich. Er ähnelt dem Vollrohrzucker.
Roh-Rohrzucker ist ebenso eine gesunde Alternative zum weißen Zucker. Er wird ähnlich wie Vollrohrzucker aus Zuckerrohr hergestellt. Er ist im Naturkostladen erhältlich.

Achtung: Roh-Rohrzucker wird irrtümlich manchmal mit »Rohrzucker« verwechselt, einer etwas unglücklichen Bezeichnung für den gesundheitsschädlichen Fabrikzucker aus Zuckerrohr.

Bedingt empfehlenswert:
Birnendicksaft /Apfeldicksaft/ Apfelkraut: Dicksäfte werden durch mehrstündiges Einkochen aus dem frisch gepressten Saft von Äpfeln oder Birnen gewonnen. Meist beträgt das Verhältnis 1:7 bis zu 1:30 (1 Teil Dicksaft aus 7 bis 30 Teilen Saft).
Bei Apfelkraut wird die Maische von gedünsteten und zerkleinerten Äpfeln abgepresst und im Vakuum bei niedrigen Temperaturen eingedickt. Durch den Herstellungsprozess gehen zwar die meisten Vitamine verloren, doch macht der hohe Mineralstoffgehalt Dicksaft und Apfelkraut zu gesünderen Alternativen zu Fabrikzucker, wenn sie sparsam verwendet werden. Das Gleiche gilt auch für Ahornsirup (→ Birnendicksaft).
Ahornsirup besteht aus dem eingekochten Saft der Zucker-Ahornbäume Nordamerikas. Der Saft wird im Verhältnis 1:40 eingedickt (→ Ahornsirup).
Zuckerrübensirup ist der eingekochte Saft der Zuckerrübe, der noch viele Vitamine und Mineralstoffe enthält. Der Ayurveda allerdings schätzt Zucker aus Zuckerrohr höher ein als Zucker aus Zuckerrüben. Aus diesem Grund verwenden wir Zuckerrübensirup äußerst selten, z. B. für Lebkuchen.

Nicht empfehlenswert:
Melasse ist ein Restprodukt der Zuckerproduktion. Der dunkelbraune, zähflüssige, nicht auskristallisierte Rückstand enthält zwar noch einige Mineralstoffe (vor allem Eisen) und andere Spurenelemente, doch stellt Melasse wegen ihres Mangels an B-Vitaminen keinen »gesunden Ersatz« für Zucker dar. Nach dem Ayurveda bringt Melasse alle drei Doshas durcheinander und ist schwer verdaulich. Deshalb verwenden wir keine Melasse.
Malzextrakt ist der sirupartige Extrakt, der aus Gerste, Mais oder Reis gewonnen wird. Das Getreide wird dabei einige Tage gekeimt, dann gedarrt, geschrotet und mit Wasser vermischt zu Maische verwandelt. Die Maische wird gefiltert und unter Vakuum zu einer sirupartigen Masse eingedickt. In den Rezepten verwenden wir keinen Malzextrakt.
Vollzucker ist keine Alternative zum Fabrikzucker. Ähnlich wie »brauner Zu-

cker« entsteht er bei der Zuckerraffinierung aus der Zuckerrübe, nur ist er nicht dem letzten Bearbeitungsschritt (Bleichen) unterzogen worden. Wir verwenden ihn nicht.

Tofu

Tofu ist ein Sojabohnenquark und wird aus frischer Sojamilch (→ Sojadrink) hergestellt.

Inhaltsstoffe:

Tofu enthält fast die gleichen Nährwerte wie die Sojabohne: hochwertiges Eiweiß, Vitamine der B-Gruppe, Vitamin E sowie einen hohen Anteil an Calcium. Er besitzt wenig Fett und so gut wie keine Kohlenhydrate.

Ayurveda-Wirkung:

Tofu wirkt kühl und schwer, also Kapha vermehrend. Er sollte nie kalt und ungewürzt verzehrt werden, da er sonst zu schwer verdaulich ist. Und selbst mit Gewürzen verträgt ihn nicht jeder Vata-Typ.

Weizen

»König der Getreide« nennt der über fünftausend Jahre alte Ayurveda den Weizen. Zu Recht, denn Weizen ist die Getreideart, die auf der Welt am meisten angebaut, verarbeitet und konsumiert wird. Seine hochgepriesenen Inhaltsstoffe und Heilwirkungen kann Weizen allerdings nur in Bioqualität entfalten – nicht in Hybrid-Form, nicht genetisch verändert, nicht als weißes Auszugsmehl und auch nicht belastet mit massiver Agrarchemie.

Inhaltsstoffe:

Vollkornweizen enthält Provitamin A, die Vitamine B_1, B_2 und B_6, Vitamin C und Vitamin E, Niacin sowie Mineralstoffe wie Eisen, Phosphor, Kalium, Magnesium und Calcium. Außerdem finden sich in ihm Spurenelemente, Hormone, Enzyme, aromatische Öle, hochwertiges Eiweiß und eine Reihe von anderen biologisch wertvollen Stoffen.

Heilwirkung:

Der Ayurveda beschreibt Weizen als stärkend, aufbauend und Kapha vermehrend: ein ideales Getreide, um Vata und Pitta zu besänftigen. Das Weizen-Gluten spendet physische Ausdauer und ist speziell für Menschen geeignet, die körperlich schwer arbeiten müssen. Weizenstärke ist ein Heilmittel gegen Hautausschläge und Durchfall. Daneben hilft Weizen bei Arthritis, rheumatischem Fieber, bestimmten Formen von Krebs und unterstützt die Körperabwehr. Weizenkeimlinge sind hilfreich bei Wachstumsstörungen, Nervenschwäche, Magen- und Herzbeschwerden, Hautunreinheiten und -ausschlägen, Kreislaufstörungen und schneller Ermüdung. Tipp für Menschen mit Weizenglutenunverträglichkeit: Dinkel wird oft gut vertragen. Dinkel, der Urweizen, ist genetisch unverändert geblieben, während Weizen seit vielen Jahrzehnten durch ständiges Züchten und Einkreuzen von Eigenschaften anderer Gräser bei empfindlichen Menschen Unverträglichkeitsreaktionen auslösen kann.

Zimt

(hindi: Dalchini)

Zimt ist die entkorkte Rinde junger Triebe von verschiedenen Zimtbaum-Arten.

Heilwirkung:

Zimt ist ähnlich wie Ingwer fast ein Universalheilmittel. Er tut allen drei Doshas gut. Er stärkt Agni, die Verdauungskraft, und regt den Stoffwechsel und Kreislauf an. Daher wird er gern eingesetzt, um innere Kälte zu vertreiben, die Darmfunktion anzuregen und das Blut zu reinigen. Zimt verstärkt die Ausscheidung über die Haut, wirkt schmerzstillend und beruhigend. Seine keimtötenden Eigenschaften helfen zum Beispiel bei Erkältungen, Grippeerkrankungen, sie erfrischen den Mund und stärken die Zähne. Daneben fördert er die Gedächtniskraft und hilft bei Depressionen und Apathie. Zimt wirkt milder als Ingwer und ist gerade für Menschen mit schwacher Gesundheit sehr wohltuend. Ayurveda-Therapeuten empfehlen Zimt als Bestandteil von Husten- und Asthmamitteln. Man findet ihn auch in Rezepturen gegen Herzkrankheiten, Hämorrhoiden, Nesselsucht, Ödeme, chronischen Schnupfen und Verdauungsstörungen. Außerdem reguliert Zimt eine zu starke Menstruation.

Zitronen

Achten Sie auf unbehandelte Früchte. Im Supermarkt bezieht sich der Vermerk »unbehandelt« allerdings meist nur auf den Zeitraum nach der Ernte. Dabei mussten konventionelle Zitrusfrüchte schon vor der Ernte Etliches an Kunstdünger und chemischen Schädlingsbekämpfungsmitteln über sich ergehen lassen. Und auch nach der Ernte werden sie noch häufig zum Beispiel in Diphenyl, Orthophenylphenol und Thiabendazol getaucht, anschließend gewachst und in mit Fungiziden behandeltes Seidenpapier verpackt. Diese Konservierungsmittel können in das Fruchtinnere übergehen. So behandelte Früchte müssen die Angabe »mit Konservierungsstoff« oder »konserviert« tragen. Bei Thiabendazol muss dieser Stoff zusätzlich genannt werden.

Inhaltsstoffe:

Die Menge an Inhaltsstoffen ist imponierend. Neben den Vitaminen B_2, C und Niacin glänzen Zitronen auch mit zahlreichen Mineralien wie Natrium, Kalium, Magnesium, Calcium, Eisen, Kupfer, Phosphor, Schwefel und Chlorid.

Heilwirkung:

Zitronen sind große Heiler im Ayurveda und gleichen alle drei Doshas aus. Sie wirken sauer, zusammenziehend, leicht und kühlend. Obwohl sie sauer sind, erhöhen sie dennoch nicht das Pitta-Dosha. Sie regen den Appetit und die Verdauung an, beseitigen Magenverstimmungen, Übelkeit und Brechreiz. Sie löschen den Durst und wirken beruhigend und wohltuend auf die Nerven. Da sich Zitronensaft während des Nachverdauungsprozesses in basische Substanzen umwandelt, kann er Krankheiten heilen, die durch Übersäuerung entstehen, zum Beispiel Gicht oder Rheuma. Zitronensaft beruhigt das Herz, verlangsamt den Herzschlag, senkt zu hohen Blutdruck, hilft bei Durchfall, vermindert die Gallensekretion, lindert Gelbsucht, stärkt Nieren und Gebärmutter, vermindert Zahnfleischbluten und wirkt mild abführend. Daneben ist Zitronensaft ein organisches Desinfektionsmittel, welches den Geweben keinen Schaden zufügt. Außerdem verhindert er Steinbildung im Körper und schützt vor Erkältungskrankheiten. Zitronensaft, jeden Morgen mit lauwarmem Wasser getrunken, kann Verstopfung heilen. Eine siebentägige Fastenkur mit Zitronenwasser kann bei Magen- und Darmkrankheiten helfen.

Literatur

Bhishagratna, Kunjala: **Sushruta Samhita Vol. 1 – 3;** Chaukhambha Sanskrit Series

Dash, Bhagavan: **Materia Medica of Ayurveda – Madanapala's Nighantu;** B. Jain Publishers

Dash, Bhagavan u. Kashyap Lalitesh: **Materia Medica of Ayurveda – Todarananda Ayurveda Saukhyam Nr. 1;** Concept Publishing Company

Dasa, Adiraja: **Vedische Kochkunst;** The Bhaktivedanta Book Trust

Devi, Yamuna: **Lord Krishna´s Cuisine, The Art of Indian Vegetarian Cooking;** Bala Books, Angus & Robertson Publishers

Johari, Harish: **Dhanwantari;** Rupa & Co

Johari, Harish: **Grundlagen der ayurwedischen Kochkunst;** Windpferd Verlag

Lad, Vasant: **Das große Ayurveda-Heilbuch;** Windpferd Verlag

Lad, Dr. Vasant u. Frawley, Dr. David: **Die Ayurveda-Pflanzen-Heilkunde;** Windpferd Verlag

Morningstar, Amadea u. Desai, Urmila: **The Ayurvedic Cookbook;** Motilal Banarsidass Publishers

Müller-Jani, Petra u. Skibbe, Joachim: **Ayurveda – Die Kunst des Kochens;** pala-verlag

Müller-Jani, Petra u. Skibbe, Joachim: **Ayurveda-Handbuch für Frauen;** pala-verlag

Müller-Jani, Petra u. Skibbe, Joachim: **Backen nach Ayurveda – Kuchen, Torten & Gebäck;** pala-verlag

Pahlow, Mannfried: **Das große Buch der Heilpflanzen;** Gräfe und Unzer

Ranade, Subash: **Ayurveda – Wesen und Methodik;** Karl F. Haug Verlag

Sharma, Priyavrat: **Caraka-Samhita Vol. 1 – 4;** Chaukhambha Orientalia

Skibbe, Petra u. Skibbe, Joachim: **Ayurveda – Feiern und Genießen;** pala-verlag

Svoboda, Dr. Robert E.: **Prakruti – Your Ayurvedic Constitution;** Motilal Banarsidass Publishers

Willfort, Richard: **Gesundheit durch Heilkräuter;** Rudolf Trauner Verlag

Bezugsquellen

Govinda Natur GmbH
Feckweilerhaide 2
55765 Birkenfeld
www.govindanatur.de

Sat Nam Versand
Ringstraße 98
64823 Groß-Umstadt
www.satnam.de

Indu-Versand
Turmstraße 7
35085 Ebsdorfergrund
www.indu-versand.de

SEVA Akademie Ayurveda
Unsöldstraße 2
80538 München
www.seva-ayurveda.de

AMLA Natur Vertriebs GmbH
Butterberg 3
21279 Drestedt
www.ayurveda-markt.de

Govinda Veda-Kultur GmbH
Dorfgasse 43
4900 Langenthal
Schweiz
www.govinda-shop.ch

Govinda Kulturtreff
Lindengasse 2a
1070 Wien
Österreich
www.govinda.at

Die Autorin

Petra Müller-Jani, Jahrgang 1965.
Nach langjähriger selbstständiger Tätigkeit als Physiotherapeutin lebt und arbeitet Petra Müller-Jani (früher Petra Skibbe) heute als Heilpraktikerin bei Idar-Oberstein. Die Schwerpunkte ihrer Naturheilpraxis sind Ayurveda (inklusive Ayurveda-Ernährungsberatung), die südindische Kalari Heilkunde (Kalari-Chikitsa) sowie Yoga.
Seit 1997 verfasste die Autorin neben diesem Buch sechs weitere Bücher zusammen mit Joachim Skibbe.
Seit sie vor etwa 25 Jahren den Ayurveda kennenlernte, liegt der Schwerpunkt ihres Interesses darin, dessen universelle Prinzipien vor allem in Bezug auf Ernährung und Lebensstil in unseren westlichen Kulturkreis zu übersetzen und so die Bedeutung der persönlichen Gesundheitsvorsorge zu betonen. Petra Müller-Jani studierte intensiv verschiedene Aspekte des Ayurveda, insbesondere die Ayurveda-Ernährung, die physiotherapeutischen Aspekte der Behandlungstechniken und Massagen, aber auch die altindische Philosophie und Kultur – zu einem großen Teil auch in einem langjährigen Aufenthalt im Ursprungsland Indien. Sie absolvierte eine Ausbildung in Kalari-Chikitsa und ist ausgebildete Yoga-Lehrerin. Auch heute noch reist sie jährlich mit ihrem Mann nach Indien, um ihre Studien weiter zu vertiefen.
Neben ihrer beruflichen Tätigkeit gibt sie ihr Wissen in Vorträgen, Seminaren und Kochkursen weiter.
Kontakt zur Autorin besteht über den Verlag.

Der Autor

Joachim Skibbe, Jahrgang 1958.
In seiner Naturheilpraxis behandelt Joachim Skibbe nach dem Prinzip, dass Körper, Geist und Seele eine Einheit sind und körperliche Beschwerden nur unter Berücksichtigung der individuellen Konstitution und Persönlichkeitsmerkmale erfolgreich therapiert werden können.
Nach eingehender Beschäftigung mit klassischer Homöopathie, Bachblütentherapie, Fußreflexzonen-Massage und Shiatsu traf er vor über 25 Jahren auf den Ayurveda. Beim Ayurveda faszinierte ihn besonders die Einbeziehung einer individuellen, typgerechten Ernährung in die Heilkunde.
Joachim Skibbe studierte intensiv verschiedene Aspekte der Ayurveda-Medizin, insbesondere die Bereiche der Ayurveda-Ernährung und der Ayurveda-Lebenskunde, ebenso wie altindische Philosophie und Kultur, zu einem großen Teil in langjährigen Aufenthalten im Ursprungsland Indien.

Joachim Skibbe lebt mit seiner Familie in der Nähe von Mainz, wo er auch praktiziert.
Neben seiner beruflichen Tätigkeit bietet der Autor Vorträge, Seminare und Workshops an. Aktuelle Angebote sind auf seiner Website zu ersehen: www.naturheilpraxis-skibbe.de

Im pala-verlag sind von Petra Müller-Jani und Joachim Skibbe neben diesem Buch folgende Titel erschienen:
- Ayurveda – Die Kunst des Kochens
- Ayurveda-Handbuch für Frauen
- Backen nach Ayurveda – Kuchen, Torten & Gebäck
- Ayurveda – Feiern und Genießen
- Toscana vegetariana
- Köstliche Kürbis-Küche

Rezeptindex

Rezepte nach Kategorien

Ayurveda-Brot

Fladenbrote und Knäckebrote

Sauerteigbrote

Brot mit selbst gemachtem Backpulver

Hefebrote

Brötchen

Brötchen mit selbst gemachtem Backpulver

Brötchen ohne Triebmittel

Pikantes aus dem Backofen

Snacks

Die Natur-Apotheke von A – Z

Backen nach Ayurveda – Kuchen , Torten & Gebäck

Backen nach ayurvedischen Prinzipien bedeutet eifreies, vollwertiges und vegetarisches Backen. Kulinarische Höhepunkte wie opulente Biskuittorten oder lockere Käsekuchen gelingen ohne ein einziges Ei und sind mindestens ebenso köstlich wie ihre klassischen Vorbilder. Dazu sind sie auch noch vollwertig, denn weder Weißmehl noch weißer Zucker finden Verwendung. Auch Hefe-, Rühr- und Mürbteige gelingen ohne Eier und bilden damit eine rundherum vollwertige und gesunde Grundlage für leckere Kuchen, Torten und süßes Gebäck.

Wer sich ohne tierisches Eiweiß ernähren will oder muss, ist mit diesem Backbuch gut beraten. Zahlreiche Rezepte sind auch für eine vegane Ernährung geeignet.

Petra Müller-Jani und Joachim Skibbe:
Backen nach Ayurveda
– Kuchen, Torten & Gebäck
ISBN: 978-3-89566-324-6
Hardcover, 200 Seiten

Ayurveda – die Kunst des Kochens

Petra Müller-Jani und Joachim Skibbe:
Ayurveda – Die Kunst des Kochens
ISBN: 978-3-89566-307-9

Petra Müller-Jani und Joachim Skibbe:
Ayurveda-Handbuch für Frauen
ISBN: 978-3-89566-326-0

Petra Skibbe und Joachim Skibbe:
Ayurveda – Feiern und Genießen
ISBN: 978-3-89566-187-7

Martina Kobs-Metzger:
Ayurvedaküche – leicht und schnell
ISBN: 978-3-89566-209-6

Vegetarisch & vollwertig genießen

Petra Müller-Jani und Joachim Skibbe:
Köstliche Kürbis-Küche
ISBN: 978-3-89566-319-2

Petra Skibbe und Joachim Skibbe:
Toscana vegetariana
ISBN: 978-3-89566-278-2

Irmela Erckenbrecht:
Teenager auf Veggiekurs
ISBN: 978-3-89566-321-5

Sima Dourali und
Soodabeh Durali-Müller:
Vegetarisch kochen – persisch
ISBN: 978-3-89566-233-1

ISBN: 978-3-89566-323-9

Rheinstraße 35, 64283 Darmstadt
www.pala-verlag.de

überarbeitete und erweiterte Neuauflage 2013
Die erste Ausgabe dieses Buches erschien 1998.

Lektorat: Bettina Snowdon / Angelika Eckstein
Titelillustration: Margret Schneevoigt
Textillustrationen: Tatiana Mints
Tipp-Kastenzeichnungen: Sabine Hoff

Druck und Bindung: fgb • freiburger graphische betriebe
www.fgb.de
Printed in Germany

Dieses Buch ist auf Papier aus 100 % Recyclingmaterial gedruckt und klimaneutral produziert.

Print CO2 kompensiert
Id-Nr. 1326654
www.bvdm-online.de